德州学院学术著作出版基金资助项目

青年学术丛书·经济

YOUTH ACADEMIC SERIES-ECONOMY

用"深绿色"理念导引经济发展

刘文霞 著

人民出版社

序

工业革命开始后,随着生产规模和生产效率的大幅度提高,绿色原野上不断出现冒着黑烟的工厂;工业化带动的城市化进程中,绿色的减少和灰黑色的增加一同唱着进行曲。人类在享有工业化带来的空前增长的巨大财富时,付出了打破以往几千年自然生态平衡而导致生态环境不断恶化的沉重代价。

科技革命给人类利用自然提供了强大的工具和手段,人们往往以为自己无所不能,生出“改造自然、征服自然”的雄心大志。砍伐森林、劈山开道、拦河筑坝、围湖造田、填海造地……何等的气魄,何等的壮举!城市里高楼大厦林立,马路上汽车长龙蜿蜒,天空中尘烟漫天飞舞,江河里污水游走弥漫,何等的景象,何等的壮观!然而大自然自身形成的平衡被打破后,水土流失、物种灭绝、气候异常、环境污染、灾害频发、癌症多发,使人类不断为自己的行为付出越来越沉重的代价!

20世纪50~60年代频发“公害事件”后,“浅绿色”理念的出现显现出人们环保意识的初醒。这一理念是建立在环境与发展分裂的认识基础上的,它从人类中心主义出发去揭示环境问题的现状,看到了环境污染与环境问题的严重性,提出要以人类为尺度去解决环境问题,要为了人类的生存和发展去寻找治理污染的技术和开发新资源。这是一种事后的被动的寻找解决环境问题的思维方式,也就是先发展后治理的思维方式。这一理念的产生促进了人们环境意识的觉醒、环保组织的建立及环境运动的兴起,但并未真正解决环境问题。

经济全球化的浪潮在20世纪最后十年里席卷世界各国,全球经济高速增长的同时加剧了资源的消耗和生态的失衡。“深绿色”理念成为这一时期环境运动的主题。“深绿色”理念在反思现代工业文明所造成的人与自然相对立的矛盾的基础上,放弃了人类中心主义,提出人类社会应与自然和谐相处,要建立资源节约型和环境友好型社会。"深绿色"的环境观念,洞察到环境问题的病因藏匿于工业文明的发展理念和生活方式之中,要求从发展的机制上事先就防止、堵截环境问题的发生,而不是事后寻找解决问题的方法。正如作者在书中所指出,"深绿色"理念提倡在全面提升人的生活品质的同时,应实现经济、文化和社会的可持续发展。"深绿色"发展的实现,要以全社会的共同参与为基础,既要改变思维方式也要改变行为方式;既要改变生产方式也要改变生活方式;既要改变观念与价值也要改变法律与体制。也就是说,这是涉及物质层面、体制层面及价值观念的全方位的变革与创新。

从"浅绿色"理念到"深绿色"理念,人类在环境观念上有了巨大的进步,环境问题从社会的边缘问题上升为社会的中心问题,人们对环境保护的意识由浅入深,对可持续发展的认识不断加强。

本书对环境观念的产生和发展过程进行了认真的梳理,对"浅绿色"理念和"深绿色"理念的阐释,尤其对"深绿色"理念内涵的解释是深刻的,具有很强的现实意义。因为发达国家在"浅绿色"理念出现时期已经开始治理环境,改变经济增长方式,我国却是在"深绿色"理念出现时期才进入经济高速增长阶段。随着加入WTO后中国成为世界制造工厂,资源的消耗和环境的污染问题空前突出。我们应该清醒地认识到,一定不能再走先发展后治理的老路,这样的代价太大,这样的经济增长不可持续。在这个问题上,"深绿色"发展理念具有很深刻的意义。

在对环境发展观进行理论梳理的基础上,作者尝试将"深绿色"发展理念与科学发展观联系起来,用于对中国经济发展的现实情况进行分析,寻找符合科学发展观的发展道路。书中用了相当大的篇幅讨论"深绿色"经济发展模式、"深绿色"产业、"深绿色"消费模式,还选择了一个样本——山东德州进行具体的分析应用,这些探索尽管是初步的,却也是非常有益的。

美国作家蕾切尔·卡逊在《寂静的春天》中尖锐的指出,环境问题的深层根源在于人类对于自然的傲慢和无知,因此,她呼吁人们要重新端正对自然的态度,重新思考人类社会的发展道路问题。"深绿色"发展理念的提出,让人类重新思考与自然和谐相处的重要性。对于奔向现代化道路上的中国人而言,"敬畏自然、顺应自然"而不是"改造自然、征服自然",这样的认识是符合中国古代"天人合一"和今日"科学发展观"的根本要义的,用这样的理念指导我们的经济发展、社会发展,和谐社会才能得以实现。希望作者作为一位年轻的教师,在她的课堂上努力向年轻的学子们传播这样的理念,让"深绿色"的种子在年轻一代的心中深深扎根,让未来的世界绿色遍地。

陆 宁

2011 年 6 月于北京

目　录

绪　　论

用"深绿色"理念导引经济发展主要探讨在经济发展过程中"深绿色"理念的产生过程、基本内涵以及如何在"深绿色"理念的指导下反思现代工业文明的价值观念、生产方式、生活方式和体制结构，探索以"深绿色"理念为指导真正实现人与自然、人与社会和谐的、可持续发展的生态文明之路。研究"深绿色"理念与经济发展能够丰富和拓展当代中国马克思主义的内容，同时对于丰富和指导中国特色生态经济学具有重要的理论价值，对于指导我国生态经济和生态文明建设也具有重要的实践意义。

一、研究背景和意义

（一）研究背景

1. 环境危机：世界性的难题

20世纪90年代以来，人口、资源和环境问题日益成为世界各国普遍关注的全球性问题。全球范围内的人口爆炸式增长、重要自然资源的日趋枯竭以及不断加剧的环境污染和破坏，对世界各国的经济发展、社会稳定乃至人类的基本生存都构成了严重的威胁。

气候变暖。从1860年有气象仪器观测记录以来，全球平均气温升高了0.6摄氏度，欧洲平均气温上升了0.9摄氏度，非洲平均气温也比100年前上升5摄氏度。20世纪北半球温度的增幅是过去1000年中最高的。最暖的13个年份出现在1983年以后。政府间气候变化专门委员会已经作出结论，全球气候变暖的速率将比过去100年还要快，未来100年全球平均气温可能上升1.4℃～5.8℃，人类将完全进入一个变暖的世界。① 一般来讲，气候变暖既有

---

① 义成：《气候变暖——敲响人类的警钟》，《青年科学》2004年第7期。

自然的气候波动因素,又有人类活动的因素。但是随着研究的不断深入,发现人为因素是当今气候变暖的主要因素。全球变暖对人类的影响是多方面的。首先是海平面上升直接会威胁到一些低洼国家的生存;其次是会导致一些极端气候事件如干旱、洪涝、冰雹、沙尘暴等的出现;再次是全球变暖对农业生产不利,容易造成粮食生产波动。气候变暖还会直接威胁到人类的健康。全球变暖给微生物平衡带来了强烈影响,从而为疾病的产生或流行创造了条件,最终威胁人类健康。

能源危机。能源是人类赖以生产生活的重要基础资源。当今世界的机器大生产方式、工业化进程和经济的蓬勃发展,都离不开化石能源的广泛应用。然而目前的能源危机已经日益显露出来,主要表现为:一是世界能源消费消耗量大且结构不合理。清洁能源所占比重比较小,煤炭、石油和天然气比重仍然比较大。二是能源储产量和消费量过于集中在少数国家和地区,分布不均衡。三是能源贸易和运输能力滞后。四是地区冲突、恐怖袭击和自然灾害等不安全因素影响能源生产。由于能源事关经济和社会发展,能源危机的后果十分严重。一方面能源危机将制约各个国家国民经济的正常发展;另一方面,能源危机还影响世界和平。由于能源消费量逐渐增大,世界各国对能源的争夺也日趋激烈,争夺的方式也更加复杂,因此由能源争夺引发冲突或战争的可能性长期存在,这将直接影响世界的和平与稳定。

淡水危机。淡水资源是人类所需各种资源中不可替代的一种重要资源。然而全球因为人口的增加、环境污染等原因导致淡水危机严重。淡水危机主要表现在:第一是淡水资源贫乏。地球上的水资源总量约为 13.8 亿立方米,其中 97.5% 是海水,淡水只占 2.5%。而且可供开发的淡水资源只占淡水总储量的 0.34%。还不到全球水资源总量的万分之一。相对于全球 60 多亿的人口来说,淡水资源是十分贫乏的。第二是按国家分布来看,全球的淡水资源分布是很不平衡的。巴西、俄罗斯、加拿大、中国、美国、印度尼西亚、印度、哥伦比亚和刚果 9 个国家的淡水资源占世界淡水资源的 60%;而约占世界人口总数 40% 的其他 80 个国家和地区严重缺水。第三是淡水污染严重。自工业革命以来,人们为了快速发展经济,缺乏环保意识,导致环境污染严重。淡水危机将产生严重的社会后果。首先,淡水危机直接威胁人类身体健康。其次,淡水危机将加剧地区冲突。

土壤退化。土壤退化是指在各种自然或人为因素的影响下所发生的,导致土壤的农业生产能力或土地利用和环境调控潜力,即土壤质量及其可持续利用性下降,甚至完全丧失其物理的、化学的和生物学特征的过程。土壤退化主要表现在水土流失、土壤污染、土地沙漠化、土壤盐碱化和土壤酸化。

垃圾成灾。全球每年产生垃圾近100亿吨,而且处理垃圾的能力远远赶不上垃圾增加的速度,尤其是发达国家高消费的生活方式,更使得垃圾泛滥成灾。垃圾主要分为两类:生活垃圾和电子垃圾。生活垃圾是指在日常生活中或者为日常生活提供服务的活动中产生的固体废物以及法律、行政法规规定视为生活垃圾的固体废物。随着电子时代的到来,电子垃圾已经成为困扰全球的大问题。电子垃圾主要包括:废旧电脑、电视机、电冰箱、废旧手机等。由于电子产品更新换代比较快,电子垃圾产生的速度很快。如美国是世界上最大电子产品生产国和电子垃圾的制造国,它每年产生的电子垃圾高达700万到800万吨,而且数量正在变得越来越大;整个欧洲的电子垃圾大约是600万吨;德国每年要产生电子垃圾180万吨,法国每年产生电子垃圾150万吨。自2003年起,我国也开始进入了电子产品报废的高峰期。①

物种加速灭绝。麦克迈克尔在他的《危险的地球》中说:"目前我们每个小时都在消灭一个或更多的物种——大部分小的植物和昆虫随着世界上广阔的热带雨林被火烧、砍伐以及被推土机消灭而消失。目前物种灭绝的速度比先前正常时(未发生大灭绝时)快几千倍。"②物种灭绝包括自然灭绝(生态系统自然进化引起的)、大量灭绝(由自然灾害引起的),而目前发生的主要是由人类不合理的活动引起的。从35亿年前出现生命到现在,地球上已有5亿种生物生存过,到如今,绝大多数已经消失。物种灭绝作为地球上生命进化过程中的一种自然现象,本来是正常的。在地质时代,物种灭绝的速度极为缓慢,鸟类平均300年灭绝1种,兽类平均8000年灭绝一种。然而自工业革命开始,全球已进入最大规模的物种灭绝时代。与地球史上前五次因自然灾害而导致的大灭绝所不同的是,人类在这场过早到来的第六次危机里扮演了举足

---

① 黄玉源、钟晓青:《生态经济学》,中国水利水电出版社2009年版,第20页。

② [英]A. J. 麦克迈克尔:《危险的地球》,罗蕾、王晓红译,江苏人民出版社2000年版,第266页。

轻重的角色——因其自身的活动,而把其他物种的自然灭绝速度提高了100倍~1000倍。

2.我国经济快速增长,各项建设取得了巨大成就,但与此同时也付出了巨大的资源和环境代价

从1978年改革开放以来,我国经济建设取得了巨大成就,经济总量已经位居世界第二位。但是,我们还是一个发展中国家,产业水平总体上比较低,能源资源消耗比较高,在加快发展的过程中付出了比较大的环境代价。长期以来我国经济增长方式以粗放型为主,高投入、高消耗、高排放。特别是一些地方上了不少小钢铁、小水泥、小化工、小造纸、小皮革等项目,加剧了环境污染。中国经济正处于高速增长期,人与自然的矛盾从未像今天这样紧迫,经济发展与资源环境的矛盾日趋尖锐。中科院一项调查显示,我国是全世界自然资源浪费最严重的国家之一,在59个接受调查的国家中排名第56位。另据统计,中国的能源使用效率仅为美国的26.9%,日本的11.5%。坚持绿色发展是贯彻落实科学发展观、构建社会主义和谐社会的重大必然要求,是建设资源节约型、环境友好型社会的必然选择,是推进经济结构调整、转变增长方式的必由之路,是维护中华民族长远利益的必然要求。

我国生态危机具有不同于其他国家生态危机的独特性。首先,我国面临庞大的人口对环境所造成的巨大压力。国家统计局发布第六次全国人口普查主要数据显示,全国总人口为13.397亿人,与2000年第五次全国人口普查相比,十年增加7390万人,增长5.84%,年平均增长0.57%。由于庞大的人口基数和强大的增长惯性,今后20年,中国每年的净增长人口仍然保持在1000万左右,人口总量过大是中国必须长期面对和解决的首要问题。大量的人口对土地、粮食、淡水、森林和物种等造成巨大的压力。其次,我国正处于工业化的中期阶段。我们在进行工业化的同时必须建设社会主义生态文明。这是一项相当艰巨而且复杂的工程。工业化和生态化并行的道路虽然在理论上扬弃了发达国家为实现工业化所走的"先污染、后治理"的以消耗能源、牺牲环境为特点的道路,但是在实际执行中,很容易出现偏差。

3.生态环境不仅关系到我国经济社会能否实现可持续发展,而且关系到我们国家能否建成现代化,甚至关系到中华民族的前途和命运

生态环境是指与人类密切相关的,影响人类与生物生存和发展的一切外

界条件的总和,包括各种生物因素如植物、动物等和各种非生物因素如大气、土壤等。生态环境可以说是人类社会存在和发展的根基。生态环境与人类社会的关系基本上包括以下两个层面:一是生态环境是人类社会发展所需要的各种资源如森林、淡水、矿藏、土地等的物质源泉。国务院《关于在国民经济调整时期加强环境保护工作的决定》指出:"环境和自然资源,是人民赖以生存的基本条件,是发展生产、繁荣经济的物质源泉。管理好我国的环境,合理地开发和利用自然资源,是现代化建设的一项基本任务。"[1]现代经济社会要实现社会生产力的向前发展,建立高水平的物质文明和精神文明,就必须具备现代化的农业、工业和交通物流系统以及现代化的生活设施和服务体系,这些都持续不断地需要各种各样的天然能源和资源。中国是一个人口众多的发展中国家,实现较高水平的现代化社会还要走相当长的路,因此随着我国经济社会的持续发展,人民生活水平的不断提高,还将不断向自然界索取更多的资源。二是生态环境又是人类社会生产和生活中产生的废弃物的排放场所和自然净化场所。中央领导人在第三次全国环境保护会议上的讲话中指出:"经济的发展,离不开良好的社会环境和自然环境。经济的增长,社会的发展,不仅依赖于科学技术的进步,还取决于环境和资源的支撑能力。"[2]生态系统在不受人类社会经济活动冲击的条件下,不断地吸收和净化人类各种活动产生的废弃物,从而使人类社会与大自然保持一个相对平衡的状态,以维持人类社会能够持续发展下去。然而,随着人口不断增长,需求日益增加,生产力突飞猛进,人类违反生态规律,对自然资源无节制开采和使用,恣意污染环境,这样就破坏了旧的生态平衡,包括内部结构的平衡、各生态群落之间的平衡和生态群落与它的周围环境之间的物质结构和能量输出输入之间的平衡,这必然会使生态环境的自然资源供给能力减弱,而且使生态环境处理各种废弃物的能力不断削弱,长期下去,必将导致严重生态环境问题后果,最终危害人类社会的可持续发展。我国的经济发展面临着各种生态环境问题,自然资源的骤减、生态环境的破坏和气候的异常变化等已经成为阻碍我国可持续发展、威胁人民群众身体健

---

① 国家环境保护总局、中共中央文献编译研究室:《新时期环境保护重要文献选编》,中央文献出版社、中国环境科学出版社2001年版,第133页。

② 同上书,第20页。

康、影响生态平衡的重要因素和关键问题。正如我国在第四次全国环境保护会议开幕式的讲话中曾指出的："如果没有一个良好的生态环境和长期可利用的自然资源，人类将失去赖以生存和发展的基础，社会、经济也难以协调发展。"①

综上所述，生态环境是承载人类经济、社会发展的基础，因此实施可持续发展战略，保护和改善生态环境是我们国家在新世纪新阶段的重大发展战略，这也是符合中华民族生存发展和人类社会需求的理性选择。

4. 当前我国社会各阶层已经日益关注环境问题，但关注的后面存在绿色程度的差异

对环境问题的关注是一个由浅入深的过程。"浅绿色"的关注只是重视对现象的描述，它没有去探究问题产生的原因并寻找解决的途径。它是建立在环境与发展分裂的思想基础上，是 20 世纪 60～70 年代第一次环境运动的基调，所谓"深绿色"思考，是对"深绿色"环境观念的一种借鉴和化用，它要求环境与发展进行整合性思考，这是 20 世纪 90 年代以来第二次环境运动的主题。如果我们的思想界和舆论界不能引导社会去认识环境问题的本质是发展方式，总是停留在不触及旧的经济社会发展方式的基础上号召人们被动的应对环境问题，那环境问题不但不可能从根源上得到防止和解决，而且会在整个发展进程中不时重现甚至持续恶化。绿色环境意识作为一种现代化意识形态，是人类思想的先进观念，"浅绿色"的思考对指导环境保护具有启蒙性的意义。由浅层向深层发展，才能提供人类未来生活的先导作用。潘岳曾在绿色中国论坛上说："人类正面临着一场新的文明转型，快速发展的中国经济正面临严峻挑战，如不彻底改变高消耗的经济增长方式，中国很难逾越这次文明转型的门槛。"对中国来说，绿色中国战略是中国经济可持续发展的必然选择。研究"深绿色"理念与经济发展对我国实施绿色中国战略将有着重要的借鉴意义。

(二)研究意义

1. 丰富和拓展当代中国马克思主义研究

马克思主义中国化，是中国共产党人的伟大创造，是不断推进的历史进

---

① 国家环境保护总局、中共中央文献编译研究室：《新时期环境保护重要文献选编》，中央文献出版社、中国环境科学出版社 2001 年版，第 373 页。

程。不断解决马克思主义如何中国化的问题,是中国社会主义发展的首要的
和基本的问题。不断深化马克思主义中国化研究,是马克思主义理论研究与
建设工程的重点任务。改革开放以来尤其是近些年来,我国理论界对马克思
主义中国化问题进行了广泛的研究,产生了一大批有价值的成果,但是研究工
作没有终结,研究视野有待进一步拓展。① 马克思主义的生命力,主要体现在
对时代重大现实问题的解释与改造上。郑忆石曾指出:与时代联系最密切、最
紧迫的社会现实问题赋予了理论研究以价值。理论研究必须在对时代课题、
社会紧迫问题的密切关注和思考中,不断地反思和超越既存的理论。② 马克
思主义的本质特征是与时俱进。顺应时代,应时而生,应时而变,既是马克思
主义的本质特征,也是马克思主义经久不衰的根本原因。"深绿色"理念与经
济发展是我国面临的重大的理论和现实问题,是中国特色社会主义理论体系
的有机组成部分③,然而目前学术界对这一问题的深入研究并不多,所以本研
究成果能够丰富和拓展当代中国马克思主义的研究领域。

2. 丰富和指导中国特色生态经济学研究

1966 年,美国经济学家肯尼斯·鲍尔丁发表了题为《一门科学——生态
经济学》的重要论文,首次提出了关于"生态经济学"的概念。改革开放以后,
我国开始了生态经济学方面的研究。我国的研究发展大致可以分为三个阶
段。第一阶段(1980~1984 年)以揭示我国生态经济问题的严重性为切入点,
对新中国成立以来由于政策、工作失误而带来的一系列触目惊心的生态环境
问题做了较为广泛和深入的调查研究。其核心观点是:发展经济除了必须遵
循经济规律外,还要遵循生态规律。其主要成果是创建了以维护生态平衡为
核心的生态经济学。许涤新先生主编、一批著名经济学家和生态学家撰写的
《论生态平衡》是此阶段的代表作。第二阶段(1984~1992 年)以生态与经济
协调发展为主线,创立了生态经济协调发展理论。许涤新先生主编、一批生态
经济学家撰写的《生态经济学》的出版,是以生态经济协调发展理论为核心的

---

① 包心鉴:《拓展马克思主义中国化研究的新视野》,《浙江日报》2006 年 12 月 18 日。
② 郑忆石:《论马克思主义理论创新》,《中国人民大学学报》2001 年第 1 期。
③ 中国特色社会主义理论体系,是包括邓小平理论、"三个代表"重要思想以及科学发展观等重大战略思想在内的科学理论。本书第三章论述了"深绿色"发展是科学发展观的基本内涵之一。

生态经济学初步形成的标志。第三阶段(1992年以来)最为显著的特点是向可持续发展领域渗透,在丰富和完善生态经济学理论体系的基础上,强化生态经济学理论指导实践的能力。当时的生态经济学科负责人王松霈研究员主编的《走向21世纪的生态经济管理》,是这一时期的代表作。1995年,《中国社会科学院学科调整方案》将"生态经济学理论"列为院重点学科建设项目。2003年,中国社会科学院再次将生态经济学列为院重点学科,对生态经济学科的发展起到了极大的推动作用。[①] 沈满洪在分析中国生态经济学发展趋势时指出:"生态经济学本身属于交叉性的学科。在学科交叉中不断产生新的生态经济理论增长点,是生态经济学发展的重要经验。"[②]研究"深绿色"理念与经济发展应该是一个新的增长点,同时这一研究也能够丰富和指导中国特色生态经济学的研究。

3. 推进和指导我国生态经济和生态文明建设

我国改革开放30多年来,充分发挥比较优势和后发优势,实现了年均9.8%的持续快速增长,与此同时资源和环境对发展的瓶颈制约也日益突出。在当前多重挑战的背景下,推进绿色发展已经成为继农业文明、工业文明之后建设社会主义生态文明的共识。推进生态文明、发展绿色经济是我国可持续发展的基本内涵。绿色理念的贯彻执行与实施,可以把资源节约、环境建设、自主创新、优化管理同低碳发展、社会进步、生态文明完整地结合在一起,形成符合可持续发展要求的良性循环。目前,我国能源和资源消耗总量仍在增加,减排、节能、降耗的任务十分繁重。因此,要抓住有利时机,创新经济发展理念,加快经济发展方式转变,将清洁能源、节能减排、低碳经济作为国家发展的重大任务,使"深绿色"发展、"深绿色"消费和"深绿色"生活方式,逐渐变成每个社会成员的自觉行动。

"深绿色"之所以冠以"深层"涵义,在于它强调问题深度,对于"浅绿色"所没有过问的根本性问题提出质疑并不断追问,进而使"绿色"思考的问题不仅仅停留在思维模式上,而是在方法论和环境治理的思路上对我国的可持续发展提供更加深刻的理论支持。这一研究的实践目标就是要为中国社会主

---

①　李周:《生态经济学科的前沿动态与存在的问题》,《学术动态》(北京)2005年第7期。

②　沈满洪:《生态经济学》,中国环境出版社2008年版,第8页。

义文明发展从工业文明向生态文明的转型提供全新的思路,从而全面发挥
"深绿色"理念对于我国全面建设小康社会和实现社会主义现代化、构建社
会主义和谐社会、推动社会主义文明全面协调可持续发展的指导和促进
作用。

二、研究现状与趋势

(一)研究现状

"绿色"理念是人类在经济发展过程中对环境问题进行认识和思考产生
的,它经历了一个由浅入深的过程。

1. 国内研究现状

关于"浅绿色"与"深绿色",上海同济大学的诸大建(2001)在"绿色前沿
译丛"的总序中提到,大概可以粗线条地勾勒出两者之间的差异:"浅绿色"的
环境观念,较多地关注对各种环境问题的描述和渲染它们的严重影响,而"深
绿色"的环境观念则重在探究环境问题产生的经济社会原因及在此基础上的
解决途径;"浅绿色"的环境观念,常常散发对人类未来的悲观情绪甚至反发
展的消极意识,而"深绿色"的环境观念则要弘扬环境与发展双赢的积极态
度;"浅绿色"的环境观念偏重于从技术层面讨论问题,其结果是对旧的工业
文明方式的调整或补充,而"深绿色"的环境观念,洞察到环境问题的病因藏
匿于工业文明的发展理念和生活方式之中,要求从发展的机制上防止、堵截环
境问题的发生,因此它更崇尚人类文明的创新与变革。①　目前,国内外有关
"深绿色"理念的文献不是很多,已收集的资料分析如下:

西安建筑科技大学杨明(2004)在他的硕士论文中谈到"'深绿色'之所以
冠以'深层'字义,在于它对'浅绿色'所没有过问的根本问题提出质疑,并不
断追问,强调问题的深度"。②

---

① 　[美]赫尔曼·E·戴利:《超越增长——可持续发展的经济学》(绿色前沿译丛总序),
上海译文出版社2001年版。

② 　杨明:《深绿色理念下的城市局部地段规划设计研究》,西安建筑科技大学硕士论文
2004年。

表 0-1　"浅绿色"和"深绿色"的区别①

比较项目	浅绿色	深绿色
理论假设	地球资源的有限性	地球资源的有限性
本质	改良的培根思想和工业主义	追求社会根本改变,建立新的经济和社会秩序
自然观	人类以"人"为中心,改造和利用自然	人类是大自然的守护者而非主宰
政治观	现代社会集中、大规模、等级化	多元的分散的、以自治共同体为主要形式的结构,其基本原则是自由、平等和直接参与的"生态社会",以生产为中心
技术观	发展新的利于环境资源的技术	个人可以完成的一种独立可操作的小型的面向人的技术
经济观	以生产为中心经济持续增长	以消费为中心考虑需求、消费、生产
现实困惑	技术至上和技术滞后型与发展持续性的矛盾	在无孔不入的商品冲击中现代工业社会难以"迅速"根本突变的困境

广州大学地理科学学院黎倩雯(2006)在《绿色,由浅入深——从环境保护到可持续发展》中提到"浅绿色"的起步,走向深绿,从环境保护到可持续发展,观点与诸大建基本相同。

浙江大学建筑系博士研究生(2004)在《"深绿色"理念与住宅区建设可持续发展策略研究》中简单论述了"浅绿色"和"深绿色"的区别,见表0-1("浅绿色"和"深绿色"的区别)。

北京大学科学与社会研究中心博士生叶闯(1995)在《"深绿色"思想的理论构成及其未来含义》中提出了与诸大建不一致的观点,他认为,"深绿色"的思想,从总体上是对当代生态危机和全球问题的一种回应,但对危机的性质、原因给出了不恰当的解释。它对人类历史上最富成果的近现代物质技术革命和生产力的极大发展作出了不正确的评价。社会进步过程中产生的问题,确实需要调整社会、经济、政治等诸方面来解释,其中至关重要的是要通过科学技术本身的进步来解决。而"深绿色"生态思想恰恰低估了科技进步的作用。他认为,物质进步停滞状态下的精神文化进步的社会,即使是可能的,很大程

① 于文波、王竹:《"深绿色"理念与住宅区建设可持续发展策略研究》,《华中建筑》2004年第5期。

度也是向前工业社会的逆转,这其实不是解决问题,而是回避问题。应该说,人类有能力推动物质进步,同样也有能力通过物质技术和社会文化的综合进步来调整好人与自然的关系,发展与保持良好的生态环境并不必然是相互矛盾的,完全可以兼得。①

2. 国外研究现状

国外没有人总结"深绿色"理念的内涵和本质,但是国外有对生态危机进行深追问的"深生态学"。"深生态学"主要是指阿恩·奈斯(Arne Naess)、比尔·德维(Bill Devall)及乔治·赛欣斯(George Sessions)的作品中提出的解决环境问题的方法。② 1972 年,阿恩·奈斯在布加勒斯特召开的第三届世界未来调查大会上作了一次题为"深的、长期的生态运动"(The Sallow and the Deep,Long-Range Ecology Movement)的演讲。从此,"深生态学"和"深生态运动"这些术语广为人知。深生态运动内部具有复杂性和多样性,即使是主张和支持深生态学的一些哲学家,每个人的理解也是不一样的。统领整个深生态运动的,一方面是他们与浅生态学的一种自觉区分与"深追问"的相同倾向;另一方面是深生态学的八条要目。这八条要目包括:③

(1)地球上人类与非人类生命的健康和繁荣有其自身的价值(内在价值、固有价值)。就人类目的而言,这些价值独立于非人类世界对人类目的的有用性。

(2)生命形式的丰富性和多样性有助于这些价值的实现,并且他们自身也是有价值的。

(3)除非满足基本需要,人类无权减少生态形态的丰富性和多样性。

(4)人类生命和文化的繁荣与人口的不断减少不矛盾,而非人类生命的繁荣要求人口减少。

(5)当代人过分干涉非人类世界,这种情况正在迅速恶化。

(6)因此我们必须改变政策,这些政策影响着经济、技术和意识形态的基本机构,其结果将会与目前大不相同。

---

① 叶闯:《"深绿色"思想的理论构成及其未来含义》,《自然辩证法研究》1995 年第 1 期。

② [美]戴斯·贾丁斯:《环境伦理学——环境哲学导论》,林官明、杨爱民译,北京大学出版社 2004 年版,第 240 页。

③ 严耕、杨志华:《生态文明的理论与系统构建》,中央编译出版社 2009 年版,第 108 页。

（7）意识形态的改变主要在评价生命平等（即生命的固有价值）方面,而不是坚持日益提高的生活标准方面。对数量上的大(big)与质量上的大(great)之间的差别应当有一种深刻的意识。

（8）赞同上述观点的人都有直接或间接的义务来实现上述必要变革。

需要指出的是,"深绿色"理念虽然源于深层生态学,但是,它是摒弃了深层生态学的激进主义的缺陷,在更加理性思考的基础上所形成的关于环境与经济发展的理念。英国绿色组织"地球之友"的领导人波里特(Jonathon Porritt)列举的"深绿色"的标准,大致包括如下这些条目:尊重地球和所有其上的生物;愿意和地球上的全体人民分享这个世界的财富;通过可持续过程对经济增长的激烈竞争的替代来达到繁荣等。彼得·休伯(Peter Huber,2000)在《硬绿:从环境主义者手中拯救环境·保守主义宣言》中指出真正的绿色稀缺是"那些未被市场开发和未被人手触及的地方的稀缺性"。埃里克·诺伊迈耶(Eric Neumayer,2003)在《强与弱:两种对立的可持续性范式》中以深入浅出和富于启发性的方式论述了强与弱两种对立的可持续发展范式。诺曼·迈尔斯(Norman Myers,1993)在《最终的安全:政治稳定的环境基础》中指出地球只有一个,环境是共同的,环境安全是最终的安全。科尔曼(Daniel A. Coleman,1994)在《生态、政治:建设一个绿色社会》中谈到目前的危机,单一的技术方案是不能解决问题的。如果说我们的现有技术脱胎于为资本主义的扩张和控制的需要而效力的现代科学的世界观,那么,现在需要的应是一种植根于新的社会秩序之中的新世界观。国外的研究仅限于"点"上,还找不到系统研究"深绿色"理念与经济发展的学术著作。

（二）研究现状述评

总体说来,"深绿色"理念是西方国家在经历了工业化发展后对自身和环境关系的一种反思。它包含了一种生态整体主义思想,不拘泥于在问题的当前层面寻找解决问题的方法途径,更追寻到问题产生的上一层面进行探讨研究。强调从技术到体制的全方位透视和多学科的研究,要求从深层结构上进行思考,防止和堵截环境问题的发生,减少发展对环境的负面影响,增加正面效应。"深绿色"理念对于环境问题的思考和态度,除了环境自身层面外,更强调社会性因素,强调了对于问题的社会维度的把握。对于"深绿色"理念,学者们取得了一些共识,但也还存在很多争论,目前对"深绿色"的研究还是零散的、不系统的,这一理论还处于发展完善之中。其研究具有以下不足:一是研究尚待成体系。目前,以各个"点"上的研究居多,缺乏"点"之间的关系,"点"、"面"之间关系的系统研究。二是理论创新略显薄弱。目前的研究中真正做到分析透彻,论据充分,令人耳目一新的成果较少。很多论文和著作属于重复制造,没有新材料、新观点、新角度,没有发现新问题和解决新问题。三是缺乏结合当前中国国情的具有时代感的对策研究。

(三)研究趋势

由研究现状,不难得知,"深绿色"理念与经济发展是当代中国马克思主义和中国特色生态经济学研究的一个薄弱领域,这与我国提出的贯彻和落实科学发展观、构建社会主义和谐社会、建设社会主义生态文明等新要求不相适应。随着生态经济矛盾的日益尖锐、生态危机的日趋加重,党和国家越来越重视生态经济问题,相应的学术界也会越来越多地关注和挖掘"深绿色"理念与经济发展的问题。这一领域必将成为今后学术界的研究热点。就目前而言,迫切需要学术界做的工作是:系统梳理"深绿色"理念的基本内涵;构建用"深绿色"理念指导我国的生产与消费所形成的基本模式;把"深绿色"理念与某一地区的经济发展相结合制定经济发展战略等。

三、研究内容与创新

本书从生态马克思主义的角度出发,运用中国化马克思主义、可持续发展、生态经济学、社会学、循环经济等多学科的理论和知识,采用文献、系统、比较、归纳等多种研究方法,对"深绿色"理念与经济发展进行全方位多视角的深入研究和系统分析,目的是丰富和拓展当代中国的马克思主义领域、中国特色生态经济学研究,也为我国"深绿色"发展实践提供理论指导。

(一)主要研究内容

1. 研究的基本内容

本书为理论研究与应用研究相结合的综合性研究。研究的基本内容为:

绪论。分析"深绿色"理念与经济发展的研究背景和意义,回顾国内外有关本课题的研究现状并揭示其发展趋势,对本书研究思路、总体框架和研究方法作出简要说明,在以上基础上总结本书研究的主要贡献。

第一章,"浅绿色"理念。主要分析"浅绿色"理念产生的时代背景,"浅绿色"理念的内涵和主要内容,"浅绿色"理念的理论意义及其影响。

第二章,"深绿色"理念。主要内容包括:"绿色"理念由浅入深,"深绿色"理念的产生及内涵;"深绿色"理念与"浅绿色"理念的比较;"深绿色"理念的进步意义。

第三章,"深绿色"发展与科学发展观。本章在系统总结中国共产党建党90年来生态环境理念演变的基础上,指出"深绿色"发展是科学发展观的基本内涵之一,要实现"深绿色"发展必须树立和落实科学发展观。

第四章,"深绿色"经济发展的主要动因。本章指出"深绿色"发展是当今世界的时代课题和发展趋势,是缓解我国生态经济矛盾的必然选择,是全面建设小康社会和现代化的根本要求和构建社会主义和谐社会的基本要求。

第五章,"深绿色"经济发展模式。"先污染、后治理"和"边污染、边治理"的传统经济发展模式是导致生态经济基本矛盾的重要战略根源。实现"深绿色"发展必须转变传统发展战略和发展道路,实施可持续发展战略,走科学发展的道路,开创和坚持新型工业化道路,实现社会主义生态文明。

第六章,"深绿色"产业。要实现"深绿色"发展必须建立以"深绿色"理念为指导的产业。"深绿色"理念指导下的产业体系是服务业比重不断增加的体系,是产业结构更加环保节能的体系;主要包括"深绿色"农业、"深绿色"工业、"深绿色"服务业、"深绿色"信息产业。

第七章,"深绿色"消费模式。"深绿色"消费模式是人类在追求社会可持续发展过程中探索出来的一种消费模式,是一种有益于人类健康和社会环境保护的新型消费模式,它既强调消费的重要作用,又强调消费和再生产其他环节与环境的动态平衡,是有利于人类社会和自然的协调发展的消费模式。

第八章,"深绿色"发展的实践与展望——以德州市为例。内容涵盖德州市资源与环境;德州市"深绿色"发展概况;德州市"深绿色"发展战略等。

2. 突破的主要难题

相关概念体系的重新界定。重新对"浅绿色"理念、"深绿色"理念等相关概念进行界定,对它们之间的联系与区别进行分析并作相应的理论探索。"深绿色"理念与经济发展的理论体系系统研究。从发展模式、产业体系、消费模式等方面构建"深绿色"经济发展体系。理论与实践相结合,基于理论的探讨对"深绿色"经济发展战略(以德州市为例)进行了系统研究。

3. 取得的主要成果

理论方面:对"深绿色"理念及"深绿色"经济发展体系进行系统的研究,丰富和拓展了当代中国马克思主义和中国特色生态经济学的内容。应用方面:在以上理论分析的基础上以德州市为例对"深绿色"经济发展的实践进行了研究与展望,并提出了具有可操作性的对策和建议。

(二)主要研究方法

方法是指为达到某种目的而采取的步骤、途径、手段等,有时还有策略、艺术、技巧之意。在人类认识世界和改造世界的活动中,方法起着非常重要的作用。黑格尔在《逻辑学》一书中谈道:"在探索的认识中,方法也就是工具,是主观方面的某种手段,主观方面通过这个手段与客体发生关系。"在日常生活中,舍弃了方法,人也就丧失了与客体发生关系的工具和手段,也就无法认识客体和解决问题。毛泽东把方法比喻成"桥"和"船"的关系,他指出:"不解决方法问题,任务也只是瞎说。"可见方法对于人类认识活动和实践活动的重要性。研究方法是理论构建的前提、工具和手段,任何理论都是其研究方法运用的结果。本书在研究中主要运用了以下方法。

1. 文献检索法

关于"深绿色"理念的理论研究分散于20世纪70年代以后国内外的书籍、文章、报告等各类文献资料中,需要经过广泛的搜集、选取、阅读和整理。本书在研究中利用顺查法,按照时间的顺序,由远及近地利用检索文献信息。文献检索法是本书研究的一个重要的方法和基础性的工作。

2. 归纳分析法

通过反复阅读和分析文献资料,对国内外有关"深绿色"理念与经济发展的论述进行分类、比较、归纳,逐步形成不同内容、不同观点,并进一步分析和揭示这些不同观点、不同内容的内在联系,归纳分析出"深绿色"理念的内涵和本质,并在此基础上进一步探讨"深绿色"经济发展的体系。

3. 实证调研的方法

深入细致的调查研究是本课题研究的重要方法,用"深绿色"理念导引经济发展研究是应用性、实践性很强的研究课题,必须坚持从实际出发的原则。本课题将从具体的事例、问题、数据分析入手,着眼于政策、法规、机制的具体实施,充分发挥实证调研的优势,努力探求解决问题的途径与方式。

4. 利用学科交叉的方法

"深绿色"理念与经济发展研究是经济学、社会学、政治学、法律学等诸多学科共同关注的问题。本研究侧重于从各学科角度利用学科交叉的方法去考察。

5. 系统分析法

用"深绿色"理念导引经济发展是一个较为完整的科学体系,对它的研究不仅要从宏观上、全局上把握,形成一个总的理论框架;还需要深入分析每一个具体问题和不同方面,研究不同方面和问题的内在联系和发展规律并揭示该体系中不同组成部分之间的相互联系。系统分析方法的具体步骤为:限定问题、确定目标、调查研究收集数据、提出备选方案和评价标准、备选方案评估和提出最可行方案。

(三)主要理论突破

董京泉研究员认为:根据实践的需要,对前人科学的思想和理论观点进行梳理或重新梳理,使其系统化。也就是前人在某一领域或某一方面提出了一些重要思想或重要观点,但都是在不同时期、不同场合提出的,或者是从不同的角度提出的,而没有作为一个理论体系提出来。[1] 作为后来研究者的任务就是把前人提出的一些理论观点和思想片段加以综合分析,按照其内在联系和逻辑使它构成一个有机的理论系统。根据这一观点,本书的主要创新和理论贡献可以概括为如下方面。

---

[1] 董京泉:《关于理论创新的类型和着力点》,《中共云南省委党校学报》2002 年第 1 期。

1. 首次系统总结和概括了"深绿色"理念的内涵和特征

目前还没有人系统地概括和总结深绿色理念的内涵与特征,在本书的研究中系统地分析了"深绿色"理念的产生是源于对生态运动的重新审视,对工业文明追求 GDP 的深入反思,对生态文明产生根源进行了深入探索,对《增长的极限》论点的进一步思考。"深绿色"理念的内涵主要包括:深层追问,多方探究,深度主张。"深绿色"理念体现了时代性与实践性的特征。

2. 首次将"深绿色"经济发展理念与科学发展观结合起来

"深绿色"理念与科学发展观的结合点是很值得探讨的一个问题,这一问题又是当前学术界研究的薄弱领域。因此,本书的主要创新点和贡献之一,就在于首次将这一领域作为一个研究对象、全新的研究课题与研究领域去研究。

3. 初步构建了"深绿色"经济发展的理论体系

本书从"深绿色"理念是什么、为什么、怎么样三个方面,初步构建了"深绿色"经济发展的理论体系。当然由于这一问题是个全新的课题,又由于作者的能力有限,本书在研究中肯定有不少问题和不足之处。本书的最大目的是抛砖引玉,希望"深绿色"发展能得到学术界的关注与思考,希望能够进一步激发学术界对能源资源、生态环境、生态经济、生态政治、生态文化和生态文明的研究热情和兴趣。

第一章 "浅绿色"理念

"浅绿色"理念是指 20 世纪 60～70 年代的"绿色"理念。"浅绿色"理念的产生有其时代背景及深层原因。这一理念是建立在环境与发展分裂的理念基础上的,是 20 世纪 60～70 年代第一次环境运动的基调。它从人类中心主义出发去揭示环境问题的现状,看到了环境污染与环境问题的严重性,提出要以人类为尺度去解决环境问题,要为了人类去寻找治理污染的技术和开发新资源。这一理念有其特定的内涵与特征,也产生了一定的影响:促进了人们环境意识的觉醒、环保法律的制定、环保组织的建立以及环境运动的兴起。

一、"浅绿色"理念产生的时代背景

(一)工业革命以来的诸多社会变化

1. 工业革命以来生产力迅速提高,社会财富大量增加

工业革命(The Industrial Revolution),又称产业革命,是指资本主义工业化的早期历程,也就是资本主义生产完成了从工场手工业向机器大工业过渡的阶段。这一阶段是以机器大生产逐步取代手工劳动,以大规模工厂化生产取代个体工场手工业生产的一场生产与科技革命。大机器的生产方式,创造出农业文明时代无法比拟的生产效率,改变了人类在生产劳动中的职能,进而从根本上提高了人类利用自然、创造物质财富的能力,推动了人类的文明演化进程。这场革命后来又扩充到其他行业。

工业革命使经济增长速度大大提高。机械力代替人力,将人的体力从繁重的工作中解脱出来,极大地提高了劳动生产率,机器生产使工业生产的增长速度大大高于生产机械化以前的增长。工业生产突飞猛进,全面高涨。这一时期是自由资本主义最为发达的时期。英国处于资本主义发展的黄金时代,拥有在世界市场上的垄断权。英国的社会生产力迅速提高,并迅速完成了工

业化进程,为日后成为"世界工厂"奠定了基础。1830 年,在此以前的 300 名女工用手工纺出的棉纱量,如果使用机器,只需要一名女工就可以完成;18 世纪初,在英国炼一炉铁约需要 3 周的时间,这同样的工作到 19 世纪中叶仅需要 20 分钟。从产量上看,1785 年,英国棉织品总量为 4000 万码,1850 年为 20 亿码。1800 年,英国的煤产量为 1000 万吨,到 1850 年即为 4900 万吨。1800 年,英国的铁产量为 25 万吨,到 1850 年,增长到 225 万吨。此间,世界各主要资本主义国家的钢铁产量也大幅度增加。人类干预和改造大自然的能力和规模突飞猛进,社会经济、文化艺术因之空前繁荣。随着工业革命的开展,欧美各国资本主义生产获得了飞速的发展。法国和德国在 19 世纪 50~60 年代经济增长速度尤其快。① 德国工业在这 20 年增长了 3 倍,比以前整整一个世纪还要多。

工业革命创造了巨大的物质财富。工业革命以来,由于科学发明和技术进步使社会生产力迅速提高,创造了巨大的物质财富。18 世纪初期到 80 年代,世界工业生产指数提高近 2.3 倍,而 1802~1870 年提高 5.1 倍多。英国在其工业生产高涨的 19 世纪 50~90 年代,采煤量从 5000 多万吨增加到 1.4 亿多吨,铁矿石产量从 900 多万吨增加到 1500 多万吨,棉花消费量从 8.5 亿多万磅增加到 15.2 亿多万磅。增长的速度超过了以往任何一个行业和任何一个部门。1953~1973 年,日本创造出人均 GDP 8% 的年增长率,被称为"阳光下的新事物",因为在此之前没有一个经济体达到如此高的增长率。马克思和恩格斯在《共产党宣言》中,有广为人知的句子:"资产阶级在它的不到一百年的阶级统治中所创造的生产力,比过去一切时代创造的全部生产力还要多,还要大。自然力的征服,机器的采用,化学在工业和农业中的应用,轮船的行驶,铁路的通行,电报的使用……河川的通航,仿佛用法术从地下呼唤出来的大量人口,过去哪一个世纪料想到在社会劳动里蕴藏有这样的生产力呢?"②

工业革命从根本上改变了人类的社会生产方式与生活方式。工业革命的爆发,使人类赖以生存发展的社会生产获得了巨大的生产力,同时也从根本上改变了人类的社会生产方式与生活方式。随着大机器工业社会的飞速发展,

---

① 马世力:《世界经济史》,高等教育出版社 2001 年版,第 176 页。
② 《马克思恩格斯选集》第 1 卷,人民出版社 1995 年版,第 277 页。

科学技术和社会财富爆炸式的增长,人类生存发展的工业文明逐渐达到了顶峰:机械化、电器化和自动化已经渗透到人类生存发展(生产方式与生活方式)的各个领域,一系列的工业文明产物(诸如铁路、公路、自动化生产线、飞机、潜艇、电灯、电话、电视等)的产生,使人类忽然发现自己已经变得如此聪明、强大和富有,人类似乎终于可以自豪地宣称已经成为可以掌握自身命运的地球的主人(世界1000～1913年GDP增长率以及20个国家和地区的GDP增长率见表1-1,世界1000～1913年人均GDP以及20个国家和地区人均GDP见表1-2)。

表1-1　世界GDP增长率以及20个国家和地区的GDP增长率,
1000～1913年(年均复合增长率,%)

年份	1000～1500 年	1500～1820 年	1820～1870 年	1870～1913 年
奥地利		0.33	1.45	2.41
比利时		0.41	2.25	2.01
丹麦		0.38	1.91	2.66
法国		0.39	1.27	1.63
德国		0.37	2.01	1.63
意大利		0.21	1.24	1.94
荷兰		0.56	1.70	2.16
挪威		0.54	1.70	2.12
瑞典		0.66	1.62	2.17
瑞士		0.50	1.85	2.43
英国		0.80	2.05	1.90
葡萄牙		0.51	0.63	1.27
西班牙		0.31	1.09	1.68
其他		0.41	1.61	2.20
西欧合计	0.30	0.41	1.65	2.10
俄国	0.22	0.47	1.61	2.40
美国		0.86	4.20	3.94
日本	0.18	0.31	0.41	2.44
中国	0.17	0.41	-0.37	0.56
印度	0.12	0.19	0.38	0.97
世界	0.15	0.32	0.93	2.11

资料来源:[英]安格斯·麦迪森:《世界经济千年史》,北京大学出版社2003年版,第260页。

表1-2　世界人均GDP以及20个国家和地区人均GDP，
1000～1913年（1990年国际元）

年份	1000年	1500年	1600年	1700年	1820年	1870年	1900年	1913年
奥地利		707	837	993	1218	1836	2673	3465
比利时		875	976	1144	1319	2697	3547	4220
丹麦		738	875	1039	1274	2003	2946	3912
法国		727	841	986	1230	1876	2692	3485
德国		676	777	894	1058	1821	2711	3648
意大利		1100	1100	1100	1117	1499	2066	2564
荷兰		754	1368	2110	1821	2753	3496	4049
挪威		640	760	900	1104	1432	1990	2501
瑞典		695	824	977	1198	1664	2393	3096
瑞士		742	880	1044	1280	2202	3226	4266
英国		714	974	1250	1707	3191	4158	4921
葡萄牙		632	773	854	963	997	1153	1244
西班牙		698	900	900	1063	1376	1851	2255
俄国	400	500	553	611	689	943	1243	1488
美国		400	400	527	1257	2445	3780	5301
墨西哥		425	454	568	759	674	1123	1732
日本	400	425	500	520	570	669	966	737
中国	450	600	600	600	600	530	546	552
印度	450	550	550	550	533	533	619	533
世界	435	565	593	615	667	867	1005	1510

资料来源：［英］安格斯·麦迪森：《世界经济千年史》，北京大学出版社2003年版，第263页。

2. 人口与城市化的巨大压力

人类自身生产的无节制与城市化的快速发展也威胁到人类的可持续发展。近一个世纪以来的人口快速增长已经使负载着60亿居民的地球越来越不堪重负。1700年欧洲人口总数约为1.2亿，到1900年达到4.23亿，增幅为252.5%，而1500～1700年的200年的漫长时间里，增幅仅为40%。欧洲人口的增长率是从1750年开始迅速提高的，当时人口总数是1.2亿，到1800年，人口即增加到1.9亿，增长率为58.3%。工业革命以后欧洲人口的迅猛增长,更是与经济的发展结伴而行的。1800 年欧洲的总人口为 1.9 亿,而 1850 年则达到 2.66 亿,增幅为 40%;1900 年为 4.23 亿,增幅为 59.02%。人口数量的增长幅度大致同当时的经济发展步伐相适应,就年度增长率来说,19 世纪上半叶为 7.07‰;下半叶为 8.23‰。由此看来,这一时期欧洲人口不仅在绝对量上有大幅增长,而且它的年增长率也在持续增长。这种长期的、稳定持续的全面人口增长在历史上是空前的。据意大利经济史学家奇波拉的估计,在 1750～1850 年的 100 年间,非欧洲国家除非洲因奴隶贸易损失大量人口外,其他洲人口也有不同程度的增长。1750 年时,美洲总人口为 1500 万,到 1850 年时增至 6000 万,净增 300%;同一时期,亚洲总人口从 5 亿增至 7.5 亿,净增 50%。[①] 从公元元年到 18 世纪末,地球平均约 350 年增加 1 亿人口。1950 年世界人口已经增至 25 亿,50 年间平均每 2 年就增加 1 亿,到 1987 年人口达到 50 亿,增加 1 亿人口的时间不足 1.5 年。[②] (1000～1913 年,世界人口及 20 个国家和地区的人口见表 1-3,世界人口增长率以及 20 个国家和地区的人口增长率见表 1-4。)20 世纪末,世界人口已接近 63 亿。要养活如此众多的人口,本已脆弱的地球生态系统将不得不承受巨大的压力。

表 1-3　人口的增加——世界人口及 20 个国家和地区的人口,
1000～1913 年(千人)

年份	1000 年	1500 年	1600 年	1700 年	1820 年	1870 年	1913 年
奥地利	700	2000	2500	2500	3369	4520	6767
比利时	400	1400	1600	2000	3434	5096	7666
丹麦	360	600	650	700	1155	1888	2983
芬兰	40	300	400	400	1169	1754	3027
法国	6500	15000	18500	21471	31246	38440	41463
德国	3500	12000	16000	15000	24905	39321	65058
意大利	5000	10500	13100	13300	20176	27888	37248
荷兰	300	950	1500	1900	2355	3615	6164
挪威	200	300	400	500	970	1735	2447
瑞典	400	550	760	1260	2585	4164	5621

---

① 马世力:《世界经济史》,高等教育出版社 2001 年版,第 181 页。
② 滕藤:《中国可持续发展研究》,经济管理出版社 2001 年版,第 597 页。

续表

年份	1000 年	1500 年	1600 年	1700 年	1820 年	1870 年	1913 年
瑞士	300	650	1000	1200	1829	2664	3864
英国	2000	3942	6170	8565	21226	31393	45649
12 国合计	19700	48192	62580	68796	114419	162388	227957
葡萄牙	600	1000	1100	2000	3297	4353	6004
西班牙	4000	6800	8240	8770	12203	16201	20263
其他	1113	1276	1858	1894	2969	4590	6783
俄国	7100	16950	20700	26550	54765	88672	156192
美国	1300	2000	1500	1000	9981	40241	97606
其他西方衍生国	660	800	800	750	1249	5892	13795
西方衍生国合计	1960	2800	2300	1750	11230	46133	111401
墨西哥	4500	7500	2500	4500	6587	9219	14970
拉丁美洲合计	11400	17500	8600	12050	21220	39973	80515
日本	7500	15400	18500	27000	31000	34437	51672
中国	59000	103000	160000	138000	381000	358000	437140
印度	75000	110000	13500	16500	209000	253000	303700
其他亚洲国家（地区）	41400	55400	65000	71800	89366	119619	185092
亚洲合计(除日本)	175400	268400	360000	374800	679366	730619	925932
非洲	33000	46000	55000	61000	74208	90466	124697
世界	268273	437818	555828	603410	1041092	1270014	17910201

资料来源：[英]安格斯·麦迪森：《世界经济千年史》，北京大学出版社 2003 年版，第 238 页。

表 1－4　世界人口增长率以及 20 个国家和地区的人口增长率，
1000～1913 年（年均复合增长率，%）

年份	1000～1500 年	1500～1820 年	1820～1870 年	1870～1913 年
奥地利	0.21	0.16	0.59	0.94
比利时	0.25	0.28	0.79	0.95
丹麦	0.10	0.20	0.99	1.07
芬兰	0.40	0.43	0.81	1.28
法国	0.17	0.23	0.42	0.18
德国	0.25	0.23	0.91	1.18

续表

年份	1000～1500 年	1500～1820 年	1820～1870 年	1870～1913 年
意大利	0.15	0.20	0.65	0.68
荷兰	0.23	0.28	0.86	1.25
挪威	0.08	0.37	1.17	0.80
瑞典	0.06	0.48	0.96	0.70
瑞士	0.15	0.32	0.75	0.87
英国	0.14	0.53	0.79	0.87
葡萄牙	0.10	0.37	0.56	0.75
西班牙	0.11	0.18	0.57	0.52
东欧	0.15	0.31	0.72	0.99
俄国	0.17	0.37	0.97	1.33
美国	0.09	0.50	2.83	2.08
墨西哥	0.10	-0.04	0.67	1.13
其他拉丁美洲国家	0.07	0.12	1.50	1.78
日本	0.14	0.22	0.21	0.95
中国	0.11	0.41	-0.12	0.47
印度	0.08	0.20	0.38	0.43
非洲	0.07	0.15	0.40	0.75
世界	0.10	0.27	0.40	0.80

资料来源:[英]安格斯·麦迪森:《世界经济千年史》,北京大学出版社 2003 年版,第 239 页。

　　工业革命带来的又一个重大变化就是大批工业城市的涌现。18 世纪,整个欧洲包括英国在内,由于工业不多,城市很少,规模也不大。1800 年,欧洲有超过 10 万人的城市共 23 个,这些城市有 550 万人,其中伦敦是当时世界上人口最多的城市,有 100 多万人。但由于工业的迅速崛起,城市人口猛增,到 1850 年伦敦已有人口 236 万,人口超过 10 万的欧洲城市达到 31 座,其中英国就有 10 座,人口在 5 万～10 万的城市有 18 座。这 28 个英国城市共有城市人口 570 万,比 1800 年整个欧洲的城市人口还多。英国这些城市的兴起都同工业的崛起有着密切的关系。如曼彻斯特虽是一个古老的城市,但它的真正发展始于 18 世纪下半叶棉纺织业兴起之后。伯明翰则是一座冶金工业城市,它的迅速发展始于 18 世纪 60 年代,几乎同英国冶金业的崛起同步。

在法国,1801 年巴黎的人口约为 54.7 万人,全法国超过 10 万人口的另外两个城市是里昂和马赛。到 1851 年巴黎人口超过 100 万,超过 10 万人的城市数没有增加。在德国和奥地利,1800 年有三座城市人口在 10 万人以上,即维也纳(24.7 万)、柏林(17.2 万)和汉堡(13 万)。到 1850 年,人口在 10 万人以上的城市已经有 5 个。在意大利,18 世纪末人口在 10 万人以上的城市有 6 座,其中那不勒斯有 35 万人口。到 1860 年,意大利有 10 万人口以上的城市增至 7 座。在俄国,1800 年超过 10 万人口的城市只有两个:彼得堡和莫斯科。到 1850 年,俄国 10 万人以上的城市数没有增加,只是彼得堡和莫斯科的人口有了大幅度增加。上述国家在这一时期里,大城市增加不明显的状况主要是工业发展水平落后。

这从另一个侧面反映了近代城市的崛起是同工业发展有内在联系的。从 1800～1870 年,欧洲城市的快速增长有两个重要趋向:一是城市数量和城市人口规模都是随着工业发展的步伐在同步增加的;二是整个欧洲的人口都出现了从农村向城市集中的趋势。这种状况反映了工业对劳动人口的巨大吸引力和容纳能力。人口的迅速集中和工业城市的激增,不但改变了欧洲工业化国家的人口结构和地理分布,为大工业发展提供了广阔的空间,而且也促进了农业的商品化和生产的集约化,基本形成了资本主义工业化国家的城乡格局与分工。[1]

当时世界最大的城市——伦敦——的居民已经达到 325.4 万人,纽约为 147.8 万,巴黎有 185.2 万,柏林为 82.6 万(1871 年)。由于城市和工业中心的发展,城市人口比例发生了非常显著的变化。到 1870 年,英国城市人口已占 57%(19 世纪初只占 5%),美国占 21%,法国占 31%。世界范围的快速城市化进程使不可持续的消费方式在全世界迅速传播。随着工业化的发展和生活水平的提高,人均消费水平的上升与人口总量的快速增长,最终形成对自然资源的消耗和对环境废物的排放水平的倍增效应,由此给自然资源和环境造成的巨大压力更是显而易见的。

---

[1] 马世力:《世界经济史》,高等教育出版社 2001 年版,第 178～179 页。

3. 自然资源过度开发利用,生态环境恶化

现代工业生产与自然环境之间的物质交换以惊人的速度发展,自然资源的过度开发利用已使其难以恢复和再生,急剧增加的排向环境的有害、有毒废物导致生态环境不断恶化,化肥、农药过度使用造成对其他生物生态系统严重的破坏。

人口的快速增长和生活的提高促使人类经济活动的规模不断扩张。在以单纯追求经济增长为核心的传统发展观的指导下,人类与自然的矛盾日益突出。特别是进入20世纪70年代,全球自然资源和生态环境已受到极大破坏,以致达到难以为继的严重程度。目前对人类社会影响最大、最紧迫的全球十大环境问题包括:气候变化、臭氧层破坏、生物多样性减少、酸雨蔓延、森林锐减、土地荒漠化、大气污染、水资源短缺、海洋污染以及固体和危险废物污染。以人类乱砍滥伐和不合理开发造成的全球森林锐减为例。[1] 据世界自然基金会资料,地球在8000年前的森林面积达80.8亿公顷,目前仅存30.4亿公顷,其中亚洲森林的消失率高达88%。近年来,人类大量砍伐森林及不合理开垦使森林锐减,且毁林速度仍在加剧。世界每年约1700万公顷森林消失,热带雨林的消失速度近10年比上一个10年加快50%。发达国家为保护本国的森林资源而大量从发展中国家进口木材,也是如南美洲亚马逊河流域热带雨林迅速消失的重要原因之一。根据西班牙《趣味》杂志(1995年10月号)的估计,发展中国家每年的工业性伐木达500万公顷,而每年的植树造林面积却只有100万公顷。到20世纪末,还将减少约2.25亿公顷热带雨林。

伴随森林锐减的是野生生物栖息地不断缩小,生物多样性受到严重破坏。2010年出版的第三版《全球生物多样性展望》中指出,世界大多数地区的自然生境在范围和整体上都在继续退化,特别是淡水湿地、珊瑚礁、海草海底和贝类岩礁。1970~2006年,数量丰富的脊椎类物种数量平均下降了近三分之一,在全球范围内仍在下降,其中热带和淡水物种数量下降程度最甚。被评定为有灭绝危险的物种平均而言更加接近灭绝,其中两栖类物种灭绝的危险最大,珊瑚类物种的现状迅速恶化程度最甚。

日益加剧的水体污染和水资源短缺问题已经构成了现实的"水危机"。

---

[1] 滕藤:《中国可持续发展研究》,经济管理出版社2001年版,第599页。

据最近进行的一项调查发现,美国有 4100 万人的饮用水中含有多种药物成分,包括抗生素、抗痉挛药物、镇静剂等。联合国欧洲经济委员会日前发表公报说,欧洲仍有一亿多人缺乏安全饮用水,欧洲及全球其他地区必须对水问题予以高度重视。而中国人均淡水资源仅为世界平均水平的 1/4、在世界上名列 110 位,是全球人均水资源最贫乏的国家之一。据监测,全国废污水排放量由 1980 年的 315 亿吨增加到 2002 年的 631 亿吨。多数城市地下水受到一定程度污染,并且有逐年加重的趋势。

在工业文明的短短 200 年里,人类活动遗留的自然资源和生态环境恶果使人们在深刻反思中认识到,人类如果不对自己的行为加以控制,人类乃至整个地球最终必然走向毁灭的深渊。

4. 20 世纪 50~60 年代震惊世界的八大公害事件形成的教训

恩格斯于 1873 年在《自然辩证法》中曾提示人类,我们不要过分陶醉于我们人类对自然界的胜利。对于每一次这样的胜利,自然界都对我们进行报复……西方国家步入工业化进程,最先享受到工业化带来的繁荣,也最早品尝到工业化带来的苦果。

在工业发达国家,"公害事件"层出不穷,导致成千上万人生病,甚至有不少人在"公害事件"中丧生。20 世纪西方国家有八起事件引人注目,被称为"世界八大公害事件"(见表 1-5),从中可以窥见工业革命后环境问题的严重性。从表中我们可以看出,每一次公害事件爆发都威胁到涉及人群的生命安全和身体健康。八大公害事件使资本主义国家意识到环境问题的严峻性,采取了一系列的活动,比如通过立法来约束人们破坏环境的行为,通过改进技术减少工厂对环境的污染等。但是,在资本主义社会,由于资本要追求原始积累和无限扩张,由于经济增长被看做是解决一切问题的法宝,资本主义国家的解决方案最终被证明只不过是转移了问题,而不是解决了问题。

(二)工业革命后环境问题爆发的原因

从 18 世纪下半叶开始,经过整个 19 世纪到 20 世纪初,首先是英国,然后是欧洲其他国家、美国和日本相继经历和实现了工业革命,最终建立以煤炭、冶金、化工等为基础的工业生产体系。环境问题在工业革命后大量的爆发出来,其原因与工业社会的生产方式、生活方式和消费方式等有着直接的关系。

表1-5　20世纪中叶"世界八大公害事件"

公害事件名称	马斯河谷烟雾事件	多诺拉烟雾事件	伦敦烟雾事件	洛杉矶光化学烟雾事件	水俣病事件	富山事件(骨痛病)	四日事件(哮喘病)	米糠油事件
公害污染物	烟尘、二氧化碳	烟雾、二氧化硫	烟尘、二氧化碳	光化学烟雾	甲基汞	镉	二氧化碳、煤尘、重金属粉尘	多氯联苯
公害发生地	比利时马斯河谷(长24km高90m)	美国多诺拉镇(马蹄形河湾,两边山高120m)	英国伦敦市	美国洛杉矶(三面环山)	日本九州南部熊本县水俣镇	日本富山县神通川流域(蔓延至群马县等地七条河的流域)	日本四日市(蔓延到几十个城市)	日本九州爱知县等23个府县
公害发生时间	1930年12月	1948年10月	1952年12月	1943年5~10月	1953年	1931~1972年3月	1955年以来	1968年
中毒情况	几千人发病,60人死亡	4天内43%的居民患病,20人死亡	5天内死亡约4000人	大多数居民患病,65岁以上老人死亡400人	水俣镇病者180多人,死亡50多人	患者超过280人,死亡34人	患者500多人,有36人在气喘病折磨中死去	患者5000多人,死亡16人,实际受害者超过1万人
中毒症状	咳嗽、流泪、恶心、呕吐	咳嗽、呕吐、腹泻、喉痛	咳嗽、呕吐、喉痛	刺激眼、鼻、喉,引起眼病、喉头炎	口吃不清、步态不稳、面部痴呆、耳聋眼瞎、全身麻木,最后神经失常痛苦死去	关节痛、神经痛和全身骨痛,最后骨骼软化、饮食不进,在衰弱疼痛中死去	支气管炎、支气管哮喘、肺气肿	眼皮发肿、常出汗,全身起红疙瘩,肝功能下降、咳嗽不止

续表

公害事件名称	马斯河谷烟雾事件	多诺拉烟雾事件	伦敦烟雾事件	洛杉矶光化学烟雾事件	水俣病事件	富山事件（骨痛病）	四日事件（哮喘病）	米糠油事件
致害原因	硫氧化物和金属氧化物颗粒进入人体肺部深部	氧化硫与烟尘生成硫酸盐气溶胶被人吸入肺部	烟尘中的三氧化铁使二氧化硫变成硫酸沫，附在烟尘上，吸入肺部	石油工业和汽车废气在紫外线作用下生成光化学烟雾	甲基汞被鱼吃后，人吃中毒的鱼而生病	吃含镉的米，喝含镉的水	有毒重金属微粒及二氧化硫吸入肺部	食用含多氯联苯的米糠油
公害成因	山谷中工厂多，逆温天气，工业污染积聚，又遇雾日	工厂多，遇雾天和逆温天气	居民用煤取暖，煤中硫含量高，排出的烟尘量大，遇逆温天气	汽车多，每天有1000多吨碳氢化合物进入大气，市区空气水平流动缓慢	氮肥生产中，采用氯化汞和硫酸汞作催化剂，含甲基汞的毒水废渣排入水体	炼锌厂未经处理净化的含镉废水排入河流	工厂向大气排放二氧化硫和煤粉尘数量多，并含有钴、锰、钛等	米糠油生产中，用多氯联苯作载热体，因管理不善，毒物进入米糠油中

资料来源：王亭、井文涌、何强编《环境学导论》，清华大学出版社1985年版。

1.工业革命时期消耗了大量的资源特别是不可再生能源

地球上的不可再生能源主要是煤炭、石油、天然气、含油的岩层、可燃冰等。在工业革命初期,其能源主要是煤和石油。煤炭与石油都是古生物的遗体被掩压在地下深层中,经过漫长的地质年代而形成的(故也称为"化石燃料"),一旦被燃烧耗用后,不可能在数百年乃至数万年内再生,因而属于"不可再生能源"。一直到今天,工业社会的能源依然以不可再生能源为主。20世纪70年代到80年代末,世界在一次能源消耗结构中,石油比例最大,占40%以上;其次是煤,占20%以上;再次是天然气,占10%以上。随着经济的发展和进步,能源消耗急剧增加,并且很快带来一系列始料未及的问题。例如,英国烟雾事件,就是由于其使用煤过量,从几百万吨上升到几千万吨,造成了大量的环境污染,在19世纪末英国伦敦就曾发生过3次由于燃煤过多造成的毒雾事件,据估计死亡人数达到1800多人。

2.工业产品的原料来源于自然资源

工业产品的原料主要来自自然资源,特别是矿产资源。自然资源是自然环境的基本组成因素。矿产、土地、生物、水和空气资源,既是工业生产的原料和动力来源,也是人类生态环境的重要组成部分。在工业社会随着工厂规模的不断扩大,采矿量也直线上升。大规模的开发与生产,引起一系列的环境问题。同时,在工业对资源的加工和消费过程中,又会产生各种废弃物,从而形成对环境的污染。当工业对环境的污染超过自然界的本身净化能力时,将最终影响人们的生活。最常见的污染包括大气污染、水污染、噪音、辐射、酸雨等。

3.环境污染与工业社会的生活方式有直接关系

在工业社会,虽然欧美国家的工业化是以榨取工人的血汗为前提的,但是,资产阶级为了巩固其政治统治,维持资本主义经济发展,工人阶级为争取改善自身生活和工作条件而进行的长期斗争,这些都迫使资本主义国家运用行政权力,从资产阶级长期和整体利益出发进行一定程度的社会调整,以缓和阶级矛盾和社会冲突,从而为资本主义经济的进一步发展创造更为有利的社会环境。这一时期,欧美国家工人的工资有了显著的提高,1870~1901年,英国工人的实际工资上升了大约75%,与1853~1873年相比,工人实际工资的增长要高出6倍;在美国,同期工人实际工资的增长要超过75%,同1853~

1873 年相比,工人实际工资的增长要高出 12 倍。这些工业化国家的公共卫生事业和工作条件都有了很大改善。人们不再仅仅满足于生理上温饱的基本需要,更高层次的享受成为工业社会发展的动力。平民百姓的非正式社交活动开始兴起,如酒吧、咖啡馆的小型聚会,还有更为随便灵活的社交活动和独特的社交形式也随之出现。高层次的一些室内音乐和宫廷舞蹈则流行于上流社会和中产阶级群体中,在这种情况下,汽车等高档消费品进入了社会和家庭,消费主义也开始兴起,由此引起的环境污染问题也日益显著。

4. 环境污染与人类对自然的认识水平和技术能力直接相关

工业社会初期,生态问题还不是大面积地发生,人们对环境问题缺乏认识,总是把发生的环境事件作为个案对待,还不能够认识经济发展与环境保护相协调的关系对于人类自身生存与发展的重要性,在生产生活过程中常常忽视环境问题的产生和存在,结果导致环境问题越来越严重。当环境污染发展到非常严重并引起人们重视时,也常常由于技术能力不足而无法解决。

(三)"浅绿色"理念缘起的深层原因

农业文明时代因为人类活动直接或间接引起的环境问题已经显现,但是,一直到 20 世纪 50～60 年代,人们才开始对环境问题及其危害有了比较深刻的认识,并开始提出解决环境问题的要求。环境问题之所以到这个年代才被提到人们的议事日程来,其深层原因是:

1. 生产力的提高,使环境成为问题

原始文明与农业文明时期,人类开发利用自然的能力有限,消耗自然资源的速度也被控制在一定范围内,工业革命后由于生产力的迅速发展,使得各种资源特别是不可再生资源以空前的速度消耗,单纯从生产力的角度看的确有了很大提高。但是,从总体上讲,人类对环境的影响还在生态系统承受能力范围之内。有些地区虽然也出现了生态环境恶化的现象,但是这种生态破坏的范围有限,而大多数地区,生态环境基本上保持比较良好的状态。工业革命以后,机器大工业代替了手工劳动,促进了生产力的极大提高,人类对环境的干扰和破坏,无论是在强度上还是在范围上,都远远超过农业社会。特别是第二次世界大战结束后,资本主义发达国家经济飞速发展,工业大规模扩张对资源的开发和利用达到空前的规模和程度,在局部地区超过了环境承载力,直接导

致了 20 世纪 50～60 年代频繁发生的"世界八大公害事件"。这些"事件"涉及面广,危害大,而且在西方国家普遍出现,从而引起社会的广泛关注。尤其是 20 世纪 80 年代以来,环境问题从区域性、局部性向全球性、整体性趋势扩展,有人惊呼 20 世纪是全球规模环境破坏的世纪。环境问题从社会的边缘问题上升为社会的中心问题。

2. 人口的快速增长,使人们被迫思考环境问题

在人类历史上,人口的发展曾经在很长时间处于比较低的水平上。一万年以前,全球人口大约有 500 万;农业革命后,人口出现了第一次爆炸性增长,但总量仍很有限,直到 1850 年左右,全球人口才达到第一个 10 亿。从那以后,增长速度加快,1930 年突破 20 亿,1960 年接近 30 亿,1975 年超过 40 亿,20 世纪 90 年代初,全球人口已达到 55 亿。在历史上由于人口一直比较少,人们活动的范围只是地球表面的很小的一部分,当一个地区环境恶化后,人们往往可以找到新的栖息地。大约五六百年前航海技术的发展,使更大范围的迁徙、疏散成为可能。欧洲人开发新大陆、建立殖民地就是从此时开始的。北美、南非、澳大利亚以及南美的部分地区,先后成为欧洲人征服和开发的疆域。到了 20 世纪,地球上的陆地(除极地外)已经完全被瓜分了,新增的人口已经无法疏散。某个地区一旦遭到污染的破坏,将直接危害到当地居民的身体健康,降低居民的福利,危及人们的生存和发展。在这种情况下,人们已经没有别的选择,必须认真地思考环境问题。

3. 科学技术的进步,使人们对地球有了新的认识

人类在长期生产实践中,对于地球形状的认识经历了反复曲折的过程。在认识之初,人们觉得地球是无穷大的平面,如果把一个地区的食物吃光以后可以再迁徙到新的地区,原来地区的动植物有的可能再生,有的则灭绝了。当时人口总的来说比较少,空间相对辽阔,对生态环境的影响能力较小。如果人类生活的地方自然环境发生恶化,人们总可以找到别的谋生之地。直到麦哲伦环球航行以后,证明了地球是圆的,地球是个圆球。人类这才开始认识到地球是一个有限的球体这一事实。第二次世界大战以后,特别是宇航时代开始以后,地球的球面性质才真正进入一般人的观念中,人们认识到,地球是有限的,没有任何取之不尽的资源可供污染或开采,在这种情况下,经济活动必须有所调整,不能盲目地去浪费资源与破坏环境。

　　鉴于以上原因,加之环境事件不断发生,且危害程度不断加重,到20世纪五六十年代,西方国家的一些记者开始公开报道环境问题,一些著名社会人士纷纷撰文呼吁采取行动,还有一些富有开拓精神和责任感的科学家感觉到,有必要进一步增进人类对于地球环境的全面认识,用科学手段解决各种环境问题,以重建社会和自然的新秩序。在此基础上,从20世纪五六十年代开始,一些西方国家开始组织专门性的环境问题调查与研究,在对环境问题的思考中,"浅绿色"理念应运而生。

二、"浅绿色"理念的内涵与特征

(一)"浅绿色"理念的内涵

　　"浅绿色"理念是指浅绿色的环境观念,这一理念建立在环境与发展分裂的理念基础上,是20世纪60～70年代第一次环境运动的基调。这一理念从人类中心主义出发去揭示环境问题的现状,它看到了环境污染与环境问题的严重性,提出要以人类为尺度去解决环境问题,要为了人类去寻找治理污染的技术和开发新资源,要制定和实施限制污染的法律,通过新技术的应用和科学的环境管理,减轻污染。"浅绿色"理念较多地关注对各种环境问题的描述和渲染它们的严重影响,它常常散发对人类未来的悲观情绪甚至反发展的消极意识,浅绿色的环境观念偏重于从技术层面讨论问题,其结果是对旧的工业文明方式的调整或补充。"浅绿色"理念是从浅层次而不是从深层次来认识和解决当前人类面临的生态问题,把环境问题单纯看做工业污染问题,所以工作的重点主要是治理污染源、减少排污量;所采取的措施主要是给工厂企业补助资金,帮助它们建立净化设施,并通过征收排污费或实行"谁污染、谁治理"的原则,解决环境污染的治理费用问题。此外又颁布和制定了一些环境保护的法规和标准,以加强法治。但这类被人们归结为"尾部治理"的措施,从根本上说是被动的,因而收效不甚显著。虽然这段历史时期人们已开始认识到环境问题的严重性,但是,全球传统经济的黑色现象仍然在加重。需要指出的是,直到21世纪的今天,不少人仍然自觉或不自觉地从这个概念出发来研究和解决人类面临的环境问题。

(二)"浅绿色"理念的特征

"浅绿色"理念的思想基础是人类中心主义的,它主张在不削弱人类利益的前提下改善人与自然的关系。它把人类的利益作为出发点和归宿,认为保护资源与环境本质上就是为了人类能够更好地生存;它认为生态危机是人类发展过程中难以避免的现象;生态危机所表明的是人类发展的不充分,只要我们不断完善社会建制、改进分配体制、发展科学技术,这类问题最终都能得到解决。因此,它主张在现有经济、社会、技术框架下通过具体的治理方案来解决环境问题。

1."浅绿色"理念的自然观

自然观就是对自然界的总的看法,是世界观的组成部分。人们对自然界的总的认识。大体包括人们关于自然界的本原、演化规律、结构以及人与自然的关系等方面的根本看法。自然观是人们对整个世界认识的基础,因而任何一种系统的哲学必然包含与之相适应的系统的自然观。人类社会的发展经历了原始文明、农业文明、工业文明以及当代的后工业文明四个阶段。在不同的文明发展阶段,由于人类的生产力的不同,形成了不同的生态环境,也形成了不同的自然观。

人类从动物界分化出来以后,经历了几百万年的原始社会,通常把这一阶段的人类文明称为原始文明或渔猎文明。原始文明时期,由于人类刚刚脱离了动物界,对自然现象和人类自身都不能很好地解释,于是便对强大的自然产生了敬畏和崇拜。恩格斯说过:"在原始人看来,自然力是某种异己的、神秘的、超越一切的东西。在所有文明民族所经历的一定阶段上,他们用人格化的方法来同化自然力。正是这种人格化的欲望,到处创造了许多神。"①日月星辰与大自然的万物,都可能成为人类崇拜的对象。在这段历史时期产生了自然崇拜、图腾崇拜与祖先崇拜等原始宗教形式。原始文明时期,尽管人类在自然面前已经具有自觉能动性,但是由于生产力水平很低、缺乏强大的物质和精神手段,对自然的开发和支配能力是极其有限的。在原始文明时期,人类把自然视为无穷威力的主宰,视为某种神秘的超自然力量的化身。在这种状态下,人类的活动对大自然的影响是微乎其微的,人与大自然保持着原始的和谐状

---

① 《马克思恩格斯全集》第20卷,人民出版社1971年版,第672页。

态。他们匍匐在自然之神的脚下,通过各种原始宗教仪式对其表示敬畏、顺从,祈求他们的恩赐和庇佑。马克思在谈到古代人类和自然界的关系时,指出"自然界起初是作为一种完全异己的、有无限威力的和不可制服的力量与人们对立的,人们同它的关系完全像动物同它的关系一样,人们就像牲畜一样服从它的权力,因而这是对自然界的一种纯粹动物式的意识(自然宗教)"。①

大约距今一万年前出现了人类文明的第一个重大转折,由原始文明进入到农业文明。农业文明使自然界的人化过程进一步发展。在农业文明时期,人们认识自然的能力有了很大的提高,开始由被动的适应到主动的探索,从被动适应到主动适应。农业文明时期出现了青铜器和铁器等生产工具,主要的物质生产活动是农耕和畜牧,农业社会出现了体脑分工,有了专门的"劳心者",从而提高了人类的精神生产能力。但是,在农业文明时期,人们改造自然的能力仍然有限,由于人们使用的只是最基本的薪柴蓄力,对自然的破坏很小,人与自然保持在基本和谐的系统中。但这种和谐是一种低水平的和谐,没有对自然实行根本性的变革和改造,但是这一时期社会生产力发展和科学技术进步也比较缓慢,没有也不可能给人类带来高度的物质与精神文明和主体的真正解放。从总体上看,农业文明尚属于人类对自然认识和变革的幼稚阶段,所以,尽管农业文明在相当程度上保持了自然界的生态平衡,但这只是一种在落后的经济水平上的生态平衡,是与人类能动性发挥不足和对自然开发能力薄弱相联系的生态平衡,因而不是人们应当赞美和追求的理想境界。②

"浅绿色"理念反映了工业文明时期的自然观。"浅绿色"的理念反映了工业文明时代人们对人与自然关系的认识。工业文明时代,由于文艺复兴和启蒙运动使人类思想获得了巨大的解放和自由,人类的主体意识和理性精神被唤醒并得到了前所未有的崇尚。人不再是上帝的谦卑的奴仆,而是自我的主人,是自然界的主宰者。人的位置和价值得到了深刻的反思并开始被重新确立,从培根的"知识就是力量"、笛卡尔的"借助实践使自己成为自然的主人",到莱布尼茨的"万物是由人的理性支配的"、康德的"人为自然立法",等

① 《马克思恩格斯选集》第1卷,人民出版社1972年版,第35页。
② 李祖扬、邢子政:《从原始文明到生态文明——关于人与自然关系的回顾和反思》,《南开学报》(哲学社会科学版)1999年第3期。

等,无不显示了这一点。"浅绿色"理念是以人类中心主义为基础的,他们信奉的是占主导地位的机械唯物论的形而上学,是还原论和人类中心主义的。他们坚持宇宙是原子论的、孤立的、可分的、静止的、相互之间没有联系的。所以他们把人同自然环境分离,其他事物也与自然界分离,整个世界成了是由分离的物体构成的集合体。在这一集合体中,只有个体才是最真实的,而且,对个体的还原越是基本就越能接近"真实的实在"。"真实的实在"严格遵循物理学定律。但是,有一点特殊,那就是人,人具有"自由意志"、"理性"和"情感",这些品质使他并不必然地受到物理学定律的控制。近代以来的西方哲学传统一直主张二元论,把人与自然分离开来。并且,通过概念上的主体与客体、主体性与客观性、描述与评价把人与自然对立起来。他们认为人不同于自然中其他存在的理性存在,而是高于其他存在,一切自然存在只是服务于人的对象。[1]

"浅绿色"理念以人类为尺度承认环境作为资源是人类的生存条件和审美条件。它把环境作为实现人类自己利益的物质基础,认为环境对人类是有价值的;生态破坏和环境污染会对人类生存和发展的条件造成损害。"浅绿色"理念是以人类的利益为尺度,把自然作为人类实现自己利益的工具和手段,也就是说,环境意识在这里只是认识环境的外在价值,它仅停留在人类中心主义的价值观水平上。总的来讲人类中心主义是"一种认为人是宇宙中心的观点,它的实质是,一切以人为中心,或一切以人为尺度,为人的利益服务,一切从人的利益出发"。[2] 人的一切行为从有利于自己生存发展的需要出发,并从这一立场去认识和改造自然。人类中心主义者认为人既是认识的主体,又是道德行为的主体,人与自然之间不存在直接的道德关系。因此人应该以自己的方式来解决由自身制造的当代环境问题,其目的是为了满足当代人和后代人的利益,实现人类的价值。他们认为,人是唯一具有内在价值的生物,自然界及其他生物的价值是人类欲望的产物。

"浅绿色"理念是建立在人与自然分离的基础之上的。这种理念认为人类能够支配自然,使它为人的利益服务;人类能够也应该用自然规律(即科学

---

① 雷毅:《深层生态学思想研究》,清华大学出版社 2001 年版,第 212 页。

② 马光等编著:《环境与可持续发展导论》第二版,科学出版社 2006 年版,第 31 页。

定律)来开发利用自然。"浅绿色"理念受到培根、笛卡尔和牛顿等人建立的人与自然相对立的机械论自然观的影响,其本质属于改良的机械论自然观。培根坚持,人的一切知识来源于感觉经验,并通过归纳方法把握客观规律,因此人可以利用和征服自然。笛卡尔继承了柏拉图的理念,进一步建立了机械论自然观。他反对亚里士多德和经院哲学家的活力论,对自然界提供了一个彻底的机械论解释,认为万物都可归结为数学的原理。他把这种学说运用到整个有机界,甚至应用于人体。他认为人类身体和动物身体一样,可以被描述为一架机器。牛顿在其《自然哲学的数学原理》中,继承了笛卡尔的观点,即"普遍科学"的形式是数学的,描述了机械运动的数学原理。同时,他论证了自然界严格地按照力学规律运动。机械论自然观与古希腊自然观是相对立的,它不承认自然界是一个有机体,认为自然界既没有理智也没有生命,是一架机器,它按照可观察的数学规律去运动,人类可以运用科学技术的手段去安排自然,以追求和满足其物质利益。在机械论自然观维护者和继承者的努力下,人的主体性被解放了,自然界被作了机械论的解释,自然可以用抽象规律和数学公式加以描述,从而为近代自然科学的产生和发展奠定了决定性的基础。人与自然相分离,为人利用自然进而主宰自然打开了方便之门,人统治自然的理念得到了实质性的确立。1972 年召开的第一次人类环境会议虽然认识到"只有一个地球",呼吁要保护环境,但由于人们的自然观没有变革,仍然是用传统的自然观处理人与环境的关系,使环境问题愈演愈烈,已经从区域性发展为全球性,从宏观深入到微观,严重威胁人类的生存与发展。

概括地说,"浅绿色"理念本质上是改良了的培根理念和工业主义的综合,其改良就是把保护环境的理念加进改造自然的理念框架之中,把生态改善的技术措施不断施用于工业体系之中,以更好地开发自然。"深绿色"理念的拥护者认为,"浅绿色"理念是工业革命以来,在人与自然方面占统治地位的理念的继续,而"深绿色"理念追求根本的改变,以打破工业革命以来的传统观念和社会结构,建立新的观念和结构为目标。

2. "浅绿色"理念的经济观

经济观就是对经济现象和经济问题的总的看法,是世界观的组成部分,是人们对经济的总的认识。由于"浅绿色"理念受到人类中心主义的影响,它坚持"资源"是人类的资源。生产与服务的主要目的是使资本投向更多的产品生产和服务中,最终使个人受益。这种理念把环境与发展对立起来。一种观点坚持工业化以来形成的经济增长决定论的发展观念。这种发展观念把国民生产总值的增长视为发展的主要指标甚至是唯一的指标,认为经济增长是社会发展的决定性标志。"有了经济就有了一切"是这种发展思潮的代名词。经济增长决定论的主要代表是凯恩斯经济学派,这个学派把环境与发展对立起来,主张人类社会的发展可以把环境质量放在经济增长之后,认为只能在国家富裕后才有可能考虑环境问题。当时人们还没有把"发展"与"增长"两个概念区别开来,而是认为经济增长可以解决诸如贫困、收入分配不公以及社会安定等一系列问题。在这种情况下,社会发展成为一种经济行为,经济客体成为发展视野的唯一或主要的选择,经济增长的具体标准成为衡量社会发展的尺度,社会发展仅仅归结为国民生产总值的增加:国民生产总值增加了,社会也就进步了,社会发展的程度也就提高了。经济增长决定论的理论适应了第二次世界大战后世界各国发展经济的强烈要求,成为战后世界发展的正统理论。在这一理论的影响下,20世纪50～60年代世界经济发展出现了前所未有的高峰期。但是世界经济的高速发展是以牺牲环境为代价的。人们还来不及享受物质进步带来的巨大利益,便遭受了自然界的疯狂报复,出现了一系列影响人类生活质量的公害问题以及后来的全球环境问题。在严酷的现实面前,人们对盲目追求经济增长的发展观念开始了深刻的反思。

在这种背景下,20世纪60年代后期出现了以罗马俱乐部为代表的、以反增长或零增长为特征的另一种发展理念。这一学派以其对人类未来抱有浓厚的悲观情绪和危机意识而闻名于世。他们认为,现代化社会最大的祸害是追求增长。为了摆脱人与自然之间日益扩大的鸿沟,他们主张应该在世界范围内或在一些国家范围内有目的地停止物质资料和人口的增长,回到"零增长"的道路上去。罗马俱乐部的发展观念作为对传统经济增长观念的反驳,提醒世人要对生态问题高度关注,在20世纪70年代产生过相当大的影响。但零增长理论同样是把环境与发展对立起来。所不同的只是走到了另一个极端,即把自然从单纯的索取对象变为简单的保护对象。这种观点在实践中既没有为发达国家所接受,也遭到发展中国家的抵制。因为遵循这种观念,富国将意味着保持他们的既得利益,穷国则永远处于贫穷状态而得不到发展。其结果只能使地球的自然环境由于两极分化而遭到更大的破坏。

3."浅绿色"理念的技术观

技术观是关于技术的本质及其发展规律的总的看法。它分析技术的属性、本质与体系结构,同时探讨技术发展的一般规律以及这种发展影响社会系统的机制与途径。

"浅绿色"理念认为:大规模的高技术(如核动力)是进步的标志,科学技术能够解决环境问题,我们必须不断完善它。"浅绿色"理念坚持人类能够通过技术进步找到充足的新能源,并克服其他生态问题。原则上生态危机中产生的所有物质技术问题都能有一种技术的解决。而经过适当调整的现代工业社会或后工业社会可以最有效地推进技术进步,从而有效地解决各种全球问题,毫无疑问,在有充足资源的条件下,应保持经济增长,从而保证人类的幸福生活。中世纪后期,现代资本主义的崛起和市场经济的成长解开了技术发展的锁链,释放了贪得无厌、物欲至上、自私自利这些力量。资本主义的天生法则就是使经济活动突破社群的既有藩篱,不断求得增长,它的兴起使科技服务于日益扩张的经济。原先被视为罪恶的唯利是图成了头号的追逐目标,技术创新再不是置于宽泛的伦理框架之中审慎操作,而是一切为提高生产工具的效率是从,自己变成了一个目的。资本主义终结了封建时代相对稳定的社会,迎来了一个财富积累压倒一切的时代,同时也带来了一系列的环境问题。"浅绿色"理念认为第二次世界大战以来的技术变迁是现代环境灾难的罪魁祸首,占到全部污染物产出的80%,他们对技术的谴责不遗余力,认为"生态失败显而易见是现代技术之本质的必然结果"。同时他们认为,如果是技术让我们深陷困境,则毫无疑问,出路就在于开发更好的技术。主张"浅绿色"理念的多数环境科学家并不要求全面改造,而是呼吁零敲碎打地改造,以矫正某些具体问题。《科学管理人》在"管理地球这颗星球"特辑中曾十分典型地体现了这一思路。它认为工业化带来的许多不良后果已由进一步应用技术而加以控制。美国总统尼克松在一份国情咨文中提议,尽管问题源于创新智慧库,但还是应该调动该智慧库的能量,俾以化解环境危机。"浅绿色"理念认为由技术造成的任何问题都可经由进一步应用技术而得到解决。

"浅绿色"的支持者们相信,人类的技术和智慧,总会使人类的社会适应任何的环境改变。他们认为每当人类的资源出现稀缺,新的发明和创造就会寻求出新的替代物品,例如煤代替木材作为燃料、煤油代替了鲸油作为照明物品。所以他们得出的结论是：人类的资源是没有尽头的，无论是土壤、水还是其他资源，都永远不会真正的稀缺，因为人类的创造性一直在发现更多的资源，而且人类的发明也总能够找到办法来避开或解决存在的资源稀缺。环境的恶化只是暂时现象，粮食在将来不会成为问题，人口在将来也最终可以达到自然的平衡。

4."浅绿色"理念的政治观

政治观是指社会成员对政治世界的总的看法和根本观点，包括社会成员看待、评价某种政治系统及其政治活动的标准，以及由此形成的政治主体的价值观念和行为模式的选择标准。

"浅绿色"理念认为民族国家是最重要的政治实体。"浅绿色"理念坚持各国有按其环境政策开发的权利，同时也负有不对其他国家和地区的环境造成损害的义务。有毒物质排入环境应以不超出环境自净能力为限度。对他国或地区造成环境损害，要予以赔偿。各国在从事发展规划时要统筹兼顾，务必使发展经济和保护环境相互协调。一切国家，特别是发展中国家应提倡环境科学的研究和推广，相互交流经验和最新科学资料。鼓励向发展中国家提供不造成经济负担的环境技术。各国应确保国际组织在环境保护方面的有效合作。在处理保护和改善环境的国际问题时，国家不分大小，以平等地位相处。本着合作精神，通过多边和双边合作，对产生的不良影响加以有效控制或消除，同时要妥善顾及有关国家的主权和利益。

"浅绿色"理念承认私营企业的生产决策权，而且关注调控由此造成的环境影响。他们"只是在争论政府应该如何管理那些公司决策者们挖空心思想出来的要建造或应用的各种生产设备"。① 由于污染源于生产设计，因此一旦在技术上作出了选择，管理的作用是有限的，只能治标不能治本。"浅绿色"理念家认识到恢复环境质量有益于国家有益于世界，认为实现这一目标是社会的责任也应是政府的责任。他们认为世界上每个国家无论是发达资本主义国家还是发展中国家，都在使用同样的排放烟雾的汽车、有毒的化学合成物、危险的核电站，农业上都在使用危害生态环境的化学药剂。每个国家都或多

---

① ［美］巴里·康芒纳著：《与地球和平共处》，王喜六、王文江译，上海译文出版社2002年版，第159页。

或少地取得了短期的经济效益,却同时也造成了环境危害。世界上每个国家都面临着技术重构的共同任务,都有必要创造有效的办法,使社会对环境质量的关注对于技术重构起主导作用。"浅绿色"理念认为发达国家和发展中国家都要行动起来,采取必要的措施共同挽救我们的地球,为我们的生存创造良好的环境条件。

三、"浅绿色"理念的理论意义及其影响

在"浅绿色"理念的影响下,从 20 世纪 60 年代开始,发达国家国民的环境意识逐步觉醒,各个国家相继成立了各种环保组织,环境保护运动日益全民化、普及化;国家环境立法日益完善;污染治理力度日益加强,环境保护投资加大,并由污染治理向污染防治转化,推行清洁生产和循环经济,使一些发达国家传统经济的黑色现象减少,生态环境状况有较大改善。

(一)环境意识的觉醒

1. 对环境现象认识与深入研究

从 20 世纪 60 年代中叶到 70 年代,受"浅绿色"理念的影响,人们越来越将环境问题与人类的健康和生活质量联系起来。美国在 1965～1970 年所做的民意测验表明,公众对水和空气质量的重要性的认识在增加。它们被看做是值得政府注意的事(从 17% 增加到 53%),被访者的生活中很严重的事(从 38% 增加到 55%),人们甚至愿意交纳适当的税收来解决污染问题。用民意分析者的语言来说,到 1970 年,环保变成了一致性事件。这就是说,绝大多数人表达了他们支持环保的观点,而只有极少部分人持反对态度。①

对环境现象的认识由民众觉醒发展到政府重视。美国一直处于环境斗争或环境保护运动的前沿阵地,环境问题的出现使一些历史学家率先身体力行,不约而同地开展对环境危机和环境史的研究,他们开设环境史课程,组建环境史学会,创办环境史刊物。这些举措很快被欧洲国家以及欧美以外的其他国

---

① [美]查尔斯·哈珀:《环境与社会——环境问题中的人文视野》,肖晨阳等译,天津人民出版社 1998 年版,第 393 页。

家的学者所仿效和借鉴。环境史在博采众多学科的知识和方法中不断地否定和重构自身,在更充分而合理地解释历史运动时,也在广阔的空间内得到迅速发展,日益成为西方历史研究中重要学科之一。

2. 提出了环境权的要求

环境作为一项新的权利,它与人的生存有着密不可分的联系,可以说,它是生存权派生的一项权利。环境问题导致生存危机,生存之窘迫又导致生态环境恶化的深层次加剧。当然,环境权与生存权各有其不同的内容和权利实现手段,两个权利是并列的,不能相互替代。环境问题不仅导致人类的生存危机,而且还影响社会经济可持续发展的进度,因此,要正确处理好人类环境权、生存权以及发展权三者之间的关系。

环境权是指人们所享有的对环境资源的法定权利。对公民个人和企业来说,环境权就是享有在安全和舒适的环境中生存和发展的权利,主要包括环境资源的利用权、环境状况的知情权和环境侵害的请求权。在"浅绿色"理念的影响下,要求拥有"环境权"的主张首次出现了。1969 年,美国密歇根州立大学教授约瑟夫·萨克斯以法学中"公有财产"和"公共委托"理论为依据,提出了系统的环境权理论。这一理论认为,环境是人类共有的财产,未经同意,不得擅自利用、支配、污染、损害它们。1970 年 1 月时任美国总统的尼克松在国会演说中提出,拥有适宜人居住的环境应该是每一个美国人与生俱来的权利。受美国政界的影响,哲学家布莱克斯通(W. T. Blackstone)认为,传统的伦理学和法学只把平等、自由和幸福当做人的权利,而忽视了适宜居住的环境对人类生存的根本意义。而事实是,这一点是人获得平等、自由和幸福的前提,没有一个适宜人居住的环境,人们的平等、自由和幸福就无法得到保障。在这个意义上,应该把环境同样看做是人的一种不可剥夺的天赋权利。他还沿用洛克以来的自由主义传统,提出需要对那种破坏环境的"自由"进行限制,让人对自己的破坏行为承担起"法"的责任,强调从法律上确立"环境权"和人的生存的重要意义。①

---

① Blackstone W. T. *Philosophy and Environment Crisis*[M]. Athens:University of Georgia Press,1974.

3. 保护环境成为人们的共识

20 世纪六七十年代的行动主义文化、科学知识的普及和媒介的覆盖、户外活动的增加,以及经济的扩张和生活的富裕,都对人们环境意识的觉醒有所影响。大众传媒在唤醒大众的环境意识方面的作用尤其不可低估。到 60 年代末,主流媒体已经开始关注环境问题,70 年代,有关环境的报道已成为杂志和报刊的头条新闻。生态学已经成为一个尽人皆知的字眼,虽然人们也许还不能完全理解它,但许多人已经开始控诉环境污染,谴责不进行环境保护的政府。

20 世纪 80 年代以来,人们的环境意识和对环境保护的关注不但更加广泛地传播开来,而且成为深入人心的共识。1989 年,美国哈利斯(Harris)的一次民意调查中,有 94% 的人说国家应该为环境保护和根除污染做比以前更多的工作。这表明,环保已经成为一个共识性的事件,又有绝大多数人的支持。又据联合国对 15 个发达国家和发展中国家的民意测验表明,大多数被抽查者都声称,如果他们所交纳的税款能够用于保护环境,他们将乐于交纳更多的税款。根据西欧的调查,每 4 个欧洲人中有 3 个表示,为了保护环境,愿意交纳额外的费用。88% 的瑞典人表示,为了挽救地球环境,他们愿意降低生活水平,84% 的人愿意将垃圾分类,以便于回收。[①]

当然,也有研究表明,不同国家的人们关注的环境问题以及关注环境问题的程度是很不一样的。比如,英国人对于自然保护和破坏风景的问题显得特别激动,而在德国,最激烈的反应是对原子能和有关汽车的争论。并且,从对环境危机认识的程度而言,德国对环境危机的恐惧程度要高于其他国家。2/3 的德国人认为疾病增长与环境有关,而美国持相同观点的人则为 45%,荷兰为 33%。68% 的德国人和 64% 的意大利人认为全球气候变暖会危及个人,然而,持相同观点的英国人只有 45%,荷兰人只有 25%。[②] 但是,除以上各国在环境意识上表现出来的特点之外,还有一个共同的特点,就是环境意识并不是

① 曲格平:《我们需要一场革命》,吉林人民出版社 2000 年版,第 122 页。

② Brand, Karl-Werner, 1997, Environmental consciousness and behavior: the greening of lifestyles, The International Handbook of Environmental Sociology, Edited by Michael Redclift and Graham Woodgate, Edward Elgar Publishing Ltd., Cheltenham, pp. 204 - 217.

人们头脑中的一时想法,而是日益地深入人心了。

(二)环保法律的制定

受"浅绿色"理念的影响,人们对环境问题越来越敏感,强烈要求政府采取必要的措施加强环境管理。

1. 英国首先制定了相互法律

英国作为最早进入工业化的国家,也是最早受到工业化和城市化负面效应之害的国家。17、18世纪以来,英国的一些工业城市就已经出现严重的煤烟污染,城市环境异常恶劣。不但工人和底层人民居住环境悲惨,就连富裕的人同样难逃污染大气之害,因此,他们也强烈要求对大气环境进行治理。1819年,英国政府召开讨论烟害的第一次委员会,并于1821年制定了《烟尘防止法》(The Smoke Prohibition Act)。1853～1856年,伦敦和其他城市先后制定了《伦敦法》等有关防止烟尘的法律,又制定了《制碱业管理法》(1863年)、《河流防治法》(1876年)。1866年,英国又出台了一部限制烟尘污染的《环境健康法》。

2. 美国、日本等也相继制定了相关法律

伴随着城市化和工业化,许多城市都出现了大气、水、酸雨、有毒废弃物等环境问题。为此,一些地区和政府早就制定了相关法律来解决这些问题,随着20世纪六七十年代环境运动的兴起,到20世纪70年代以前,类似日本《公害对策基本法》(1967年)、美国《国家环境政策法》(1969年)、加拿大《清洁空气法》和《水域法》等法律法规几乎在所有的工业化国家中相继制定出来。70年代之后建立的法律法规更是层出不穷,目前,西德共有环境法160多种,美国120多种,日本70多种,仅在国际组织登记的有关环保国际条约就有152个。

3. 发达国家相继设立了专门的行政管理部门

在此期间,发达国家相继设立了专门的行政管理部门。如,美国的环境保护局(EPA),加拿大和英国的环境部(DOE)等。到20世纪70年代早期,绝大部分工业化国家都已经建立了对环境进行管理的全国性行政管理机关。并且,这样的机构还在国家以下的各级地方政府设立了分支机构。

（三）环保组织的成立

1.环保组织的精英主义阶段

18世纪上半叶,由于西方政府奉行自由放任主义的政策,认为市场是万能的。所以,他们对环境问题的反应极为冷漠,普通民众也几乎毫无现代意义上的环境意识。这一时期的环境保护运动和民间环保组织基本上都是由社会精英人士倡导和发起的。在环境污染日益严重的情况下,一些社会精英人士为了保护环境走到了一起,确定了共同的目标,形成了自己的心理结构和技术结构,开始组建了各种民间环保组织。如1824年,爱尔兰政治家马丁和上层社会的人道主义者成立了世界上第一个民间动物保护组织,取名为"禁止残害动物协会"。1845年法国成立了动物保护协会。1865年英国成立了公共用地及乡间小路保护协会。1867年英国又成立了世界上第一个野生动物保护团体——东区保护海鸟协会,1889年又成立了鸟类保护协会,1895年成立了历史古迹和自然风景区国家信托社(简称国家信托社)。美国在1866年由外交家贝佛成立了"禁止残害动物美国协会",发表了《动物权利宣言》。①

2.环保组织的公众参与阶段

从第二次世界大战结束到20世纪80年代初,市场相对于环境保护无效性日益凸显,同时政府环境行政的局限性也日益明显,这一时期西方民间环保组织获得了迅速的发展,它突破了精英主义的阶段,走向了公众参与的成熟阶段。以英国为例,比较明显的表现是从1967~1980年,国家信托社由当初的15万9千人发展到100万人,皇家鸟类保护协会的成员由3万8千人扩充到30万人。此时的环境民间环保组织不仅表现在数量上的骤增,而且还出现了初步联合的趋势:到20世纪80年代中期英国成立了保护乡村联盟、保护野生动物联盟、苏格兰野生动物及乡村保护联盟和北爱尔兰的环境保护联盟等。1978年还成立了旨在提高民间环保组织在议会中影响水平的绿色联盟。此间其他国家的环保组织也迅速发展。

3."绿党"走进政治舞台

在一些发达国家,随着民众对环境运动支持和参与热情的高涨,各国纷纷出现了以环境保护和维护生态平衡为纲领的政党组织,称为"绿党","绿党"

---

① 巩英洲:《国外民间环保组织发展对我们的启示》,《社科纵横》2006年第6期。

在各国迅速壮大。"绿党"以环境保护为宗旨,他们在政治舞台上也赢得不少的支持,在大选中赢得的选票也日渐上升。最著名的如西德的"绿党"。西德早在1970年就成立了"联邦环境保护协会";1972年,由上千个从事环境保护的民众运动团体联合组成了"联邦环境保护民众行动倡议协会",到1979年,该协会已拥有20万会员;在1980年1月,正式成立了绿党,绿党以保护环境为宗旨,提出"让共和国变绿"、"对子孙后代负责"等环境保护口号。短短三年中,就在6个邦(西德共11个邦)议会中赢得了席位,成为世界上第一个进入全国性议会的标榜生态的政党。1984年6月在第二届欧洲议会选举时获得7个席位,进入了欧洲议会。

(四)环保运动的兴起

1. 民众自发的环保运动

从20世纪60年代起,在欧美发达国家中,民众自发地兴起了一场声势浩大的绿色运动。千百万群众走向街头示威游行,抗议某些工业企业只顾赚钱而不顾社会公众利益,造成空气、水体、食物污染,危害公众健康,并要求政府严惩造污者,关闭污染企业。民间成立绿色和平环保组织,他们以各种方式反对和阻止政府发展核武器试验和核工业项目。与此同时,一些有影响的科学家站出来揭露环境污染和公害事件,各种新闻媒体也竞相披露公害内幕,从而在西方工业化国家形成了规模宏大的群众性环保运动,亦称为"绿色运动"。他们提出了环保至上的口号,认为保护环境是人类最重要的事务,应当优先于其他社会发展项目,经济发展要服从于环境保护这一最高原则和需要,甚至提出以牺牲经济发展的速度来换取环保的利益。

2. 环保运动的典范——"地球日"运动

在此起彼伏的"环境运动"中,最有影响的是1970年4月22日在美国举行的"世界地球日"游行活动。这是历史上有关环境保护的规模最大、影响最广的一次群众性运动。这一天,全美大约有1500所高等院校和1000所中小学举行了集会,一些著名人士在集会上发表讲话。据估计,包括国会议员、工人、学生等,大约有3000万人走上街头,参加了这次规模空前的活动。他们高举受污染的地球模型、巨画、标语牌,高喊环境保护口号,进行游行、演讲、宣传,以唤起人们对环境问题的注意。这次活动旨在唤起人类爱护地球、保护家园的意识,促进资源开发与环境保护的协调发展,进而改善地球的整体环境。这次活动影响很快扩大到全球,有力地推动了世界环保事业的发展,有人评论说,"它是一个信号,暗示着人们对技术统治的危害开始有了清醒的认识"。从此,4月22日成了全球性的"地球日"。"地球日"运动的开展,不仅广泛唤起民众环境意识的觉醒,而且直接和间接地为斯德哥尔摩联合国人类环境会议做了舆论上的准备。①

3. 环保运动产生了巨大影响

来自民间的环保运动在欧美发达国家已经造成了巨大影响,以至于一些国家的总统候选人或议员候选人为了争取选民的拥护和支持,纷纷打起环保的大旗,作出种种保护环境的许诺。在他们的竞选演说中,干净的空气、清洁的水、卫生的食物等内容占重要的篇幅。在这些国家,环保成为一个时髦的社交话题,成为一种现代意识的象征。这股社会思潮自20世纪80年代以来,也影响到一些新兴的工业化国家或地区,如亚洲"四小龙"和一些发展中国家。这股席卷全球的民间性环保主义运动,对于国际社会可持续发展理论的形成也产生了重大影响。

---

① 卞文娟:《生态文明与绿色生产》,南京大学出版社2009年版,第18页。

第二章 "深绿色"理念

"深绿色"理念是在生态危机日益严重的时代背景下,在反思现代工业文明所造成的人与自然相对立的矛盾的基础上提出的一种经济发展理念,它以生态学规律为基础,以生态价值观为指导,坚持从物质、制度和精神观念三个层面进行改变,建立资源节约型和环境友好型社会。"深绿色"理念提倡在全面提升人的生活品质的同时,实现人类社会与自然的和谐相处,促进经济、文化和社会的可持续发展。"深绿色"发展的实现,要以全社会的共同参与为基础,既要改变思维方式也要改变行为方式;既要改变生产方式也要改变生活方式;既要改变观念与价值也要改变法律与体制。也就是说,这是涉及物质层面、体制层面及价值观念的全方位的变革与创新。

一、"深绿色"理念的产生及其内涵

(一)"深绿色"理念的产生

1. 对生态运动的重新审视

20 世纪六七十年代轰轰烈烈的生态运动并没有使资源与环境的问题得到解决,相反环境问题越发恶化了。这使得人们对环境问题开始进行深入思考。由于环境问题发生在技术的突飞猛进、人口与经济的高速增长时期,人们便试图从社会层面去寻找问题产生的根源。这种探索为"深绿色"理念的发展奠定了基础。

2. 对工业文明追求 GDP 的深入反思

GDP 是国内生产总值(Gross Domestic Product)的简称,是一个国家一年之内由企业和政府生产并提供的全部商品和服务的总和。自从 GDP 的核算进入社会以来,它就成了财富与福利的标征,成为人们攀比的对象。各国人们都狂热地追逐着 GDP,关注着自己国家的 GDP 在世界上的排名位置。

追逐 GDP 确实带来人类财富的增加,我们不否认它有好的一面。1000～1800 年 8 个世纪之间全人类只有微不足道的 GDP 增长率,与此相伴随的则是人类福利的低下、财富的低下、人均寿命的低下以及就业机会的低下。直到1800 年左右,GDP 的增长才陡然上升,并且这一上升趋势一直延伸到当代。由此而带来的则是人类财富和人均收入也以历史上从未有过的超常速度持续增长。可以说,1500～1820 年,世界 GDP 平均每年增长才 0.33%,人均 GDP 的增长更低,仅 0.04%。1820 年后,经济增长变得特别迅速,1820～1992 年,世界 GDP 增长了 40 倍,人均产值增长了 8 倍。[①]

GDP 是美好的,但是它不能提供我们福利状况的全部信息。因为 GDP 是单纯的经济增长观念,它只反映出国民经济收入总量,不统计环境污染和生态破坏,不反映经济增长的可持续性。环境和生态是一个国家综合经济的一部分,由于没有将环境和生态因素纳入其中,GDP 核算法就不能全面反映国家的真实经济情况,核算出来的一些数据有时会很荒谬,因为环境污染和生态破坏也能增加 GDP。例如,发生了洪灾,就要修堤坝,这就造成投资的增加和堤坝修建人员收入的增加,GDP 数据也随之增加。再例如,环境污染使病人增多,这明摆着是痛苦和损失,但同时医疗产业大发展,GDP 也跟着大发展。另外从社会学角度看,GDP 也不能反映社会贫富差距,不能反映社会分配不公,不能反映国民生活的真实质量。于是,对 GDP 的美好与幻想的反思,促使人们对 GDP 背后的工业文明生产方式进行思考,促进了"深绿色"理念的产生。

3. 对生态问题产生根源的深入探索

生态问题的产生不仅有经济原因还有以下原因。

生态问题产生于人类对自然的傲慢。1962 年,美国作家蕾切尔·卡逊在《寂静的春天》中详尽细致地讲述了以 DDT 为代表的杀虫剂的广泛使用,给我们的环境造成了巨大的、难以逆转的危害。正是这个最终指向人类自身的潜在而又深远的威胁,让公众意识到环境问题十分严重,从而开启了群众性的现代环境保护运动。不仅如此,卡逊还尖锐地指出,环境问题的深层根源在于人类对于自然的傲慢和无知,因此,她呼吁人们要重新端正对自然的态度,重新

---

① 赵晓:《超越增长》第一版,北京大学出版社 2006 年版,第 6 页。

思考人类社会的发展道路问题。

生态问题产生于人们对技术的滥用。科学技术是一把"双刃剑"。一方面,科学技术能给我们带来物质的充裕和满足,并且科技越发达,人类的生存问题就可能解决得越好;另一方面,对科技的不当使用又可以产生一系列不可预见的灾难性后果。在人类征服和改造自然的过程中,自然被"人化"了,生态环境的稳定遭到了越来越严重的破坏。科技进步和环境恶化之间的因果关系愈益明显,并为众人接受和默认。科学技术是"受制于人"的,它的发明和使用要受到人们世界观、价值观的影响和控制,要受到当时社会制度和生产关系性质的影响和控制,要受到人们的主观意图和目的的影响和控制。再先进的科学技术,如若被滥用,只能导致环境状况的破坏与恶化。巴里·康芒纳在《封闭的循环》中指出:新技术是一个经济上的胜利——但它也是一个生态学上的失败。在考察了核污染、化肥、杀虫剂、洗涤剂、塑料、合成纤维、汽车和啤酒进入生物圈循环的例子后,他发现"在每个例子上,新的技术都加剧了环境与经济利益之间的冲突"。① 卡普兰在《转折点》一书中写道:"空气、饮水和食物的污染仅是人类科技作用与自然环境的一些明显和直接的反映,那些不太明显但却可能是更为危险的作用至今仍未被人们所充分认识。然而,有一点可以肯定,这就是,科学技术严重被打乱了,甚至可以说正在毁灭我们赖以生存的生态体系。"②美国学者拉兹洛也曾指出,过去二三百年的技术有相当一部分不是给人类造福,而是给人类造祸,因为它们消耗太多的能量和物质,造成的环境损害太严重,并认为有必要寻找和采用新科学和新技术。③

生态问题产生于人口的过度增长。对生态问题的人口根源探索,主要来自美国生物学家保罗·埃利希。1968 年他出版了《人口爆炸》一书,在书中,他发出警告:当代世界人口增长已趋高峰,一旦人类自身的繁殖能力超越了自然的负荷,不仅给自然带来恶果,而且必会祸及自身。④ 这本著作的出版,引起了人们对环境危机与人口过剩的思考,使人口问题成为 20 世纪 60 年代末

---

① [美]巴里·康芒纳:《绿色经典文库·封闭的循环》,吉林人民出版社 1997 年版,第 122 页。

② 弗·卡普兰:《转折点》,中国人民大学出版社 1989 年版,第 16～17 页。

③ [美]拉兹洛:《系统哲学讲演集》,中国社会科学出版社 1991 年版,第 271 页。

④ Ehrlich P. The Population Bomb. New York:Ballantine,1968.

期环境问题的核心。人口增长对土地资源、水资源、森林资源和矿产资源形成巨大的压力,同时人口增加使能源供应紧张并缩短了化石燃料的耗竭时间。埃利希的观点得到了许多人的赞同。美国生物学家哈丁进一步提出:"污染问题是人口带来的结果。一个孤零零的美国人在如何处理他的粪便上,本来就不是什么问题……但是人口密度增加了,天然的化学和生物的再造过程变得超负荷了……无限制的生育将会给所有的人带来灾难。"①

4.对《增长的极限》论点的进一步思考

1972 年罗马俱乐部(The Club of Rome)提交了第一份研究报告《增长的极限》,深刻阐明了环境的重要性以及资源与人口之间的基本联系。《增长的极限》明确地将环境问题提高到"全球性问题"的高度来加以认识,报告认为:人口、粮食生产、工业化、污染和不可再生资源的消耗以指数增长模型增长着。现在几乎所有人类活动,从化肥的施用到城市的扩大,都可以用指数增长曲线来表示。但是,地球资源是有限的,如果人类社会继续追求物质生产方面的既定目标,它最后会达到地球上的许多极限中的某一个极限,而最终将可能是人类社会的崩溃和毁灭。《增长的极限》的实质是主张"零增长"、"停止发展"。虽然由于种种因素的局限,这一结论和观点存在十分明显的缺陷。但是,报告所表现出的对人类前途的"严肃的忧虑"以及对发展与环境关系的论述,具有十分重大的积极意义。《增长的极限》在当时社会产生了巨大震荡,许多国家的学术界围绕书中的观点展开了热烈的讨论。

《增长的极限》一书中还指出,如果按那时的人口、工业化、污染、粮食生产和资源消耗的这种发展趋势不改变,在从那以后的 100 年中我们赖以生存的星球将达到发展的极限,人口、经济容量将大幅度降低。因此,全球都应该来关注自己的环境,改变这种发展趋势,建立一种生态和经济能维持至将来的稳定状态。

然而几十年过去了,当回头再来看这些年世界经济社会的发展轨迹时,我们发现尽管世界技术不断改进,人们的环保意识越来越强,环境政策更加有力,但是从全球范围来看,人口、物质财富的增长,资源的耗竭,环境污染不但没有减缓,反而有所增强。许多资源和污染的流动已经或正在超越其自身的

---

① [美]巴里·康芒纳:《绿色经典文库·封闭的循环》,吉林人民出版社 1997 年版,第 3 页。

支撑极限,建立可持续发展的社会已迫在眉睫。虽然向可持续发展社会的转变在技术上和经济上都是可行的,但来自人们心理和价值观上对财富和人类进步的价值取向极大地阻碍着这一进程的发展。

鉴于以上原因,人们提出一种新的理念——"深绿色"理念。"深绿色"理念要求人们从生产方式、生活方式到价值观念都进行全方位的变革。

(二)"深绿色"理念的内涵与特征

1."深绿色"理念的内涵

"深绿色"理念是指深绿色的环境观念。这一理念从生态整体主义出发,要求将经济发展与环境保护进行整合性思考。深绿色的环境观念,洞察到环境问题的病因藏匿于工业文明的发展理念和生活方式之中,要求从发展的机制上防止、堵截环境问题的发生,因此它更崇尚人类文明的创新与变革。这是20世纪90年代以来第二次环境运动的主题。"深绿色"理念认为环境问题已经从社会的边缘问题上升为社会的中心问题。解决环境问题需要有一场划时代的环境革命。人类应该通过这场环境革命来改变和提升自己的命运。在这场革命中人类应该从思想和行为两个方面去探究环境问题产生的经济社会原因及在此基础上的解决途径,要从人与自然和谐相处的角度创新人类的生产方式和生活方式。

"深绿色"主要包含以下几层含义。

深层追问

由于"浅绿色"理念在自然观上坚持人类中心主义立场,它在价值观上必然把人类的利益放在最高的位置,它的出发点和最终依据是人类利益而不是自然界的整体利益。因此,它不必怀疑人们对生态环境所采取的对策是否合理,也不会对人类的做法提出疑问和思考。而"深绿色"理念是建立在生态整体主义的基础之上的,它坚持人们不再仅仅从人的角度认识世界,不再仅仅关注和谋求人类自身的利益,而是从生态整体的利益自觉主动地限制超越生态系统承载能力的物质欲求、经济增长和生活消费。所以它对在人类中心主义框架下所作出的任何决定都保持着警惕,它会对"浅绿色"理念不愿过问的根本性问题提出质疑并不断向深层追问,"深绿色"理念喜欢用"追问"(to seek,be asking or be questioning)这样的词。只有"深层的"、"追问"这类词才能恰当地表达此理念的思想和态度。

因此,"深绿色"理念应该被理解为深层追问的理念(deep questioning idea),它强调的是"问题的深度"(deep of question)。深生态学的创始人奈斯曾明确指出:"'深层'的含义就是指追问的深度。"①"深绿色"理念属于深层生态学,深层生态学讨论一切问题都是以深层追问的方式为出发点,通过深层追问而达到问题的本质。奈斯相信,通过深层追问的过程最终能够揭示出问题的本质,并由此得到一些基本的原则。他曾以"问题的深度"为题,专门探讨过深层追问的方法。② 在奈斯的深层生态学著作中,这种深层的追问处处可见。深层追问方法是奈斯构造深层生态学理论最重要的工具,它已成为深层生态学方法论的最重要的组成部分。

多方探究

"深绿色"理念坚持我们应该从多方面探究生态环境问题的原因,这些原因不只是伦理道德方面的,还有其他方面包括人口、经济、技术 、制度、价值观念等,我们要在其原因的基础上提出有深度的解决方案。"深绿色"理念要求对人类文明从物质层面、体制层面、价值层面实行全方位的变革。在物质层面,"深绿色"理念呼吁对现有的物质生存方式以及相应的技术手段进行变革;在体制层面,环境问题需要进入政治结构、法律结构和经济结构之中,使得环境保护制度化;在价值层面,"深绿色"理念要求人类的价值观念在对待自然、对待后代、对待贫穷的关系上发生革命性的变化。

深度主张

"深绿色"理念从生物圈的角度出发关注每个物种和生态系统的生存条件,它把注意力集中在整个生态系统上,因此它在具体行动上便有了更加深度的现实主张。③

首先,在解决污染问题上。

由于环境污染时空分布性的特点,"深绿色"理念不是仅仅停留在对污染

①　Naess A. Spinoza and Ecology. *Philosophia*,1977(7):45 - 54.

②　Naess A. Deepness of Questions and The Deep Ecology Movement. In:Sessions G,ed. *Deep Ecology For The 21st Century. Boston:Shambhala Publications Inc. 1995*:204 - 212.

③　雷毅:《深层生态学思想研究》,清华大学出版社 2001 年版,第 11 页。

现象的描述上,而是致力于寻找污染的深层原因。一方面要求从源头上堵截环境问题的发生,对其给予长远关注;另一方面坚持不能随便将污染转移到别的国家或地区,因为转嫁污染的行为不仅是对人类而且也是对所有生命的犯罪,是一种不负责任的行为。而且还要求发达国家和地区要对无力支付治理污染费用的第三世界国家给予援助。而"浅绿色"理念通常是通过技术来缓解污染程度或者依靠法律手段把污染控制在一定的范围内或输出污染来解决污染问题。

其次,在资源问题上。

生态哲学认为自然界所有事物都不可能孤立存在,都有着网络式的生存环境,生存环境是由事物之间的有机联系构成的,这种有机联系使得事物之间相互依存、相互包含,彼此共生共存。① 从深层的观点看,人们应当加强对生态系统的认识而不是只孤立地考虑生命形式或局部情况。因此"深绿色"理念坚持把资源与所有生命及其生活习性联系在一起,并不是把自然当做孤立的资源来看。这就要求我们反思当前的生产和消费模式,思考应当如何进行经济、法律和教育体制的变革,才能满足人类的基本需要,促进人类终极价值的实现。

再次,在人口问题上。

人口问题与环境问题互为因果联系,因为地球上资源有限,人口增长将使地球上的资源耗尽,对粮食的需要愈来愈大,对自然系统的压力直线上升,而现代世界人口增长已超过了土地和自然资源的负载力,导致了一系列的资源危机、粮食危机、生态危机,这些危机反过来又使人口的数量、质量和结构同时进入危机状态。"深绿色"理念认为对地球生命造成巨大压力的原因之一是人口的过量增长,人类正毁灭性地消耗着地球上有限的资源。而人口增长过快甚至呈现爆炸性增长的根本原因就是当今的经济发展模式不合理。因此要实现真正意义上的可持续发展,"深绿色"坚持一方面重在探究生育动机与原因,不仅要看人口的数量控制,还要看重人口的质量、结构和政策的长期效果;另一方面坚持以市场为基础,以人权和自主为前提,转变经济发展方式,提高

---

① 生态美学 [EB/OL]. http://www.chinavalue.net/Wiki/ShowContent.aspx? TitleID = 408613。

人民的生活水平,以此来控制人口增长过速。

最后,在关于自然的伦理问题上。

"深绿色"理念的准则之一就是生态整体平等主义,即生物圈中的一切存在者都有生存、繁衍和体现自身、实现自身的权利,所有生物和实体作为与整体不可分割的部分,它们的内在价值是均等的。[①] 马斯洛提出:"不仅人是自然的一部分,自然也是人的一部分,而且人必须至少和自然有最低限度的同型性(和自然相似)才能在自然中生长……在人和超越他的实在之间并没有绝对的裂缝。"因此"深绿色"理念认为地球上的资源是全球的公共产品,它不是属于某个国家、组织或个人的。如果人类的非基本需要与非人类存在的基本需要发生冲突,那么,人类需要就应放在后位,必须坚决反对工业社会人类中心主义的骄傲自大的观念。

"深绿色"理念认为生态危机是现代社会的生存危机和文化危机,生态危机的根源在于我们现有的社会机制、人的行为模式和价值观念。因而必须对人的价值观念和现行的社会体制进行根本的改造,把人和社会融于自然,使之成为一个整体,才可能解决生态危机和生存危机。"深绿色"理念首先致力于破除生态哲学和生态运动中的人类中心主义价值观念,试图通过批判人类中心主义树立起生态整体主义的价值观念。"深绿色"理念认为,"浅绿色"的做法不能从根本上解决环境问题。它把注意力集中在环境退化的症状上而不是原因上,这是典型的头痛医头、脚痛医脚的办法。以技术乐观主义和追求经济效率的方案来解决环境危机所涉及的伦理、社会、政治问题,这只不过是以治标代替治本,这些做法不仅不能从根本上解决环境问题,而且本身潜伏着危机。因此根治环境危机的药方也必须针对价值观念、伦理态度和社会结构。

2."深绿色"理念的特征

时代性。理论创新具有很强的时代性,只有把握时代精神和主题,塑造和引领新的时代精神,才能成为社会发展的不竭动力。走"深绿色"发展之路,是当今时代的重大课题和发展趋势,是当今世界各国的必然选择。"环境与发展是当今国际社会普遍关注的重大问题"、"环境与发展关系到人类

---

① 生态美学[EB/OL]. http://www. chinavalue. net/Wiki/ShowContent. aspx? TitleID = 408613。

的前途与命运"。① 进入 21 世纪,生态环境危机日益尖锐,促使我们对"绿色"理念与经济发展展开进一步的思考。当然理论创新既要立足于时代,成为推动时代发展的精华,又要超越时代,注重研究新情况、新问题,总结新经验,开拓新的境界。只有超越时代的理论创新才能够指导新的不断发展着的实践。可以说,"深绿色"理念与经济发展的研究是时代性与前瞻性的最佳结合。

　　实践性。理论来源于实践的需要,实践是理论创新的目的、动力、归宿和标准。只有基于实践基础之上的理论创新才是真正意义上的理论创新。江泽民指出:"由于工业的迅速发展,由于资本主义国家在全球范围内对资源的掠夺,造成了严重的资源浪费和环境污染。许多国家特别是发展中国家为此付出了沉重的代价。这个教训值得深刻记取。"②"在漫长的历史进程中,人类创造了辉煌的文明成果,但也造成了不容忽视的环境污染和生态破坏。"③"深绿色"理念是在总结国内外处理环境与发展问题的经验教训的基础上形成和发展起来的,它具有鲜明的实践特色。马克思主义发展史告诉我们一个深刻的道理:社会实践是不断向前发展的,我们的理念认识也必须不断前进,不断根据实践的要求进行创新。当前,我国正在开展生态经济和生态文明建设,迫切需要我们对相关的理论进行研究和探索,从而进一步以理论推动实践的进行。

　　历史在它的发展过程中呈现出辩证性。现代工业文明在创造了大量物质财富的同时,也暴露出它固有的内在缺陷,突出表现为资源与环境的压力日渐增大,社会发展的可持续问题日益突出。为了实现真正的可持续发展,满足对生产发展、生活富裕、生态良好的愿望与要求,全世界都需要反思现代工业文明的价值观念、生产方式、生活方式与体制结构,探索实现人与自然、人与社会和谐的"深绿色"发展之路。

---

　　① 《新时期环境保护重要文献选编》,中央文献出版社、中国环境科学出版社2001 年版,第182~183 页。

　　② 《江泽民论有中国特色社会主义》(专题摘编),中央文献出版社 2002 年版。

　　③ 《江泽民在全球环境基金第二届成员国大会上的讲话》,2002 年。

二、"深绿色"理念与"浅绿色"理念的比较

（一）人与自然和谐统一的自然观

1."深绿色"理念坚持生态整体主义的环境思想

这种理念认为整个生物圈乃至宇宙是一个生态系统,生态系统中的一切事物都是相互联系、相互作用的。人类只是这一系统中的一部分,人类的生存与其他部分的存在状况紧密相连,生态系统的完整性决定着人类的生活质量,因此,人类无权破坏生态系统的完整性。

2."深绿色"理念要求正确处理人与自然的关系

这一理念认为:人是自然的一部分。人与自然处于相互作用的统一体中,人依赖于自然,又具备改造自然的能力;自然为人类生存提供条件,同时又以各种方式限制人类活动。我们必须尊重和保护自然,是为它自身而不是为它对我们有价值,我们应该与它和谐相处。人与自然也是相对独立的。人为了发展必须利用和改造自然,但必须要尊重自然,顺应自然规律,我们必须服从自然规律(如:承载能力规律,它意味着地球支撑人口的数量有限)。只有这样人类才能持久的利用自然,并获得发展;如果人类不合理地干预自然,甚至破坏自然,那么自然失衡的同时也将危及人本身。人与自然的和谐关系处于一种动态的平衡,发展需要不断打破旧平衡,这是一个相互适应的过程,随着人类认识和利用自然水平的提高而不断变化。人与自然关系的调控也是人与自然相互作用系统的调控,解决人与自然的矛盾,主要通过调整人类的行为。人类改造自然的过程就是不断改造自身的过程。人类利用自然的机会平等。人类利用自然,要维持自然资本存量及其相应社会、经济条件的总体平衡。使当代人之间,当代人与后代人之间具有利用自然的平等机会,使人类社会实现持续发展。建立在人和自然和谐统一的基础上,"深绿色"理念坚持以下环境伦理观:必须承认自然界有其内在的价值,但它的内在价值以人和自然的和谐统一为基础。因此,就把作为活动主体的人纳入内在价值中,使其伦理更符合人性和逻辑。"深绿色"理念建立在一种整体价值观的基础上,既承认人的主观能动性,又承认人类在生态系统之中的"理性生态人"的地位。

(二)建立在环境与经济发展整合基础上的经济观

1.经济是生态系统的一个子系统

"深绿色"理念在经济观上认为,经济是生态系统的一个物理子系统。一个子系统不能超越它置身于其中的母系统的发展。如果有些服务子系统自身无法提供,必须依靠母系统提供,那么它就应该避免扩张到与母系统发生冲突的程度,否则就会削弱母系统继续提供这种服务的能力。经济发展的规模应保持在生态系统可以持续提供的能力下,如光合作用、授粉、空气和水的净化、气候维持、紫外线过滤、废物再生等服务的能力之下。而目前为保持增长所做的调整已使我们超越可持续的规模,单纯外延性的进一步增长会使我们更贫困,而不是更富裕。我们应该停止这种增长,通过重新分配和资源利用效率这种质的改进而非资源流量的增加来实现经济增长。实现经济增长的方式由不可持续性向可持续性转变;由粗放型向集约型转变;由出口拉动向出口、消费、投资协调发展转变;由结构失衡型向结构均衡型转变;由高碳经济型向低碳经济型转变;由投资拉动型向技术进步型转变;由技术引进型向自主创新型转变;由忽略环境型向环境友好型转变。同时要推动政策的转变,因为限制流量的政策会自动使能源转向利用效率的提高。

2."可持续发展"不同于"可持续增长"

"增长"可以理解为通过物质吸收或增加导致的实际规模上量的增加,而"发展"指的是质的变化,潜力的实现,转变到一个更全面或者更好的状态。这两个过程是截然不同的,可以理解为它们有时联系,有时却没有。例如,一个孩子"增长"的同时并"发展"着;一个雪球或者肿瘤只是增长而不是发展;地球作为行星发展而没有增长。经济上常常同时增长和发展,但也能分开进行。但由于经济是生态系统的一个子系统,当增长导致经济不断将母系统中更大的一部分合并到自身时,它的行为必然同母系统的行为越来越相近,这时就是发展而没有增长了。正是对规模增长最终走向不可能的认识——并已经为这个认识付出了并不值得的成本——导致了可持续发展概念的紧迫性。可持续发展是经济规模增长没有超越生物环境承载能力的发展。可持续的发展,意味着经济变得更重要。它是可维持的、可共享的、节约的、适应自然限制的微妙复杂的经济;它是更好的经济,而不是更大的经济。可持续性并不意味着没有增长。一个可持续的社会将对质量上的发展而不是物质上的扩张有兴趣。它把物质的增长作为重要的手段考虑,而不是永久的使命。它既不会支持增长也不会反对增长,它只是对多种增长和增长目的进行区分。在社会确定任何增长的意向前,它会询问增长是为了什么,谁会从中得利,成本如何,它会持续多长时间,它是否适应于地球的来源和归宿。可持续的社会将利用它的价值和它对地球极限最好的认识来选择那些实际服务于社会目标并能加强其可持续性的增长类型。

3. 可持续经济的特点是不断地非物质化

首先,"深绿色"理念揭示了现代资本主义社会之所以对增长上瘾,其根本原因是政府和企业的预算安排是建立在经济增长的预期之上的。在这样的前提下,只有达到乃至超过预期的增长速度,社会经济生活才能保持正常运行。如果增长目标未能实现,积欠的债务会迫使决策者追求更高的增长,从而形成恶性循环和对增长的过度依赖。其次,"深绿色"理念认为传统经济学中将劳动生产率的提高作为衡量生产力发展的指标是错误的。由此造成的最大问题是误导资本的投向和技术的发展方向,造成资本不断排挤劳动力,同时,环境与自然资本在生产函数中被严重忽视。因为劳动成本下降以及自然资源在开发、加工和消费过程中的外部性被忽视,使初级产品的价格呈下降的趋势,由此发出的失真信号又鼓励了对自然资源的滥用。这一错误的后果加剧了就业问题和环境问题。最后,"深绿色"理念勾画了未来的可持续经济,其特点是不断地非物质化,充分利用技术,组织和利用人力资源,而不是损耗性地使用自然资源推动经济发展和人类福利的提高。社会生活方式也将随之发生深刻的变化,引导生产者提供更多的销售服务(效用)而不是物品。在这一变革过程中,第二产业比重将呈现不断下降的趋势,最终接近发达国家第一产业的水平,而第三产业将迅速提高。

(三)技术不能根本解决资源和生态问题

1. 技术的能力是有限的

"深绿色"理念在技术观上认为,技术不能根本解决资源和生态问题。因为技术即使可以解决某个具体的问题,但不能克服地球物质系统本身的极限性。地球的资源分为可再生资源与不可再生资源。不可再生资源是指人类开发利用后,在相当长的时间内,不可能再生的自然资源。主要包括自然界的各种矿物、岩石和化石燃料,例如煤、石油、天然气、金属矿产等。技术可以提高不可再生资源的利用率,但是不能解决资源的有限性问题,所以技术的能力是有限的。

2. 我们不能依赖技术,必须寻找解决环境问题的其他途径

"深绿色"理念相信地球的承载力和物理的限制,认为生态危机中产生的物质技术问题,如空气污染,本质上是当代社会机制的问题,必须根本改变当代社会的整个方向,根本改变人的价值观念,才能对各种全球问题有一个总的解决。我们不能就环境论环境,不能忽视科技发展的经济结构、社会结构和政治结构。

"深绿色"理念认为,技术如同人口稳态,发育于一定的社会和政治框架之中。虽然我们需要非污染的洁净技术,但是,不了解影响技术发展的更广泛的力量,我们就不可能拥有洁净技术。技术的选择不是在孤立状态中进行的,它们受制于形成主导世界观的文化与社会制度。只有在这一更加宽广的视野中,在我们对这一视野所做的反应中,我们才可求得一个生态和谐的未来。"深绿色"理念认为面对目前的危机,单一的技术方案是不能解决问题的。如果说我们的现有技术脱胎于为资本主义的扩张和控制的需要而效力于现代科学的世界观,那么,现在需要的应是一种植根于新的社会秩序之中的新世界观。在技术史上,每一个阶段流行的价值观念或者推进或者制约着技术的发展。工业化以前的社会一般重视广义的生命,包括社群及其自然环境的存续,这一宽泛的价值观限制了技术的发展。资本主义则高度重视牟利及与此相随的效率、物欲、经济增长等价值观,并进而激发技术服务于这些价值观,甚至不惜毁损地球。对技术进行综合改造并不能求助于技术本身,相反,它需要重新构建一套视野宽广、重视生命的社会价值观。只有在这样的价值观念之上,生态可持续的技术发展才会有坚实的支撑。

3. 可再生能源技术——太阳能、风能等——是进步的标志

可再生能源包括水能、风能、太阳能、生物质能、地热能和海洋能等,资源潜力大、环境污染低,可永续利用,是有利于人与自然和谐发展的重要能源。风力、太阳能、生物质能等可再生能源发电是当今新能源发电的主流技术。作为化石能源发电和水力发电的重要补充,新能源发电日益受到世界各国的关注。发展新能源,关键要解决核心技术的问题,其次是要通过扩大规模来降低

使用成本,促进新能源的普及应用。可再生能源技术能够提高能源与资源的利用率,促进"深绿色"的发展,是进步的标志。

(四)环境安全是政治稳定的最终的安全

1.环境问题与政治稳定是密切相关的

在政治观上,"深绿色"理念从环境整体主义的价值理念出发,通过大量的考察和实证,阐述了自己对政治稳定的环境基础的重要认识。他们认为,在不发生核战争的情况下,当今人类安全面临的最大威胁是环境的衰竭。环境安全是"最终的安全"。"深绿色"理念认为环境与政治是密切相关的,"因为太多的人口对过少的可耕地、水源和其他日常生活必需品提出了过多的要求,他们不断依赖武力去确保他们分享的资源。这样的例子是不胜枚举的。在一个短缺日益增长的世界上,必定会引发未来因环境而起的暴力冲突——不论这种冲突的档次高低、地域大小或距离远近,人们是否意识到它起源于环境问题"。① "深绿色"理念认为世界需要新秩序,"一个新的世界秩序必须集中考虑这样一个新的世界。这个新世界拥抱所有的国家,把所有的国家作为一个更加伟大的同一个团体的一份子,而不只是世界各个部分的总和"。② "深绿色"理念认为,环境问题与政治问题是互为前提的,只有与地球和平相处,我们才能在地球上获得和平——而只有通过人们互相之间的和平相处,才能做到与地球和平相处。国家之间的援助的实施不应出自慈善施舍的精神,相反,应该出自对于一个相互依存世界的一种共同的责任感。否则的话,援助便会有辱施助者的人格,并降低接受者的身份。

2.环境安全是一种新的安全

"深绿色"理念认为人类社会处于千丝万缕的相互联系之中,人类必须相互合作、相互依靠、共存共荣。安全是与环境因素息息相关的。"新的安全"是全方位意义上的安全,是为了所有人的安全,永久的安全。在影响人类安全的因素中,环境已经成为安全问题的一个基本要素,并且在未来将会越来越成

---

① [美]诺曼·迈尔斯:《最终的安全——政治稳定的环境基础》,王正平、金辉译,上海译文出版社2001年版,第5页。

② 同上。

为世界各国安全事务的核心。安全事务不再局限于军队、坦克、炸弹和导弹之类的传统观念,而是越来越多地包括作为我们物质生活基础的环境资源。这些资源包括土壤、水源、森林、气候以及构成一个国家的环境基础的所有主要成分。假如这些基础退化,国家的经济基础最终将衰退,他的社会组织会蜕变,其政治结构也将变得不稳定。因此,环境因素对于国家安全来说,是一个极端重要的因素。

3. 坚持国际合作共同解决环境问题

"深绿色"理念认为,面对环境恶化的严峻挑战,世界各国必须注重合作而不是国际舞台上的相互敌对,要坚持在国际合作中共同解决全球环境问题。这需要我们在理念上和战略上有一个大的变化,要认识到合作才能取得共识,合作才有力量,合作才能共谋发展。合作的同时我们要正视各国的国情,尊重发展中国家发展的权利,坚持"共同但有区别的责任"原则,采取务实态度和灵活方式,在合作中共同解决全球环境问题。整个国家共同体,真正的全人类,需要享有的安全形势是一种令人可以接受的洁净的、未受污染的环境,优质的水源、食物,稳定的大气与气候等环境物品。一句话,所有的国家都需要一个地球栖息地,这是一个从各个现实方面而言都安全的地方。人类需要注重"集体安全"。地球只有一个,环境安全是共同的。因此,我们需要确立一个新的利益目标,这就是保护全球的环境,从而促进整个世界的可持续发展,加快经济和政治的发展进程,以便确保一个有利于所有国家的安全的环境基础。在合作的同时我们要加强现有国际环境机构间的组织与协调,提高国际环境合作的效率和水平。全球环境管理为解决国际和各国环境问题发挥了重要作用,急需加强现有国际环境机构间的协调与组织,建立和完善高效和有力的可持续发展制度构架,提高国际合作的效率和水平。我们的合作包括环境合作与发展合作,要把环境合作与发展合作相结合,在发展中解决环境问题。支持和推动发展中国家更好地发展,促进环境与发展"双赢",是解决发展中国家环境问题的根本之策,也是解决全球环境问题的基本条件。环境问题已超越了传统范畴,不再是单纯的环境问题,而与经济和社会发展紧密相关。国际环境合作的内涵和外延要与时俱进,由纯环境合作逐步走向更广范围的可持续发展国际合作,坚持环境合作与发展合作有机结合,在发展中解决环境问题。

三、"深绿色"理念的进步意义

(一)对环境问题在认识上的深化

1.真正的绿色的稀缺是一种原生态的稀缺

"深绿色"理念认为真正的和日益增长的稀缺性是那种水清树绿、鸟语花香的稀缺,是矿业和生活在那里的野生生物的稀缺,是森林、湖泊、江河的稀缺,是湿地和海滨的稀缺,是那些未被市场开发和未被人手触及的地方的稀缺。自1785年瓦特发明的改良蒸汽机投入使用以后,庞大复杂的机器代替了手工工具,人类改造自然的能力大大提高。随着工业化进程的逐步推进,人类社会不断向前发展,所创造出的物质财富空前丰富。但工业革命是一把双刃剑,在人们不断享受了工业文明创造的丰硕果实的同时,人类也遭受了随之而来的环境污染和生态破坏的危害。二氧化碳等温室气体的大量排放,使地球大气的温室效应明显增强;臭氧层破坏、酸雨、水、土壤和大气的污染都是不当的工业生产造成的;随着人类过度掠夺生产资源、无数的森林被砍伐、无数良田沃土被人为占用、江河湖泊被改建,生态资源环境被彻底破坏。可以说,从南极到北极,人类的足迹已经遍布地球的各个角落。据联合国环境规划署发布的《千年生态环境评估报告》指出,在过去50年中,由于人口急剧增长,人类过度开发和使用地球资源,一些生态系统所遭受的破坏已经无法得到逆转。报告说,地球自然资源每年提供价值15万亿英镑的物产,如新鲜的水、清洁的空气和鱼等,但是人类活动破坏大约2/3提供上述资源的生态环境,包括湿地、森林、菜地、河流和海岸等。目前,地球上10%～30%的珍稀野生动物濒临灭绝;24个生态系统中的15个正在持续恶化;全球渔业资源减少90%;1/3的两栖动物、1/5的哺乳动物和1/4的针叶树种濒临灭绝;大约60%的人类赖以生存的生态服务行业,如饮用水供应、渔业、区域性气候调节以及自然灾害和病虫害控制等,无法进行可持续性生产,前景每况愈下。大自然调节气候、空气和水源的能力大幅下降;自然灾害对人类的冲击越来越多。当地球环境被人类破坏殆尽的时候,当全球性生态环境危机将人类推到生死存亡的时刻,人们才开始真正的对造成生态环境危机的原因进行深刻反思,去寻求一种人与自然和谐相处的绿色发展道路。所以,日益稀缺的不是人们能够驯服、培育和开发的土地和牲畜,而是那些人们选择不去涉及的土地和生物。真正的稀缺不是经济的稀缺,而是非经济的稀缺。我们承担维护和拓展非经济的森林、非经济的湖泊、非经济的海滨、非经济的湿地和非经济的荒野的义务。

2.要实现真正的"绿色"必须要发展

要实现真正的"绿色"必须以经济的发展作为基础。从"发展是硬道理"到"发展是党执政兴国的第一要务",再到"科学发展观",发展成为中国走向强盛,人民迈向富裕的关键词。"深绿色"理念认为富裕提供了保护野生生物、森林、海岸和大洋的手段。而贫穷则不能提供这些手段。富人将自己的财富捐给慈善事业、艺术、养鸟人和大草原。富裕比贫困更加绿色。面对国际风云变幻,我们党始终坚持用发展的办法解决前进道路上遇到的各种难题,牢牢把握发展这个执政兴国的第一要务,人民生活从"温饱"跨入"小康",战胜百年一遇的大洪水,启动西部大开发战略,加入世贸组织大家庭,香港、澳门喜回祖国怀抱,"神舟"飞船腾空而起,成功申办奥运会……中国的发展,树起一个又一个里程碑。在发展中也出现了一些问题,如城乡二元结构的问题、资源与环境的压力越来越大等,这些发展中的问题只有在发展中才能得到解决。通过发展使人们富裕起来,"深绿色"理念认为贫困让人死去,以此限制人口。富裕让父母生养更少、更具有活力的孩子。富人通过质量,而不是数量来保证他的后代。由此,有人提出三型社会建设,即资源节约型、环境友好型与人口均衡型社会的建设。新技术能够提高资源和能源的使用效率,在促进人们富裕的同时不去破坏自然的原生态,所以我们鼓励这种技术的使用。

3.用经济手段解决环境问题是必不可少的

自由市场是高效的,它是一种自发的高效。通过市场调节可以提高经济效率,节约资源,做到人尽其才、物尽其用、地尽其力,也就是使资源达到充分利用。我们要把追求效率的事尽量留给市场。环境问题的紧迫性再也没有分歧了,但是采取什么手段降低环境污染仍然存有争议。在经济学家们看来,征收排污税或者采用类似"碳排放市场"机制,相对于直接下命令禁止排污要好得多,用市场化手段比动用强制力禁止要有效率得多。许多最严重的污染源,比如大烟囱、汽车尾气排放、工业排放物、污水等方面,其治理已经有了许多进展,但还有许多事要做,制定有效的缓解污染的战略是不容易的。签发数量上反映既成事实的排污许可证,并且使用它,这经常是最好和经济上最高效的处理方法。由此看来,市场能创造污染许可证的直接竞争替代物——减少污染的技术。人们越能够自由购买、销售和交换污染许可证,我们就越能减少更多的污染。除此之外,还可以采取押金-退款制,这是欧盟国家处理各种有毒垃圾(如硫酸瓶、铅酸电池等)的有效办法。按照这种制度规定,在制造商向零售商出售油漆时,要收取押金作为一种税,零售商将他们用过的油漆桶送到回收站后,就可以把押金收回。同样,回收站可以从管理机构那里把押金收回。另外还有采取征收"庇古税"的方法,"庇古税"主张,对产生外部负效应的企业或个人,征收相当于它所造成的外部边际成本的税收,外部成本便成了当事企业或个人的内部成本,即实现外部负效应的内在化,从而迫使其考虑该成本,达到纠正外部负效应的目的。

4.要改变政府的角色

环境要素不同于一般的私人物品,它在消费上不具有排他性。因此,在环保领域不能完全靠市场手段配置社会资源,需要政府伸出"有形之手"来承担起环境保护和治理污染的重任。由于政府的权威性、强制性和不可更移性等特点,政府担当着环境保护的重要角色。我们既然追求真正的"绿色"发展,追求人与自然的和谐共生,就应该真实地簿记。政府既需要有真实的绿色账户,又要认真地簿记。这种认真体现在不仅要记贷方,也要记借方。例如,种新的树,减少了空气中的碳。在填埋木乃伊和塑料废弃物的时候也是如此。政府应该真实的将发生的数量记在账页的两栏中。因为环境市场、污染和减轻污染的市场和其他市场一样,需要真实的簿记。如果我们做不到,或不愿做,就不会有真正的进步,无论是通过市场,还是通过常规的管理等都是这样。一方面我们既要求也接受所有有关环境事务的真实的簿记;另一方面在环境问题发生的时候,我们应该将借方和贷方两边同时记录。这是"深绿色"理念的要求。

"深绿色"理念既强调政府在环境保护中的作用,也强调市场是保护环境不可或缺的手段之一。这一理念认为政府在保护非经济的公共物品方面有着重要作用,主张政府对日常经济不要干预太多。因为它们坚持要政府做好其保护工作,就要缩减其在农业、林业、发电站、运河、铁路、高速公路、洪灾控制、抵押买房、保险等领域的作用。但是,在环境保护中也有政府失灵的时候。所以,要政府同时承担保护荒野和促进经济产出两项任务的结果只能是让荒野和经济一样走向毁灭。政府应该在非经济物品的发展方面起主要作用,而把经济物品的发展留给市场。

5. 坚持资源是共享的,各国之间有着共同的地缘政治

"深绿色"理念认为每个国家可能采取不同的政策和措施去控制污染保护环境。但是每个国家却共有一个地球,"只有一个全球气候,也越来越只有一个钢、石油化工产品、铝和其他的能源密集、挥霍空气以及使水变脏的工业产品的全球市场"。① 如果仅仅是一个国家采取措施保护环境,或者将污染物转移到别的国家,这将是没有用的。将钢铁厂搬到中国,将石油化工厂搬到迪拜,这对环境不会有任何帮助,相反却最有可能损害环境。海洋的过度捕捞是一个严重的问题,但解决问题的方法不是用日本的拖网取代美国的。

"深绿色"理念认为资源是共享的。没有任何人有单独行动的动力和能力去适当地照料它。如果解决方法不能做到同样的一致,同样的"公共",就完全只是在浪费时间。"一半栏杆解决不了任何问题,这只能迫使遵守法律的人在公地上散步,或者将他们的牲畜出卖给他的不遵守法律的邻居。"②

(二)对可持续发展观在理论上的发展

1. 坚持可持续发展的革命意义

可持续发展理论是一个复合体系,包含着社会、经济与环境三个方面的内容,它强调经济、社会与资源环境的和谐发展,强调一种兼顾代际不同需要的可持续发展,强调代内与代际公平的发展。③ 目前,国际社会普遍接受的可持续发展定义是,"可持续发展是满足当代人的需求又不危及后代人满足其需求能力的发展"。在可持续发展理论上,"深绿色"的理念坚持把可持续发展看做是一种革命性科学,是一种不同于传统工业化进程的全新发展模式。"深绿色"理念强调,可持续发展是一种超越增长的发展,需要对当前以增长为中心原

---

① [美]彼得・休伯:《硬绿——从环境主义者手中拯救环境,保守主义宣言》第一版,戴星翼、徐立青译,上海译文出版社2001年版,第255页。

② 同上书,第256页。

③ 市场经济运行中的可持续发展文献综述[EB/OL]. http://mainpage2. nwu. edu. cn/scjj/Article/? 831_1. html。

则的数量性发展观进行清理,建立以福利为中心原则的质量性发展观。①

2.把经济是复合生态的子系统的观点作为发展观的核心概念

"深绿色"理念坚持认为经济与人口、资源、环境等社会诸要素之间存在着普遍的共生关系,形成一个"社会—经济—自然"的人与自然相互依存、共生的复合生态系统,经济系统是复合生态系统的子系统,以生态系统为存在的基础或前提。② 把经济划分为地球复合生态系统的开放子系统,成为划分传统经济思想和生态经济思想的基本标志。美国学者戴利指出,传统发展观的根本错误在于,它的核心理念或前分析观念把经济看做是不依赖外部环境的孤立系统,因而是可以无限制增长的。③ 美国学者戴利是"把经济看做生态系统的子系统"的这一新命题理论的首创者,并且他将这一命题作为可持续发展观的核心理念。正如戴利在《超越增长——可持续发展的经济学》(*BEYOND GROWTH The economics of sustainable development*)中所指出的,生态经济可持续发展理论是"建立在这样的基本观点之上:即经济是生态的一个物理子系统。一个子系统不能超越它置身于其中的母系统的规模而发展"。④因此"深绿色"理念是"以经济是地球生态系统的开放的子系统作为变革传统经济发展思想与经济发展模式的理论支撑点",是一种可持续发展的生态经济思想。⑤

3.体现了可持续发展的生态、社会、经济三方面优化的集成

可持续发展是建立在社会、经济、人口、资源、环境相互协调和共同发展的基础上的一种发展,它坚持在生态规模上要足够、在社会分配上要公平、在经济配置上要效率三原则同时起作用,以实现既能相对满足当代人的需求,又不能对后代人的发展构成危害的发展。足够,强调人均财富的目标是能够过上满足基本需要的好生活而不是物质消耗最大化;公平,强调足够这样生活状态应该被所有人拥有;效率,指对自然资本的有效利用能允许更多的人生活在足

---

① 戴利:《超越增长——可持续发展的经济学》,诸大建、胡圣等译,上海译文出版社2001年版。

② 张连国:《从传统经济学到生态经济学》,《社会科学辑刊》2005年第3期。

③ 戴利:《超越增长——可持续发展的经济学》,诸大建、胡圣等译,上海译文出版社2001年版。

④ 同上书,第236页。

⑤ 刘思华:《刘思华文集》,湖北人民出版社2003年版,第634~639页。

够的生活状态中。①"深绿色"理念强调应该立足于人的需求而发展人,要满足所有人的基本需求;坚持机会选择的平等性,各代人之间的公平要求任何一代都不能处于支配地位;坚持人类整体发展的综合和总体的高效,为足够的人均福利而奋斗,使能够获得这种生活状态的人数随时间达到最大化。

4."深绿色"理念具有实现可持续发展的操作意义

要使世界走向可持续发展,必须进行政策调整,对此"深绿色"理念提出了六条操作性建议。第一,要保持经济增长,努力提高经济增长质量;第二,要满足人的基本生存需求;第三,要控制人口的数量增长,不断提高人口素质;第四,要维持、扩大和保护地球的资源基础;第五,要依靠科技进步突破发展瓶颈;第六,要促进经济发展与环境保护之间的平衡。这些建议可以满足人类不断增长的需求和生活质量的不断提高,可以达到人与人之间以及人与自然之间的和谐,可以满足物质资源和知识资源的储备,以更好地实现全球经济的可持续发展。

5.坚持强可持续发展

总资本存量(自然资本、人造资本等存量之和)不随时间而下降,在世代之间保持总量不减。这种情况被称为弱可持续性(weak sustainability)。实现弱可持续性的条件是资本存量的不同要素之间可以互相替代,特别允许人造资本替代日益减少的自然资本,这种发展称为弱可持续发展。

自然资本存量不随时间而下降,在世代之间保持或增加自然资本存量。这种情况被称为强可持续发展(strong sustainability)。强可持续发展认为,不是所有的自然资本都可以用人造资本来代替,例如,生态系统的某些功能对维持生物的生存是必需的,人类无法复制。因此,强可持续发展要求,一个国家的关键自然资本存量不随时间而减少。强可持续发展的概念在世界环境与发展委员会的报告《我们共同的未来》中就已隐含,该报告提到如果需求在可持续的基础上满足,地球的自然资源基础必须得到保护和加强。"深绿色"理念坚持强可持续发展,认为当前制约经济增长的限制性因素已经从人造资本转移到了自然资本。人类如何有效地配置自然资本已经成为经济发展的重

---

① 戴利:《超越增长——可持续发展的经济学》,诸大建、胡圣等译,上海译文出版社2001年版,第3页。

要内容。这里的自然资本不仅包括传统的自然资源供给能力,还包括地球对于污染的吸收和降解能力以及生态愉悦等生态系统为人类提供的服务。

(三)对人与环境、社会和谐相处提供更深刻的指导理念

1. 我们不是统治者

万事万物应该是和我们平等的,任何生物物种都不可能获得超越生态学规律之上、之外的特权。他们和我们一样享有良好自然环境的权利。他们的生命和我们一样宝贵,它们存在的价值和我们一样高,如果他们能够说话能够交流,他们肯定会强烈抗议,指责我们在这个美丽的星球上所犯下的罪行——为了自身的利益破坏自然生态系统,批判我们日益膨胀的对环境的控制欲和日益增长的可以掌握自然及社会的自信心。

我们不是主宰者和统治者,人类不是自然界中的一等公民,人类不是凌驾于万物之上的特殊生物。我们和其他生物一样只是这个生态系统的组成部分,我们的态度应该是虔诚而谨慎的,不是自负而不负责任的。

2. 正确处理经济增长和福利提高的关系

经济增长和福利提高本不应该是对立的双方,但它们的矛盾的确在激化。事实上,经济增长带来的高收入并不意味着幸福,而福利的提高在这方面的作用似乎比经济增长更大。运用经济学原理中的边际量来分析,以环境为代价的人类经济活动的边际成本在升高,而边际收益在下降(边际产出递减)。环境已经成为经济发展的约束条件,如果置之不理或治理不当,经济发展的潜力就是零,人类社会的发展就是零。因此,以环境为代价来获取并不划算的经济收益的观念应该彻底摒弃。

3. 建立"深绿色"环境观念

这是相对于"浅绿色"环境观念而言的,浅绿色环境观念产生于以"高开采、高生产、高消费、高排放"为特征的传统工业文明的框架中,建立在环境与发展分裂的思想基础上,就生态环境论生态环境,较少涉及反思工业化运动以来的社会经济模式是否存在问题①,仅仅是对旧的工业革命的调整和补充。而"深绿色"环境观念认为环境问题产生的根本原因恰恰在于近代以来人类

---

① 诸大建:《伪绿水景引发深绿考量》,《新民周刊》2004 年 10 月 9 日。

文明自身的缺陷,在于传统模式的发展理念和生活方式,因此,我们需要将环境与发展进行整合性思考,从发展的机制上堵截生态环境问题的发生,对人类文明从物质层面、体制层面、价值层面实行全方位的变革。

4.从反对非环保到注意伪环保

在现代社会环保具体是指保护环境和资源以及对环境污染的治理,使环境适应人和生物的生存和发展需要。它是一项很崇高的事业,代表着全人类乃至子孙后代的长远利益,是我们每一个人都应该自觉为之奋斗的事业。但是随着经济发展和社会进步,出现了各种非环保行为和伪环保行为,又因为伪环保的隐蔽性,使得人们很难注意到它们是错误的,因此人们在反对非环保的同时也要注意反对各种伪环保行为。

非环保行为对于环保的追求,应该说是真诚的,只是由于其知识水平不高或者思想认识方法出现了问题,或者出于各种原因而选择和使用了一些非环保用品。如由于一些一次性用品会给人们带来方便、实惠和快捷,或者消费者对一些商家(特别是餐饮企业)提供的非一次性用品的安全性不放心等,目前广大消费者虽然已经在心理上接受了一些一次性用品的使用不利于节约和环保的事实,但还是经常选用一次性用品。伪环保的动机、目的根本就不是真正的环保,而是在环保掩盖下的其他个人或小集团的私利。最明显的表现就是伪环保分子为了获得公众的支持,往往打着某种环保的旗号,有意识、有计划地制造一系列谣言,发动一次又一次的所谓"运动",以吸引人们的眼球。①

"深绿色"理念认为反对非环保和伪环保,需要以全民主动和自觉意识为实现基础。因此,一方面政府要加强对非环保或伪环保用品使用危害的宣传;另一方面要尽快制定相对完善的法律制度和规章制度,采用较为刚性的手段加强对非环保和伪环保用品的管理。

---

① 水博.说说极端环保和伪环保的区别[EB/OL]. http://www. wwfchina. org/bbs/viewthread. php? tid=367817。

第三章 "深绿色"发展与科学发展观

"深绿色"发展是一种新的经济发展理念,而科学发展观是马克思主义关于发展的世界观和方法论的集中体现,是我国经济社会发展的重要指导方针,是发展中国特色社会主义必须坚持和贯彻的重大战略思想。本章在认真思考和全面总结改革开放以来我国生态环境理念演变的基础上,提出"深绿色"发展是科学发展观的基本内涵之一,要实现"深绿色"发展必须牢固树立和认真落实科学发展观。

一、改革开放后我国生态环境理念的演变

自1978年改革开放以来,随着经济的发展,我国的环境问题也越来越明显地暴露出来。我们对环境问题的认识一步一步加深,从生态环境理念的逐步形成到生态环境理念的进一步丰富,再到生态环境理念向纵深方向发展,这种逐渐发展的生态理念引领我们对环境产生了科学的认识,在这种认识的指导下,党又提出了一系列应对环境的解决方案。

(一)生态环境理念的逐步形成(1978～1989年)

改革开放初期,人们的环境保护意识淡薄,在经济起飞的过程中,人们普遍重视经济发展,轻视环境保护,只考虑生产,不考虑对环境的污染和破坏,过度开发和盲目发展造成环境破坏和环境污染的事例屡见不鲜,中国共产党的第二代领导集体,针对这种情况,更加重视生态环境建设,把保护环境确立为我国的一项基本国策,使我国环境保护开始纳入法制轨道,使人们认识到生态环境可持续发展的必要性。这一时期,中国共产党人对生态环境问题的探索,标志着我国生态环境理念的逐步形成。

1. 把环境保护列为一项基本国策

基本国策是国家赖以生存发展的基本准则和保障。1983 年 12 月 31 日,国务院召开第二次全国环境保护会议,这次大会将环境保护确立为基本国策。在这次会议上我党制定了经济建设、城乡建设和环境建设同步规划、同步实施、同步发展的方针,确立了实现经济效益、社会效益、环境效益相统一的原则,实行"预防为主,防治结合"、"谁污染,谁治理"和"强化环境管理"三大政策。此外,还初步规划出到 20 世纪末中国环境保护的主要指标、步骤和措施。这次会议具有鲜明的中国特色,对推进我国环境保护事业发展具有重要意义。特别是把保护环境列为一项基本国策,体现了党和国家对环境问题的重视与关注。

2. 强调人口问题是我国生态环境的重要问题

人口众多是我国最大的国情,随着经济的快速发展,我国的人口、资源、环境问题日益突出,成为制约我国经济健康发展的重要因素,但是人口问题的解决却是一个很棘手的问题。我党认识到:"绿色革命要坚持一百年,二百年。中国也一样,对我们来说,最难解决的不是工业,而是农业。难处是人口多,控制人口生育工作做得不好。自 1949 年新中国成立到 2005 年的 56 年间,中国人口从 54167 万人,增加到 130756 万人,净增加 76589 万人,增长 1.41 倍。到本世纪末,恐怕十二亿人口打不住,这对中国的发展是一个大的障碍。"①在这一问题上,我党也十分强调人口增长要与资源环境相协调。数量庞大的、增长过快的人口意味着要向自然界索取更多的资源,导致资源过度消耗和对生态环境承受能力的巨大考验。

3. 使我国环境保护开始纳入法制轨道

18 世纪末 19 世纪初的产业革命,使社会生产迅速发展,也使大气污染和水污染等环境污染日趋严重。20 世纪后,化学、石油工业的发展对环境的污染更为严重。一些国家先后采取立法措施,以保护人类赖以生存的生态环境。一般先是地区性立法,后发展成全国性立法,其内容最初只局限于工业污染,后来发展为全面性的环境保护立法。随着全球性的环境污染和破坏的发生,国际环境保护法也应运而生。把环境保护写入法律,以法律的形式来强调环

---

① 《邓小平年谱》下册,中央文献出版社 2004 年版,第 1271 页。

境保护的重要性。

邓小平在1978年12月主持中央工作时提出,我们"应该集中力量制定刑法、民法、诉讼法和其他各种必要的法律,例如工厂法、人民公社法、森林法、草原法、环境保护法、劳动法、外国人投资法等等,经过一定的民主程序讨论通过,并且加强检察机关和司法机关,做到有法可依,有法必依,执法必严,违法必究"。① 次年五届人大十一次常务会议颁布了《中华人民共和国环境保护法(试行)》,使我国环境保护开始纳入法制轨道。

4.生态环境建设要蕴涵可持续发展的理念

这段历史时期我党提出了要植树造林、绿化祖国、造福后代。邓小平在会见美国驻华大使德科克时指出:"我们打算坚持植树造林,坚持它二十年,五十年。就会给人们带来好处,人们就会富裕起来。生态环境也会发生很好的变化。"②我党也指出:"植树造林,绿化祖国,是建设社会主义,造福子孙后代的伟大事业,要坚持二十年,坚持一百年,要一代一代永远干下去。"③这既肯定了生态环境建设的现实意义,更包含了可持续化的理念,即生态环境的保护与开发不仅是满足当代人绿化环境和建设社会主义的要求,更重要的是给子孙后代留下温馨的生活环境。

(二)生态环境理念的进一步丰富(1990~2002年)

改革开放20多年来,我国人均国民生产总值不断提高,经济出现了快速增长。由于具体国情的特点和历史原因,环境问题依然突出,环境形势仍然相当严峻。全国污染物排放总量还很大,污染程度仍处在相当高的水平,一些地区的环境质量仍在恶化。生态恶化加剧的趋势尚未得到有效遏制,部分地区生态破坏的程度还在加剧。这段历史时期我党从国情出发,形成了自己系统的、全面的生态环境保护理念。

1.提出了"保护环境就是保护生产力"的论断

在这一时期,由于经济社会的发展,对环境的依赖度越来越高,环境越好,

---

① 《邓小平文选》第二卷,人民出版社1994年版,第146~147页。
② 《邓小平年谱》下册,中央文献出版社2004年版,第1271页。
③ 《邓小平论林业与生态建设》卷首语,《内蒙古林业》2004年第8期。

对于生产要素的吸引力、凝聚力就越强。环境保护是物质文明和精神文明建设的有机统一。加强环境保护,改善环境质量,对促进一个地区的经济社会发展和提高人们生活水平均具有积极推动作用。在这一时期,我党提出了"保护环境就是保护生产力"的论断。这一论断正确把握了保护生态环境与发展生产力之间的辩证关系,蕴涵着深刻的唯物辩证法理念,是对马克思主义价值观和生产力理论的进一步丰富和发展。把保护环境与保护生产力放在了相同的高度去探讨,突出表现了我党对环境保护的认识的深刻性。

2. 提出了实施可持续发展战略

我们党认识到了,"在现代化建设中,必须把实现可持续发展作为一个重大战略。要把控制人口、节约资源、保护环境放到重要位置,使人口增长与社会生产力发展相适应,使经济建设与资源环境相协调,实现良性循环"。[①] 同时,"在社会主义现代化建设中,必须始终把贯彻实施可持续发展战略作为一件大事来抓。可持续发展的理念最早源于环境保护,现在已经成为世界许多国家指导经济社会发展的总体战略。经济发展,必须与人口、资源、环境统筹考虑,不仅安排好当前的发展,还要为子孙后代着想,为未来的发展创造更好的条件,决不能走浪费资源的先污染后治理的路子,更不能吃祖宗饭、断子孙路"。[②] 实现可持续发展的核心问题是实现经济社会和人口、资源、环境协调发展。促进人和自然的协调与和谐共处,努力开创生产发展、生活富裕、生态良好的文明发展道路。坚持以人为本,以人与自然和谐为主线,以经济发展为核心,以提高人民群众生活质量为根本出发点,以科技和体制创新为突破口,坚持不懈地全面推进经济社会与人口、资源和生态环境的协调,不断提高我国的综合国力和竞争力,为实现第三步战略目标奠定坚实而雄厚的基础。

3. 提出了解决生态环境问题的基本条件和基本途径

生态环境问题的解决根本上就是要正确处理人与自然环境之间的关系;核心理念是既满足当代人的需要,又不对后代人构成危害;基本内容是强调人

① 江泽民:《正确处理社会主义现代化建设中的若干重大关系》(1995 年 9 月 28 日),《江泽民文选》第一卷,人民出版社 2006 年版,第 463 页。
② 江泽民:《保护环境,实施可持续发展战略》(1996 年 7 月 16 日),《江泽民文选》第一卷,人民出版社 2006 年版,第 532 页。

类的发展权利、环境权利与保护环境义务的统一,当代人及后代人发展机会相平等。解决生态环境问题的基本条件是科学技术的发展,基本途径是法律制度的健全。江泽民在《论科学技术》中指出:"在现代,科技进步对社会生产力发展越来越具有决定性的作用,并且正在人类社会生活的各个领域发生广泛而深刻的影响。全球面临的资源、环境、生态、人口等重大问题的解决,都离不开科学技术的进步。"①解决生态环境问题,"要加强人口、资源、环境方面的法制宣传教育,积极普及有关法律知识,使企事业单位和广大群众自觉守法"。②

4. 提出了要加强国际合作共同解决环境问题

人类拥有同一个地球,同一个大气,同一片蓝天。海水没有边界地来回流动,空气不用签证地进进出出。环境不仅需要各国自己的努力,还需要加强国际合作,靠大家共同努力来解决。当前,严峻的环境状况对加强国际环境合作提出了更加迫切的要求。虽然有些国际环境问题得到改善,但绝大多数全球环境问题仍呈持续恶化之势;环境问题与国际政治、经济、社会发展等关系愈加紧密;区域环境问题日渐凸显,跨界环境摩擦不断上升;新的环境问题不断涌现。全球环境的严峻形势对进一步加强国际合作提出了更加迫切的要求,可持续发展已经得到国际社会的认同,但是需要各国超越文化和意识形态等方面的差异,采取协调合作的行动。在这一时期,我们党认识到要加强国际合作,共同携手解决国际生态环境问题。我党多次指出:"人类共同生存的地球和共同拥有的天空,是不可分割的整体,保护地球,需要各国的共同行动。"③

(三)生态环境理念向纵深方向发展(2003 年~)

1. 第一次把"生态文明"写进党代会政治报告

在全面建设小康社会的进程中,我党提出建设"生态文明",并首次把这个概念写入了党代会的政治报告。胡锦涛向十七大作报告时,提出了实现全

---

① 江泽民:《论科学技术》,人民出版社 2001 年版,第 2 页。

② 江泽民:《实现经济社会和人口资源环境协调发展》(在中央人口资源环境工作座谈会上的讲话),《江泽民文选》第三卷,人民出版社 2006 年版,第 468 页。

③ 《江泽民论有中国特色社会主义》(专题摘编),中央文献出版社 2002 年版,第 8 页。

面建设小康社会奋斗目标的新要求并明确提出要"建设生态文明,基本形成节约能源资源和保护生态环境的产业结构、增长方式、消费模式"。党的十七大强调要建设生态文明,这是我们党第一次把它作为一项战略任务明确提出来。建设生态文明,实质上就是要建设以资源环境承载力为基础、以自然规律为准则、以可持续发展为目标的资源节约型、环境友好型社会。从当前和今后我国的发展趋势看,加强能源资源节约和生态环境保护,是我国建设生态文明必须着力抓好的战略任务。我们一定要把建设资源节约型、环境友好型社会放在工业化、现代化发展战略的突出位置,落实到每个单位、每个家庭,下最大决心、用最大气力把这项战略任务切实抓好、抓出成效来。①

2. 提出了以全面、协调、可持续为基本要求的科学发展观

这段历史时期,虽然我国环境保护和生态建设取得了不小成绩,但生态总体恶化的趋势尚未根本扭转,环境治理的任务相当艰巨。我们党提出了科学发展观,强调"要牢固树立保护环境的观念。良好的生态环境是社会生产力持续发展和人们生存质量不断提高的重要基础。要彻底改变以牺牲环境、破坏资源为代价的粗放型增长方式,不能以牺牲环境为代价去换取一时的经济增长,不能以眼前发展损害长远利益,不能用局部发展损害全局利益"。② 全面、协调、可持续是科学发展观的基本要求。深入贯彻落实科学发展观,必须坚持全面协调可持续发展。要按照中国特色社会主义事业总体布局,全面推进经济建设、政治建设、文化建设、社会建设,促进现代化建设各个环节、各个方面相协调,促进生产关系与生产力、上层建筑和经济基础相协调。坚持生产发展、生活富裕、生态良好的文明社会发展道路,建设资源节约型、环境友好型社会,实现速度和结构质量效益相统一、经济发展与人口资源环境相协调,使人民在良好生态环境中生产生活,实现经济社会永续发展。这一发展要求是在总结我国发展实践、汲取世界各国发展经验教训、借鉴国外发展理论有益成果的基础上提出的,是全面部署发展中国特色社会主义、全面建设小康社会的

① 胡锦涛:《在新进中央委员会的委员、候补委员学习贯彻党的十七大精神研讨班上的讲话》(2007年12月17日)。

② 胡锦涛:《在中央人口资源环境工作座谈会上的讲话》(2004年3月10日),《十六大以来重要文献选编》(上),中央文献出版社2005年版,第853页。

战略思维,反映了当代最新的发展理念。① 科学发展观还强调要牢固树立人与自然相和谐的观念。自然界是包括人类在内的一切生物的摇篮,是人类赖以生存和发展的基本条件。保护自然就是保护人类,建设自然就是造福人类。要倍加爱护和保护自然,尊重自然规律。对自然界不能只讲索取不讲投入、只讲利用不讲建设。

3. 发展循环经济是实现"两型"社会和可持续发展的重要路径

循环经济,以资源的高效利用和循环利用为目标,以"减量化、再利用、资源化"为原则,以物质闭路循环和能量梯次使用为特征,按照自然生态系统物质循环和能量流动方式运行的经济模式。它要求运用生态学规律来指导人类社会的经济活动,其目的是通过资源高效和循环利用,实现污染的低排放甚至零排放,保护环境,实现社会、经济与环境的可持续发展。循环经济是把清洁生产和废弃物的综合利用融为一体的经济,本质上是一种生态经济,它要求运用生态学规律来指导人类社会的经济活动。它按照自然生态系统物质循环和能量流动规律重构经济系统,使经济系统和谐地纳入到自然生态系统的物质循环过程中,建立起一种新形态的经济。

这段时期我党提出了"发展循环经济,是建设资源节约型、环境友好型社会和实现可持续发展的重要途径。坚持开发节约并重、节约优先,按照减量化、再利用、资源化的原则,大力推进节能节水节地节材,加强资源综合利用,完善再生资源回收利用体系,全面推行清洁生产,形成低投入、低消耗、低排放和高效率的节约型增长方式"。②

4. 继续积极参与国际合作

环境问题一旦跨越国界,就需要各国协作共同解决。为了有效地促进国际间的协作,控制跨国污染的影响,国际行动的协调十分必要。就保护全球环境而言,国际间在过去 20 年里就生态保护、废弃物、臭氧层破坏、温室效应等环境问题,通过合作方式缔结条约,制定彼此可以接受的环境保护规范与政策,以处理日益严重的全球性环境问题。为了有效应对气候变化,

---

① http://cpc.people.com.cn/GB/134999/135000/8103837.html.

② 《中共中央关于制定国民经济和社会发展第十一个五年规划的建议》(2005 年 10 月 11 日),《十六大以来重要文献选编》(中),中央文献出版社 2005 年版,第 1072～1073 页。

我国在坚持科学发展观的基础上,将继续推动并参与国际合作,积极参与《联合国气候变化框架公约》谈判和政府间气候变化专门委员会的相关活动,推进清洁发展机制、技术转让等方面的国际合作,参与并支持"亚太清洁发展和气候伙伴计划"等其他合作机制发挥有益的补充作用。

中国共产党成立的九十年,对生态环境理念的认识由零散的观点到系统的理论,体现了马克思主义是不断发展的理论,是开放的理论。这一理念的演变也是我党对环境问题的认识越来越深刻的体现,它促进我国经济由"又快又好"向"又好又快"的方向转变,它为构建社会主义和谐社会提供了保障,对我党路线、方针、政策的形成和制定有着重大的指导意义。

二、"深绿色"发展是科学发展观的 基本内涵之一

党的十六届三中全会提出,"坚持以人为本,树立全面、协调、可持续的发展观,促进经济社会和人的全面发展",这是党中央首次明确提出关于科学发展观的概念。党的十七大报告对科学发展观的基本内涵作了科学说明,"科学发展观,第一要义是发展,核心是以人为本,基本要求是全面协调可持续,根本方法是统筹兼顾"。[①] 其中,发展经济、以人为本、全面发展、协调发展和可持续发展,共同构成了科学发展观的统一整体。"深绿色"发展是发展经济的新思路,蕴涵了以人为本的新要求,体现了全面发展的新探索,是统筹兼顾的新体现。简言之,"深绿色"发展是科学发展观的基本内涵之一。

(一)发展经济的新思路

1. 结合基本国情与形势,挖掘经济发展的新思路

科学发展观,是对中国共产党的三代领导集体关于发展的重要思想的继承与发展,是马克思主义关于发展的世界观与方法论的集中体现。我国社会主义初级阶段的基本国情是科学发展观提出的根本依据。社会主义初级阶段

---

① 胡锦涛:《高举中国特色社会主义伟大旗帜　为争取全面建设小康社会新胜利而奋斗》,人民出版社 2007 年版,第 15 页。

是我国最大的国情,我国的社会主义初级阶段具有长期性、艰巨性和复杂性。它包含两层含义:一是目前中国社会已经是社会主义社会,我们必须坚持社会主义基本原则,不能背离社会主义方向;二是中国的社会主义还处在初级阶段。一切从初级阶段的实际出发,不能超越阶段、急于求成。社会主义初级阶段的基本国情决定了我国必须经历一个相当长的历史阶段,去实现工业化和现代化。十七大报告指出:"经过新中国成立以来特别是改革开放以来的不懈努力,我国取得了举世瞩目的发展成就,从生产力到生产关系、从经济基础到上层建筑都发生了意义深远的重大变化,但我国仍处于社会主义初级阶段的基本国情没有变,人民日益增长的物质文化需要同落后的社会生产之间的矛盾这一社会主要矛盾没有变。"科学发展观的提出就是要我们牢记社会主义初级阶段的基本国情,提高想问题、办事情不能脱离实际的自觉性。

而随着经济体制的深刻改革,社会结构的深刻变化,利益格局的深刻调整,理念观念的深刻变化,我国经济社会发展呈现出一系列的阶段性特征,而这些特征表明我国已经进入发展的关键时期,进入改革的攻坚时期和社会矛盾的凸显时期,我国发展既具有巨大的潜力和广阔空间,也承受着来自人口、资源、环境等方面的巨大压力,这就要求我们要以新的思路、新的方法推进现代化建设,更加自觉地走科学发展的道路。[①] 而"深绿色"发展为我们挖掘经济发展提供了新的思路。这种新思路就是要求人们从生产方式到生活方式再到价值观念发生全方位的变革,从制度到体制再到思想层面去寻找经济发展与解决环境问题的办法。

2. 反思传统的发展观,提倡生态经济协调发展

传统的发展观又称为增长观,它把社会发展等同于经济发展,将经济增长视为经济发展,把追求 GDP 作为评判经济发展的首要标准甚至是唯一标准。在这种发展观中人被异化为经济增长的工具和手段,人成为纯粹的经济动物和单向度的人。传统发展观认为,经济发展了,社会生活其他方面就会自动发生有利变化。在这样的发展观指导下,政治、文化、生态环境、文化事业等方面都处于弱势地位,不得不向强势地位的经济作出牺牲和让步,从而导致整个社

---

① 丁俊萍、王炳林等:《毛泽东思想和中国特色社会主义理论体系概论》,高等教育出版社2009 年版,第 34 页。

会的片面发展,也造成了人与自然的不和谐。以传统发展观指导下的经济发展模式坚持以工业化为核心,使工业文明建立在对不可再生资源的大规模开发和自然生态、环境容量不断破坏的基础之上。由于它片面强调经济发展的速度和数量,忽视自觉调整人口、经济与自然生态环境的关系,最终使人类经济发展的行为方式越来越脱离人类与社会和自然的协调发展和全面进步。

"深绿色"发展摒弃了传统的以经济增长为中心的发展观,指出经济增长造成的环境问题,提出应对增长观进行反思。增长观在人类社会发展史上的确起过积极作用,成为社会经济向前发展的动力;但当经济增长超出了它的资源基础,增长观的弊端也就暴露出来了。① "深绿色"发展提出了当今人类社会发展过程中必然面临的共同问题,即在经济、社会发展的过程中,任何一个国家,任何一种社会制度,都必须把生态环境纳入社会发展的总框架,坚持经济、社会与生态的协调发展,维护生态环境的平衡,保护人类生存的自然基础。

不可否认当前经济发展与环境之间有着不可分裂的联系。西方生态社会主义者把全球性生态危机的主要原因归咎为资本主义的大工业生产,归咎为消费异化,归咎为科学技术的不适当应用。而我国的生态环境失调的主要原因,在深绿色理念的支持者看来是旧的经济发展模式存在严重弊端,那种粗放型的经济发展方式、以大量自然资源耗费为基础的经济发展模式势必会导致环境问题加剧。布朗认为,进入 21 世纪,人类应该进行一次环境革命来改变和提升自己的命运。阿格尔认为当今资本主义社会主要"危机的趋势已转移到消费领域,即生态危机取代了经济危机"。② 那么我们应该坚持怎样的发展理念来指导这次环境革命,从根本上解除与堵截在经济发展的源头中存在的环境问题隐患,而不是持"技术终结论",盲目的把环境问题归结于技术,而又依赖于技术去解决环境问题。"深绿色"理念为我们提供了答案,这就是要坚持生态经济协调发展。生态经济协调发展包含三层含义:一是发展是前提,是第一要务。发展经济是保护生态环境、实现生态经济协调发展的重要前提。二是生态是基础,是必要条件。经济社会发展离不开一定的生态环境,生态环境是人类生存和发展的基础。三是倡导生态优先论。生态优先论主张在保护

---

① 《曲格平文集》,中国环境科学出版社 2007 年版,第 118～119 页。
② [加]本·阿格尔:《西方马克思主义概论》,慎之译,中国人民大学出版社 1991 年版。

生态环境的前提下发展经济,促进生态经济的协调发展。

3.从"浅绿色"到"深绿色",经济发展的理念演变

工业革命以来,人类的生存和发展往往以利益的获取为驱动,以征服与改造对象为动机,并从三层关系上形成对立结构:其一,为了自身能够得到"优质化"的生存与发展,人们在与自然的关系中张扬征服与改造;其二,在社会存在关系中,人与人、人与社会,以及不同社会群体、种族、区域、国家之间,在利益和权力的左右下形成对立;其三,个体生命体内,由于利益的最大取向和个体生命活动外化方式所引发的心灵焦虑及矛盾。① 当代人由于过分地追求经济的增长,GDP 的提升,环境问题在人类追求经济利益的同时就显得渺茫了,从获得经济利益的视角看来,环境问题就显得微不足道了。人们对环境问题的认识经历了一个由"浅"入"深"的过程。一般说来,"浅绿色"环境观念建立在环境与发展分裂的理念基础上,它是 20 世纪六七十年代第一次环境运动或环境保护运动的基调,而"深绿色"环境观念则要求将环境与发展进行整合性思考,它是 20 世纪 90 年代以来第二次环境运动或环境革命运动的主题。② 随着人们对环境问题认识的逐步深入,人们认识到单纯的环境保护解决不了今天的环境问题,人类需要一场深刻的环境革命。

20 世纪 90 年代以来的"深绿色"理念普遍认为人类需要有一场划时代的环境革命。在 1992 年里约联合国环境与发展首脑会议上,美国世界观察研究所的所长莱斯特·布朗第一次提出环境革命的观点。这场以"深绿色"为特征的环境革命,与 20 世纪 60～70 年代的"浅绿色"环境运动具有质的区别,它不是对传统发展模式的简单修补,而是要与严重牺牲环境的旧文明进行决裂,建立一个在与自然和谐基础上求得人类发展的绿色新文明。③ "深绿色"理念为解决当前环境危机,继续经济的增长提出了新的思路。通过对社会的全方位变革进行一场环境革命。绿色文明观念不同于一些未来学家所倡导的信息革命与信息文明观念。后者是要以技术为导向,它把工业文明的负面问

---

① 盖光:《论生存视阈的深绿色"觉解"》,《文艺报》2004 年 9 月 30 日。

② 诸大建:《从浅绿色到深绿色》,《文汇报》2002 年 6 月 3 日。

③ 诸大建:《从浅绿色到深绿色》,《当代环境革命:绿色前沿译丛》,《文汇报》2002 年 6 月 3 日。

题的解决方法寄托在通过先进技术加以克服,把经济发展带来的环境问题再交给利用环境获得的新技术。其实质是对现行技术结构及其生活方式的扩展和深化。而以"深绿色"理念为背景提出的环境革命,要求对整个文明观念进行更新和重建,只有这样才能引导人类进入更高意义上的文明或真正意义上的后工业文明的社会。

(二)以人为本的新体现

1. 以人为本理念的传承

发展的目的是发展观的本质和核心问题,是决定发展中其他一切问题的首要的基本问题。科学发展观的核心是以人为本。以人为本,不仅主张人是发展的根本目的,回答了为什么发展、发展"为了谁"的问题;而且主张人是发展的根本动力,回答了怎样发展、发展"依靠谁"的问题。同时,我们所讲的以人为本的"人",不是抽象的人,不是某个人、某些人,而是广大人民群众。以人为本思想是我们党摒弃了旧哲学人本思想中的地主阶级、资产阶级的阶级局限和历史唯心主义的理论缺陷,借鉴国际经验教训,针对当前我国发展中存在的突出问题和实际工作中存在的一种片面的、不科学的"以物为本"的发展观而提出来的。坚持以人为本,就是坚持立党为公、执政为民,就是坚持全心全意为人民服务。贯彻落实科学发展观,要求我们在改革开放和社会主义现代化建设中始终把坚持以人为本,实现好、维护好、发展好最广大人民的根本利益,放在最核心、最突出的位置。以人为本的科学发展观克服了传统发展观的局限性,把发展的终极关怀建立在以人为本的基础之上,把人的全面发展看做是发展的最终目的和强大动力,从根本上回答了我们为什么发展、为谁发展以及发展的目的等问题。

"深绿色"理念传承了以人为本的理念,认为:在过去相当长的时期内,传统发展模式以征服自然为目的,以科学技术为手段,以物质财富的增长为动力,在一定程度上破坏了人类赖以生存的基础,使人类改造自然的力量转化为毁害人类自身的力量。人们在试图征服自然的同时,往往不知不觉地变成了被自然征服的对象。例如,水土流失、土壤沙漠化、资源浪费、城市缺水,这一系列问题都向人们发出警示:人类的行为如果违背自然规律,必将遭到自然的惩罚。所以我们不要过分陶醉于我们对自然界的胜利。对于每一次这样的胜利,自然界都报复了我们。同时,这一切告诉我们:决不能再走发达国家先污染后治理的老路,必须树立以人为本的新发展观,找到一条人与自然和谐发展的道路,找到一条生态与经济"双赢"的道路。"深绿色"理念的"双赢"与科学发展观的统筹之一"统筹人与自然的和谐发展"相契合,事实上,只有人与自然的关系和谐了,生态系统保持在良性循环水平上,人的发展才能获得永续的发展空间。

2. 以人为本理念的升华

长期以来,我们对人民群众的基本需要和根本利益的认识局限于物质文化方面,对其政治、社会、生态环境等的需求和利益关心力度有限。国防大学教授丁士峰认为,保护环境事关国计民生。中共中央党校教授冯秋婷认为,中国的环境保护问题日益突出,已成为全社会广泛关注的热点话题,摆上了党和国家的重要日程,上升到关系群众切身利益和中华民族生存发展的战略高度。还有人将目前令人担忧的环境污染和破坏状况,夸张地称为"无法生存的环境":白色污染,令人目不忍视;噪音污染,令人耳不能闻;大气污染,令人无法正常呼吸;水污染,令人无法放心饮用;食品污染(粮食掺假,蔬菜、水果农药残留超标,牛羊有口蹄疫、疯牛病,猪肉含瘦肉精,鸡鸭鹅有禽流感,鱼类含砒霜、避孕药),令人无法进食。面对这样严重的环境污染,人民群众对良好的生活环境提出了更高的要求,生态需要和权益逐渐成为一项基本需求,成为人民最关心、最直接、最现实的利益问题。

我们必须以科学的发展观看待经济发展与环境的污染与恶化问题。要看到,以环境污染与恶化为代价的经济发展,不仅是没有意义的,而且是一种倒退。环境的污染与恶化严重地降低了人们的生活水准,甚至威胁到人类的生存空间。[①] 胡锦涛同志 2004 年在中央人口资源环境工作座谈会上指出:"人口资源环境工作,都是涉及人民群众切身利益的工作,一定要把最广大人民的根本利益作为出发点和落脚点,要着眼于充分调动人民群众的积极性、主动性和创造性,着眼于满足人民群众的需要和促进人的全面发展,着眼于提高人民群众的生活质量和健康素质,切实为人民群众创造良好的生产生活环境,为中

---

① 　王志伟:《经济学视角下的科学发展观》,《内蒙古财经学院学报》2004 年第 3 期。

华民族的长远发展创造良好的条件。"①2005 年,胡锦涛在参加义务植树活动时指出:"加强环境保护和建设,让人民群众喝上干净的水,呼吸上清洁的空气,吃上放心的食物,是树立和落实科学发展观的必然要求,是坚持以人为本的具体体现。""深绿色"理念认为满足人民群众的生态需要和权益,是坚持以人为本的重要体现。它进一步升华了以人为本的理念,认为生态需要是现代人的基本需要,生态权益是现代人基本的权利与利益。

3. 以人为本理念的运用

科学发展观坚持"以人为本",重视经济发展为人服务的根本目的。科学发展观的一个落脚点就是"以人为本",强调经济发展的根本目的是为广大人民服务,提高人们的生活质量和水平,为人的全面发展提供物质基础。而"深绿色"理念主张要通过生态经济协调发展去实现以人为本。因为只有通过生态经济协调发展,才能确保人的生存状态的完美和生活质量的提高,才能满足人的生存需要、发展需要和享受需要,才能真正实现以人为本的发展目的。"深绿色"理念认为生态需要和权益已经是当代人民群众的根本利益,我们应该努力尊重并满足人民群众的生态需要和权益。但是,很长时间以来,由于我们在经济发展过程中不注意生态保护与经济建设的协调发展,导致生态与经济的环境恶化与恶性循环,对人民群众的生态权益构成了巨大威胁。因此,2002 年,江泽民在中央人口资源与环境工作会议上指出:"切实做好人口、资源、环境工作,不仅关系到我们能否更好地解放和发展生产力,而且关系到我们能否更好地实现、维护、发展最广大人民群众的根本利益。"②"深绿色"发展从以人为本出发,坚持涉及群众利益的事情没有小事情,我们要从解决人民群众最关心、最直接、最现实的利益问题入手,在当今时代从危及到人类生存的环境问题入手,去寻找解决问题的方案,这是以人为本理念在现实生活中的具体体现。

(三)全面发展的新探索

1. 一万年来,在历史回忆录中我们的探索

全面发展,即要全面协调、可持续发展。如何实现全面发展成为世界各国

---

① 《十六大以来重要文献选编》(上),中央文献出版社 2005 年版,第 852～853 页。
② 《江泽民文选》第三卷,人民出版社 2006 年版,第 467 页。

都在研究探索的话题。从传统的发展观看,它偏重于物质财富的增长而忽视人的全面发展,它把经济增长等同于经济发展,把经济发展等同于社会发展,相应地,把国内生产总值的增长量作为衡量一个国家和地区经济社会发展的标准,而忽视人文的、资源的、环境的指标,单纯地把自然界看做是人类生存和发展的索取对象,而忽视自然界是人类赖以生存和发展的基础。在传统发展观的影响下,尽管人类曾创造了历史上从未有过的经济奇迹,积累了丰富的物质财富,但也为此付出了巨大的代价,资源浪费、环境污染和生态破坏的现象屡见不鲜,愈演愈烈。人们的生活水平和质量往往不能随着经济增长而相应提高,甚至出现严重的两极分化和社会动荡。

人类经历了一万年前的农业革命和18世纪的工业革命,两者都有重要的进步历史意义,但两者在生态环境问题上带来了不同程度的破坏和危害。①在追求量上快速增长的同时,在农业文明与工业文明的背后,存在着环境与经济发展不能相协调前进的隐患。实现环境与经济同步发展是历史留给我们的问题,历史的视野让我们对全面发展有了新的定义,即要实现人与自然协调、可持续的发展。"黄色文明"与"黑色文明"的历史进程中,我们看到了发展的局限性与不可全面发展性,历史在渴求经济迅猛发展的同时,我们发现环境问题也愈演愈烈,实现整个人类社会的全面发展一直都有着较高的研究价值和历史意义。

2.21世纪初期,在科学发展观下的新探索

把发展归结为当今世界第一要义,以胡锦涛为总书记的新一届中央领导集体,根据马克思主义辩证唯物主义和历史唯物主义的基本原理,在邓小平理论和"三个代表"重要理念指导下,在总结国内外在发展问题上的经验教训、吸取人类文明新成果的基础上,站在历史和时代的高度,在党的十六届三中全会上正式提出了科学发展观。对经济发展的要求在以往"持续快速健康"中新增了"协调"两字,这不仅体现了党的十六大和十六届三中全会中的具体精神,而且充分表明了我国牢固确立和认真落实全面、协调、可持续发展观的决心,还丰富了我国经济发展目标的内涵,使其更加全面、科学。从单纯追求经

---

① 诸大建:《从浅绿色到深绿色》,《当代环境革命:绿色前沿译丛》,《文汇报》2002年6月3日。

济增长,到现在坚持全面、协调、可持续发展,这是中国发展观的重大进步,这是科学发展观的真实确立,也是发展观念与时俱进的体现。全面协调可持续发展要求四个层面的辩证思维能力,一是要正确认识和处理当前发展和长远发展的关系。二是要正确认识和处理局部利益和全局利益的关系。三是要正确认识和处理发展的平衡和不平衡的关系。四是要正确认识和处理政府和市场的关系。处理好经济社会发展中的各种关系,必须坚持一切从实际出发,坚持唯物辩证法,因地制宜,因时制宜,及时研究和解决改革发展稳定中出现的新情况新问题,牢牢把握经济建设这个中心,促进经济社会全面协调可持续发展。经济学视角下的科学发展观应注意短期利益与长期利益相结合,特别是在资源开发和利用、环境治理和生态保护、土地和城市规划、农村经济发展、人民健康等方面要特别注意。我们在上述方面已经付出了相当大的代价,在当前和今后的经济发展中,对于这些方面,务必持有正确的认识,加以科学地、全面地规划和论证,做到合理开发、健康发展、全面兼顾。

以经济建设为中心,重视经济发展,是永恒的主题,但发展的观念也必须与时俱进。应当更加重视经济和社会的全面发展和协调发展。当前党中央提出用科学发展观统领经济社会发展的全局,表明从"十一五"开始,我国经济发展与环境保护之间的关系将发生重大转变:从"环境换取增长"转变为"环境优化增长",这把环境保护作为一种手段,使之改善和促进经济增长,从而达到环境保护与经济发展双重目标,这为环境保护提供了新的作用点。[①]

3. 以全面发展为最终目标,绿色理念由浅入深的探索

"浅绿色"理念注重对环境问题的揭露、描述和渲染,它是对环境问题表面的认识与探索。一方面,"浅绿色"理念作为一种绿色理念对经济发展与环境问题产生了诸多影响。另一方面,我们也必须看到"浅绿色"理念是为了环境谈环境,较多关注环境问题发生的现象等表层问题,而较少涉及深层的人类生存方式是否合理,较少探究工业文明以来的人类发展方式是否存在问题,其结果是对旧的工业文明方式的调整或补充。[②] 这种先发展后治理的经济发展

---

① 《经济发展与环境保护可双赢》,《解放日报》2006 年 12 月 23 日。

② 武衡、谈天民、戴永增:《徐特立文存》第 2 卷,广东教育出版社 1995 年版,第 188～210 页。

理念不符合科学发展观,这种发展理念和环境治理方式不能从根本上解决环境与经济发展失调的问题,解决环境问题的指导理念应该由"浅"入"深",从而更符合科学发展观的要求。"深绿色"理念是坚持经济发展与环境共赢的理念。如果把"深绿色"理念从不同的层面分为"深"、"绿色"、"理念"三个部分,那么后两者是在以环境为中心进行理念上的进步,而前者即"深",那种从环境问题产生根源入手的"深",那种从以环境论环境到以经济、社会、文化论环境的"深",它是科学发展观中的全面发展的重要体现,是在当前经济发展道路上的新探索。"深绿色"理念批判了"浅绿色"理念的环境改革的不彻底性,深绿色理念在吸纳浅绿色理念的优秀成果下更进一步作出探究和分析,指出要进行一次彻底的环境革命,把藏匿于工业文明的祸害根源铲除,只有这样才能实现真正意义上的全面发展。

(四)统筹兼顾的新体现

1.人与自然的统筹兼顾

科学发展观坚持与继承了马克思主义关于人与自然关系的辩证理念,坚持以人为本并指出促进人的全面发展,强调人与自然的统筹兼顾。科学发展观认为正确处理人与自然之间的关系,坚持人与自然的和谐发展是实现发展的核心问题。因此,要做到以下几点:树立人与自然和谐相处的观念,尊重自然规律,按照规律处理人与自然的关系;树立节约意识,依靠科技进步来合理利用自然资源,实现经济社会的可持续发展。

"深绿色"发展坚持要实现人与自然的协调发展。这种发展理念是在资本主义发展过程中环境污染严重影响到了人类的生存与发展的历史背景下提出的,因此它对人与自然之间的关系问题格外重视。"深绿色"发展认为人与自然之间应当和谐发展。这种发展坚持人类应该合理地、有计划地利用自然资源,整个自然界是一个由无数系统组成的整体,这个系统中的各个组成部分是相互联系的,自然环境的破坏同样会影响到人类的生存,只有人与自然和谐相处,人类社会才能健康发展。生态系统不单是自然生态系统而且还包括经济生态、文化生态、政治生态系统。人与自然之间不应当是统治与被统治的关系,而应是一种和谐发展的关系。

"深绿色"发展与科学发展观虽然从不同的角度探讨了人与自然之间的

关系,但是在对待人与自然之间的关系上有着内在的一致性。它们都体现了人与自然统筹兼顾的发展方向。在满足人类利益的同时,"深绿色"理念的支持者从人与自然的生态整体主义出发,提出在经济发展的源头上寻找环境问题的源头,把环境问题的矛头指向与其相关联的经济发展方式、人们的生活方式及价值观念,反对在追求经济飞速增长的同时忽视由经济增长带来的环境问题,深绿色理念符合科学发展观中的人与自然协调发展,是在当前形势下人与自然相协调的发展理念的新体现。

2.环境与经济的统筹兼顾

"深绿色"的思考使对环境问题的思考跳出了自然的层面,扩展成为生态、社会、经济、政治的整体的观念的思考。科学发展观所主张的,既不是片面追求经济发展指标,也不是单纯追求近期目标和局部利益。相当长一段时间以来,我们在发展经济过程中特别关注经济增长,却没有认真考虑经济增长和发展的代价。在这方面的一个突出表现,就是片面地、单纯地追求某些经济指标,而并不考虑为达到这些指标所付出的代价是否适当。我们所倡导的"深绿色"理念要求从经济发展的开始直接堵截环境问题的产生,它符合科学发展观中的统筹兼顾方法,更进一步在当前环境危机迫在眉睫的时刻充分发挥统筹兼顾解决问题的总方针,在考虑到经济继续发展的同时我们也要用环境伦理观来约束我们的发展策略,尽可能地实现人与人、人与自然、人与社会在发展上的统筹兼顾,完全否定那种先发展后治理的经济发展模式。

经济发展与环境保护在今天已经是一个全球性的命题。环境与经济统筹兼顾的新观念已代替了片面追求经济的错误观念。"深绿色"理念体现了环境与经济的统筹兼顾。在当今的时代走向中,重工业经济逐渐被知识型经济所代替。许多国家正积极发展信息科技、生命科学等知识型经济。而知识型经济,正是低污染、低消费、低能耗的经济模式,而且知识带来了生物科学的飞跃。同时,环保这一角色已从过去减轻社会负债,转化为创造社会资产。环保企业如环保汽车、环保电池、环保灯泡等,都是集环保和经济效益于一身的企业,它们如雨后春笋蓬勃发展起来。

3.自然环境与社会环境的统筹兼顾

"深绿色"理念强调环境问题是一个"复合体"的问题,就环境治理来说非常复杂,不仅牵涉到自然环境,而且与社会环境也密切相关。我们的经济发展需要一个和谐的自然环境,也需要一个和谐的社会环境。如果孤立地控制自然环境污染,仅着眼于自然环境的改善,而忽视社会环境的治理,就必然会导致社会环境的紊乱或无序。如果把自然环境与社会环境统筹起来综合治理,那么,就可以实现自然环境与社会环境共同和谐基础上的高增长速度。

综上所述,"深绿色"发展是发展经济的新思路,以人为本的新体现,全面发展的新探索,统筹兼顾的新体现。由此,我们可以得出一个结论,那就是"深绿色"发展是科学发展观的基本内涵之一。

三、"深绿色"发展要求牢固树立和认真落实科学发展观

发展是人类共同关注的重大理论问题,也是关系到人类生死存亡的重大实践问题。自从有人类历史以来,人类就始终面临发展的难题,并且一直在为发展而做不懈的努力。牢固树立科学发展观是时代形势的客观呼唤。从当今时代看,虽然和平与发展是时代的主题,但战争危险依然存在。每个国家都不会放弃发展。从世界战略形势看,虽然冷战结束了,但霸权主义、强权政治更加猖獗。在这种背景下,落后就要挨打。从国内形势看,总的形势是很好的,但祖国统一大业尚未完成,需要我们发展。从现代战争特点和要求看,虽然世界大战打不起来,但高技术局部战争连绵不断。所以,无论从哪个角度看,牢固树立和认真落实科学发展观,都是十分必要和重要的。

(一)牢固树立科学发展观

"深绿色"发展是在环境成为世界性难题的新形势下对发展问题的新认识,它标志着中国在发展理论上与传统发展观的彻底决裂,是对环境问题认识的深化,对可持续发展的进一步发展,对人与自然的相处提出的新的指导理念,"深绿色"发展是科学发展观的基本内涵之一。"深绿色"发展的提出不仅有着重要的理论价值,而且有着更为重要的现实指导意义。实现"深绿色"发展必须牢固树立和贯彻落实科学发展观。

1. 从发展的本身来看

科学发展观的第一要义是发展,科学发展观不能离开发展这一主题,离开

了发展,科学发展观就成了无源之水、无本之木。人类社会正在经历巨大的变化,世界范围内经济实力和综合国力竞争空前激烈。这场全球范围的竞争,任何国家、任何民族都必须面对、不能回避。历史一再表明,只有抓住机遇加快发展,落后的国家和民族才可能实现发展的新跨越,走在时代前列;如果丧失发展机遇,原本强盛的国家和民族就可能成为时代的落伍者。科学发展观强调第一要义是发展,这种发展是又好又快发展。又好又快发展是有机统一的整体。"好"与"快"是互为条件的,它们既相互促进又相互制约,不能把二者割裂开来和对立起来。又好又快,要求快以好为前提。忽视增长的质量和效益,不惜浪费资源和破坏环境,片面追求一时的高速度,势必会造成大起大落,就不能实现真正的发展。只有坚持"好"字优先,在好的前提下,才能实现长期持续地快速增长。同时,快也是好的必要条件。较快增长本身就是较好发展的重要基础。只有保持较快的增长,才能抓住机遇,不断增强经济实力,使经济增长的潜力充分发挥出来,更好地解决发展中存在的矛盾和问题。① 胡锦涛指出:"发展是党执政兴国的第一要务,是解决我国所有问题的基础和关键。我国是发展中大国,不断增强综合国力、改善人民生活,需要保持适度较快的经济增长速度,以发挥各方面的积极性。同时又必须努力做到速度、结构、效益的统一,做到节约发展、清洁发展、安全发展,做到全面协调可持续发展。"②

　　"深绿色"发展坚持环境与经济共赢,与科学发展观的又好又快具有统一之处,"深绿色"发展坚持"富裕"是绿色的,只有通过发展才能实现国民生产总值的提高,才能实现真正的富裕。但是这种发展不仅仅是追求效率、追求经济的增长,还应该解决由发展引起的环境污染、资源枯竭等问题,还应该优化经济结构,实现高质量的发展。实现"深绿色"发展必须推动经济增长由粗放型向集约型转变、由片面追求经济增长向全面协调可持续发展转变,不断赢得发展新优势、开创发展新局面,必须真正地落实科学发展观。

　　2. 从发展的目的来看

　　科学发展观从发展的目的来看是坚持"以人为本",这里所说的以人为本

―――――――――

① http://news.xinhuanet.com/theory/2008-10/09/content_10168057.html.
② 胡锦涛:《搞好宏观调控,促进科学发展》(2005年11月29日),《十六大以来重要文献选编》(下),中央文献出版社2005年版,第67～68页。

绝不是人类中心主义。"以人为本"可以从两个不同的角度去理解。首先,它是针对传统发展观的"以物为本"提出的,它把人作为社会的主体,把人作为经济社会发展的本质和根据,把实现人的全面发展作为最终目的。其次,"以人为本"也是一种思维方式,要求我们在观察和分析问题时从人类的整体利益和长远利益出发,它所追求的是"天人关系"的和谐统一。科学发展观提出"以人为本",要求我们必须正确认识和处理人类与自然界的关系:首先,要树立保护环境的观念。良好的生态环境是社会生产力持续发展和人们生存质量不断提高的重要基础。我们彻底改变以牺牲环境、浪费资源为代价的经济增长方式。在全社会营造保护环境、爱护环境、建设环境的良好风气,增强全民族的环境保护意识。其次,要树立人与自然相和谐的观念。作为自然存在物,人类与自然界有着平等的存在价值和共同利益,自然界是包括人类在内的一切生物生命的摇篮,保护自然也就是保护人类自身。因此,必须在全社会倡导人类要在促进生物圈的稳定和繁荣的基础上改造和利用自然,在谋求人类利益的同时要尊重、保护自然和回馈自然,以实现人与自然的和谐统一。最后,要把人口资源环境工作纳入法制轨道。用法律法规来约束人类对自然界的行为,依法严肃查处破坏资源环境的行为。①

"深绿色"理念坚持生态整体主义。生态整体主义并不否定人类的生存权,它主张在不逾越生态承受能力、不危及整个生态系统发展的前提下,去改造自然。生态整体主义坚持把人类的物质欲望、经济的增长、对自然的改造和扰乱限制在能为生态系统所承受、吸收、降解和恢复的范围内。这种限制为的是生态系统的整体利益,而生态系统的整体利益与人类的长远利益和根本利益是一致的。从这一角度看,实现"深绿色"发展也必须落实科学发展观。

3. 从发展的主体来看

"深绿色"理念认为对地球造成巨大压力的根源之一在于地球大量的人口,应该减少人口,提高人口的素质和质量。科学发展观坚持人民群众是历史发展的主体,人民群众是物质财富的创造者,是精神财富的创造者,是社会变革的决定力量。科学发展观强调"以人为本",就是要把人民群众当做经济和社会发展的主体。它进一步回答了"为谁发展"和"靠谁发展"这一核心问题。

---

① 《"以人为本"决不是绝对人类中心主义》,《中国环境报》2004 年 6 月 10 日。

它明确要求把人民群众作为经济社会发展的价值主体,要求牢固确立人民群众在发展中的主体地位,始终坚持尊重人,关心人,理解人,爱护人,解放人,发展人;使全体人民共享改革发展成果,营造全体人民充分发挥聪明才智的社会环境,把满足人民群众日益增长的物质文化需要和促进人的全面发展作为经济社会发展的目的和归宿。既然科学发展观强调人民群众是历史发展的主体,而实现人的科学发展也必须要提高人口的质量和素质,实现"深绿色"发展必须落实科学发展观。

4. 从发展的道路来看

"深绿色"发展坚持生态经济协调发展,而科学发展观坚持的发展道路是一条科学发展的道路,是一条生产发展、生活富裕和生态良好的发展道路。生产发展、生活富裕、生态良好,三者有着不同的内涵却密切联系。生产发展是实现生活富裕的条件,离开发展,富裕无从谈起;生活富裕是发展的目的,离开这个目的,发展就没有了意义;而保持良好的生态环境,则是实现生产发展和生活富裕所必须坚持的前提和保证。只有坚持生产发展,才能够提升我们的国际地位,才能解决地区差距、就业、贫困等现实问题。加快发展,目的是为了满足人民群众日益增长的物质文化生活需要,提高人民群众的生活水平,实现更高水平上的生活富裕。无论是加快发展,还是实现生活富裕,都离不开一定的条件。生态环境是人类生存的物质空间,也是生产发展、生活富裕的客观条件。生态环境受到破坏,发展没保证,生活就会受到影响。实现生态经济协调发展,就必须走出一条生产发展、生活富裕和生态良好的发展道路,必须落实科学发展观。

(二)实施可持续发展战略

1992 年 6 月,联合国环境与发展大会在巴西里约召开,会议提出并通过了全球的可持续发展战略——《21 世纪议程》,并且要求各国根据本国的情况,制定各自的可持续发展战略、计划和对策。1994 年 7 月 4 日,国务院批准了我国的第一个国家级可持续发展战略——《中国 21 世纪人口、环境与发展白皮书》。所谓可持续发展战略,是指实现可持续发展的行动计划和纲领,是多个领域实现可持续发展的总称,它要使各方面的发展目标,尤其是社会、经济与生态、环境的目标相协调。战略是指统领性的、全局性的、左右胜败的谋略、方案和对策。把可持续发展上升到战略的角度,体现了其重大的意义。

1.经济需要可持续增长

经济可持续性主要指在保证生态资源持续利用和减少污染的前提下保持经济的持续稳定增长。"深绿色"发展的最终目的是不断满足人类的需求和愿望,因此保持经济的持续增长是"深绿色"发展的核心内容。而经济增长的可持续性取决于三个因素:一是能源供给是否具有可持续性;二是资源供给是否具有可持续性;三是环境的承受能力。我国能源面临着"流量约束"和"存量约束"两大威胁。"流量约束"的主要特征是能源受到技术经济条件的制约,无法全面地由潜在能源向现实能源转化,主要表现在一定时期内能源的供给满足不了能源的需求。在绝大多数场合中,能源约束是以"流量约束"的形式表现出来的,在这种情况下,人们担心的是能源获取的速度,而不是能源存不存在。但是,当能源尤其是不可再生能源存量接近枯竭的时候,能源约束就转化成另一种约束形式——"存量约束",于是,便产生了能源供给的可持续性问题。近些年来,我国经济发展取得了很大的成就,但也消耗了大量的能源,能源流量与经济总量之间的矛盾越来越突出。可以说,我国的能源约束已经从流量约束状态向存量约束状态逼近。中国是世界上最大的发展中国家,是一个农业大国,以占世界9%的耕地、6%的水资源、4%的森林资源养育着22%的世界人口。中国经济的发展是在相对比较落后的条件下进行的,膨胀的人口和粗放型的经济增长方式,早已超过了自然环境合理的承载能力。经济可持续性要求人类在发展中必须选择资源节约型和注重科技进步的新道路,将环境保护和经济发展有机地结合起来,转变传统的发展模式和消费模式,建立经济、社会、资源、环境相协调的经济增长模式。

2.环境需要可持续利用

"深绿色"理念主张从源头上去寻找环境问题产生的根源,认为经济增长不能以牺牲环境为代价,在促进经济可持续增长的同时,实现经济发展与环境保护的统筹兼顾。

人类不断地认识自然、改造自然,创造了灿烂的农业文明和工业文明。如同那些改变了我们历史的剧变一样,工业革命可称得上是西方社会乃至整个世界历史的一个新时期的起点。但在这之前,虽然也存在着资源与环境利用方面的诸多不适应问题,但总体看来,这些问题仍然是局部的,因而影响广度和深度也是无关紧要的。然而,此后的资源环境问题开始出现新的特点并日益复杂化和全球化,资源稀缺开始突出,环境开始恶化,争夺资源的冲突和矛盾激化。[①] 特别是20世纪以来,在现代科技创造了前所未有的物质财富的同时,也造成了大量的环境问题和资源、能源的枯竭,已严重影响了人类的生存和发展。[②] 在这里,环境主要是指自然环境。它是相对人类而言的所有自然空间及其要素,诸如空气、水、生物、矿藏等,它们可直接满足人类生存、生产和生活的需要,或经一系列转化再供人类利用。而在当前,空气正遭到污染,尤其是发展中国家,数以百计的城市空气对人体健康产生了危害。土地退化严重,淡水资源稀缺,森林遭到破坏,与此同时,生物多样性正在消失。

保护环境不能是被动地限制产业的发展,而是要根据客观实际更加主动地解决在产业发展过程中存在的环境问题,以实现可持续发展。由此看来,全球资源环境的可持续利用是由资源与环境的现状所决定的,全球资源环境的可持续利用也是人类历史发展的必然趋势。人类与环境存在于一个统一体中,两者相互联系、相互影响,在一代又一代人类潮流涌过历史海岸的过程中,能源资源的环境库存却从来没有"潮起潮落",可再生的毕竟占少数,再生的周期又极其漫长,人类社会的发展终将会受到环境的制约。环境问题是影响经济社会发展的最基本问题,也是构建和谐社会的关键因素。[③] 因此在当前经济快速发展的情况下,我们必须保护自己生存和发展的资源基础,保证其开发利用的可持续性。

3. 社会需要可持续进步

社会的可持续进步是实现可持续发展战略不可缺少的条件。社会可持续进步主要是为了逐步提高全民的生活质量、生活水平和生活内容,在不危及后代人生存基础和发展能力的前提下,在人口、文化、教育、卫生等社会事业方面得到全面进步。

社会持续进步必须把人作为首要因素来考虑,其首要任务就是控制人口

---

① http://www.99sj.com/News/119245.html.

② 严子春、王晓丽:《环境保护与可持续发展》,《重庆建筑大学学报》(社会科学版)2001年第2期。

③ 《站在可持续发展的战略高度努力实现经济与环境双赢目标》,《商丘日报》2006年4月18日。

数量,因为人口增加给环境和自然资源造成了巨大的压力。只有把人口控制在可持续发展的水平上,使人类自身的生产不超过土地、资源和生态环境的承载能力,才能保证人类的需求满足和生活质量。其次,要提高人口素质,实现人的全面发展,消除造成环境污染和生态破坏的不利因素。只有人类素质和文化水平不断提高,普遍认识到人类对自然、社会和后代负有的责任,才能增强主体的参与意识,提高社会可持续发展的能力。可持续发展是指满足当前需要而又不削弱子孙后代满足其需要之能力的发展。这种发展还意味着在发展计划和政策中对自然环境与社会环境进行双重考虑。它认为健康的经济发展应建立在生态可持续能力、社会公正和人民积极参与自身发展决策的基础上,它关注的是各种经济活动的生态合理性、科学性,鼓励对环境有利的经济发展模式与发展方式。"深绿色"理念要求走可持续发展道路,实施可持续发展战略。

(三)改变经济发展方式

传统的经济发展方式是由"资源—产品—污染排放"所构成的单线流动方式。"深绿色"理念对其进行了深刻批判,在这种经济中,人们尽可能把地球上的能源与资源挖掘出来,在生产加工和消费过程中又把污染和废物大量地排放到环境中去,对资源的利用常常是粗放的和一次性的。传统经济通过把资源持续不断地变成废物来实现经济的数量型增长,这样最终导致了许多自然资源的短缺与枯竭,并酿成了灾难性的环境污染后果。我们必须实现经济发展方式的转变。

1. 经济发展方式要适应基本国情

发展不能脱离现实环境,不能超出环境所能承载的范围,我国的经济发展要适应我国的基本国情。当前,我国的基本国情是:第一,人均占有资源量少。我国人均占有土地只有世界人均的1/3,人均占有耕地面积只有世界人均耕地面积的1/5,人均森林面积只有世界人均水平的15%,人均淡水资源拥有量仅为世界水平的1/4,林业的覆盖率居世界的第11位,人均占有草地面积仅为0.33公顷,约为世界人均占有的1/2。不仅如此,我国的能源消费和储量也大大低于世界人均水平。我国人均原煤储量相当于世界人均水平的45%,人均水电资源储量相当于世界人均水平的55%,人均原油储量相当于世界人均水平的11%,人均天然气储量仅相当于世界水平的5%。第二,随着工业化和城市化进程的加快,我国资源供需矛盾变得越来越大。在这种国情的背景下,要求实现经济发展方式从粗放型向集约型转变。

2. 经济发展方式要追求又好又快

转变经济发展方式,关系发展理念的转变、发展道路的选择、发展模式的创新,实质上是解决如何发展得更好的问题。又好又快发展是体现科学发展观本质要求的经济发展指导思想。又好又快发展要求在经济发展中把质量和效益放在突出位置,在注重质量和效益的基础上求得发展的速度。实现国民经济又好又快发展,是对经济建设规律认识的深化。从"又快又好"到"又好又快",虽然只是"好"与"快"两个字顺序的变化,但含义十分深刻。"快"是对经济发展速度的强调,"好"是对经济发展质量和效益的要求。我国经济在发展中曾经以"快"为主,"快"在"好"之前。依据"又快又好发展"要求,中国经济从1990～2005年的平均增速是9.7%,经济总量从1990年的全球第11位上升到2005年的第4位。但是,在快速增长的同时,经济运行中的一些问题日益突出:投资增长过快,信贷投放过多,贸易顺差过大;经济增长由偏快转向过热的压力不减;城乡、区域、经济社会发展仍然不平衡;农业稳定发展和农民持续增收难度加大。资源环境也亮起了红灯:耕地正在逼近18亿亩红线;缺水威胁着400多个城市,水污染问题也在步步紧逼。在这些问题的背后,是我国仍然没有摆脱粗放型经济增长方式。能源的高消耗以及由此造成的环境污染和生态破坏,成为制约经济社会发展的突出问题,如果继续不计代价发展,就会使资源支撑不住,环境容纳不下,社会承受不起。转变经济发展方式,已经刻不容缓。在"好"字上做文章已成为当务之急。转变经济发展方式,就是要依靠科技进步和创新,在优化结构、提高效益和降低能耗、保护环境的基础上,实现速度质量效益相协调、投资消费出口相协调、人口资源环境相协调,真正做到又好又快发展。

3. 经济发展方式要体现人民意向

"深绿色"理念指出要把环境问题放在经济发展的首位,对广大人民的生存利益作出了充分肯定,"深绿色"理念的拥护者支持改革后的经济发展方式必定代表最广大人民的利益。经济发展的最终目的是要增加社会的净福利,充分体现以人为本,做到人的全面发展,让每个人受益于经济发展。保护和改善环境恰恰就体现了以人为本的理念,体现了人的全面发展的要求。[①] 胡锦涛同志在中央人口资源环境座谈会上提出:"着眼于让人民群众喝上干净的水、呼吸清洁的空气、吃上放心的食物、在良好的环境中生产生活。"这科学地指出了环境保护在科学发展观中的定位问题,同时环境问题从侧面又体现了民生问题。因此在注重经济发展的过程中要关注环境,关注最广大人民的根本利益。而经济发展在宏观上生成了经济发展方式的概念,所以经济发展方式要代表最广大人民的利益。

(四)构建资源节约型与环境友好型社会

2005 年,党的十六届五中全会首次提出要加快建设资源节约型、环境友好型社会,即"两型社会"。2007 年 12 月长株潭城市群和武汉城市圈被国务院正式批准为"两型社会"建设试验区。从构想的提出过渡到实践的探索,彰显了"两型社会"建设的重要性与紧迫性。"两型社会"作为一种我们所追求的全新而美好的社会形态,它提出的深刻背景值得深入探析,它所追求的资源节约型和环境友好型的社会目标,是人类社会发展高级阶段的必然形态。[②]

1. 经济的向前发展需要节约资源

环境问题带来的负面影响——资源不足,不能用技术来弥补,要使经济继续向前发展,"深绿色"理念指出,必须在经济发展的同时,解决资源短缺、资源供不应求等对经济发展构成不利的诸多因素。

人类忧于资源,一直存在着资源之争。有考古资料为证,发生在原始社会后期的人类最早的战争,资源是诱导其战争的第一因素。在历经沧海桑田的当今时代,引发战争的诸多因素有领土资源、民族宗教、政治意识等,但在最近 60 年的世界战争中,直接或间接由能源和资源诱发战争的比例依旧高达 80%。现代战争是在为能源和资源而战:从 20 世纪上半叶的国土资源争夺战,到 20 世纪下半叶的石油争夺战,再到 21 世纪的水资源争夺战,战争的根

---

① 孙殿武、单伟民:《树立科学发展观推动经济与环境协调发展》,《环境保护科学》2005 年第 6 期。

② 蔡景庆:《"两型社会"是人类社会发展高级阶段的必然形态》,《江汉大学学报》(社会科学版)2011 年第 1 期。

源始终围绕资源和能源这两大主题。另外,在200多年的工业化进程中,有令人瞩目的工业文明、经济文明与社会文明,但与此同时,人类活动与资源环境之间的矛盾日益激化,资源短缺、环境污染、生态失衡等问题已成为世界经济社会发展的瓶颈。

　　资源节约型社会,它把整个社会经济建立在节约资源的基础上,包括在生产、流通、消费等领域,通过采取市场、行政、理念政治工作等各种综合性措施,达到人与自然和谐共赢的经济形态。[①] 它能提高包括人、财、物在内的全部要素资源的综合利用效率,实现以最少的资源消耗获得最大的经济利益这一现实目标,使人民享受在最优的社会福祉中,满足人们日益增多的物质和文化生活需要,保障经济社会可持续发展。"节约"在某一方面上,是相对浪费而言的节约,而从另一方面上看,它要求对资源、能源消耗减量化,其目的是使资源浪费现象得到有效遏制,资源管理水平得到一定提高。这不仅是一种经济增长方式的转变,更是一种全新的社会发展模式的新体现。它要求在生产、流通、消费的各个领域,在经济社会发展的各个层面,以节约能源资源和提高能源资源利用率为核心,以节能、节水、节材、节地、资源综合利用等为重点,尽可能减小资源消耗,获得尽可能大的经济社会效益,从而保障经济社会可持续发展。

　　2. 社会的繁荣昌盛需要与环境友好共处

　　环境作为人类赖以生存的空间,是社会的载体,是人类历史进步的"见证人","深绿色"理念追求实现环境保护与经济发展的双赢,它既重视经济发展也重视环境保护。

　　地球可能正上演着6500万年一轮回的生态环境悲剧。约6500万年前,被称为白垩纪末期的时代,全球严重暖化,当时地面上最强势的物种——恐龙——由此走向灭绝。在以后数百万年的历史中,许多物种经过"适者生存,不适者被淘汰"的进化原理,进而进化为今天的物种。当今,地球需花费数百万年才能排除的大气中多余的二氧化碳,在人类200多年来以煤炭和石化为支撑的工业化过程中又潜移默化地进入人类社会发展轨道,是否会再次人为地上演白垩纪末期的悲剧呢,在经济与环境两者之间天平的砝码又该垂青于

---

　　① 陈丽君、黄理稳:《科学发展观视野下的"两型社会"》,《企业导报》2011年第1期。

哪一边？据联合国气候变化委员会 2007 年发布的气候评估报告：过去 100年，全球平均地表温度升高了约 0.74℃；未来 100～150 年，全球地表均温可能升高 2.4℃～6.4℃。而科学家估测，如果地表均温升高 6℃，将是人类临近灭绝的温度：全球海平面将上升 4～6 米，陆地面积将减少 15%～20%，95% 以上的物种灭绝，全球降水量重新分配，冰川和冻土消融，干旱伴随着一系列自然灾害将随时出现。①

社会的繁荣昌盛是以环境清洁、优美、舒适，经济、生态协调、持久发展的环境友好型社会为基础的。环境友好型社会，是一种人与自然和谐共生的社会形态。其核心内涵在于人类的生产和消费活动与自然生态系统维持协调可持续发展，即要立足于人与自然的和谐，综合运用技术、经济、管理等多种综合性措施，发展和应用环境友好的科学技术，达成资源消耗少，资源和能源利用效率高，废弃物排放少的科学生产和消费体系，以降低经济社会的环境影响，使人类有能力对自然的开发和利用控制在生态、环境可自我更新的范围之内。具体来说，它是一种以人与自然和谐相处为目标，以环境所能承载的经济能力为基础，以遵循自然客观发展规律为核心，以绿色科学技术为动力，坚持优先保护，有序开发，合理划分功能，倡导环境文化与生态文明相结合，追求经济、社会、环境协调发展的社会，是实现人类社会繁荣昌盛的社会。

3. "两型社会"是前仆后继，承载光辉历史的新载体

历经数千年的人类文明能否避免步恐龙帝国灭亡的后尘，对环境与经济我们应该选择怎样的发展道路，是值得我们思考的一个问题。可以说，在社会主义制度下，走一条资源节约型、环境友好型经济发展道路是当代人类社会的必然选择。"深绿色"理念的主旨就是在发展经济的同时，解决环境问题的根源，既要节约使用资源又要取得经济的发展与环境的优化。由此看来，"深绿色"理念也提倡与主张构建两型社会。

"两型社会"是一种资源节约型和环境友好型的社会形态。它遵循科学发展观这一指导大旗，以构建资源节约型和环境友好型社会形态为最终目标。资源节约型社会是指整个社会经济的发展要以节约资源为基本前提，其核心

————————

① 王乃仙：《从人的对策看全球气候变暖》，《气象》2009 年第 2 期。

是资源的节约,其基本要求是经济社会的发展不得以浪费资源为代价;环境友好型社会是一种人与自然和谐共生的社会——自然形态,其核心内涵是人类的生产和消费活动与自然生态系统相协调地可持续发展。"资源节约型"和"环境友好型"相辅相成,相互影响,相互促进。其中,前者作为后者的前提,注重资源节约,维持和发展人与环境的和谐关系,而环境友好型理念则是建立在资源节约型实践的基础上,只有深刻领悟了这一理念,才有可能真正做到节约资源,自觉改善人与环境的关系。[①] 良性社会的构建以转变人们的消费方式和经济发展方式为核心,把科技创新和发展循环经济作为全新的经济社会发展形态。推进"两型社会"建设,把经济运行过程与资源运行过程、生态环境运行过程、社会运行过程紧密结合,实现可持续发展,追求生态文明。建好"两型社会",有助于统筹人与自然和谐发展,有利于实现人的全面发展和自由解放,完全体现了马克思描述的"自由王国"对人的属性的内在要求。

---

① 陈化水:《关于"两型社会"建设中政治权力和公民权利演化的思考》,《前沿》2011年第3期。

第四章 "深绿色"经济发展的主要动因

　　"深绿色"经济发展是当今时代的课题和发展趋势,是解决我国经济发展与生态矛盾的必然选择,是全面建设小康社会和现代化的根本要求,是构建社会主义和谐社会的基本要求。

一、当今世界的时代课题和发展趋势

(一)环境发展重要性日益显著

　　环境问题越来越成为国际社会关注的焦点,也日益成为人类生存的一大威胁,因此环境发展问题渐渐同和平与发展共称为当今世界的时代主题。诗人海涅曾说过,每个时代都有它的重大课题,解决了它,就把人类社会向前推进一步。① 在越来越多的国家将环境问题纳入国家政策体系的同时,数以万计的科学家、环境学家、环保主义者以及热衷于为环境的改善而不懈努力的人们也开始对环境问题进行深入的研究。

　　1.环境问题的内涵

　　环境问题,又称环境危机,大致是指由于人类活动作用于周围环境所引起的环境质量的变化,以及这种变化对人类的生产、生活和健康造成的影响。《自然辩证法大百科全书》这样解释环境危机:"具体是指人类活动引起的环境污染与破坏,乃至整个环境的生态退化趋势和资源、能源面临枯竭的趋势。"②环境问题多种多样,大致可分为两类:一类是自然演变和自然灾害引起的原生环境问题,也叫第一环境问题。如地震、干旱、洪涝、崩塌、滑坡、泥石流

---

① 余谋昌:《创造美好的生态环境》(序言),中国社会科学出版社1997年版,第1页。
② 《自然辩证法大百科全书》,中国大百科全书出版社1995年版,第191页。

等。另一类是人类活动引起的次生环境问题,也叫第二环境问题。次生环境问题一般又分为环境污染和环境破坏两大类。如乱砍滥伐引起的森林植被的破坏,过度放牧引起的草原退化,大面积开垦草原引起的沙漠化和土地沙化,工业生产造成大气、水环境恶化等。到目前为止已经威胁人类生存并已被人类认识到的全球环境问题主要有全球变暖、臭氧层破坏、酸雨普降、淡水资源危机、能源短缺、森林资源锐减、土地荒漠化、生物多样性急剧下降等众多方面。余谋昌先生曾把这些全球环境问题从性质上划分为"第一代"和"第二代"。① 环境问题的第一代,主要是指生态宏观破坏,具有区域性和中等规模的性质,包括:燃料和其他化石燃料引起的烟尘和二氧化硫的城市大气污染,工业生产排放的废水和生活污水引起的水质恶化,土地不合理开发利用引起的水土流失与沙漠化,森林和自然植被减少引起的生物多样性急剧下降等。环境问题的第二代,主要是指环境问题具有全球规模的性质,且对人与生物的影响比第一代要大得多,如全球气候变暖、臭氧层破坏、酸雨普降、有毒废料转移、生物多样性减少等。② 第二代环境问题具有全球规模的影响力,由此也证明,环境问题变得越来越严重,对人类的生存发展威胁力也越来越大。

2.环境问题的发展演变

环境问题是一个非常现实的问题,它影响着人类生活的方方面面。但环境问题不是从 20 世纪出现的,它同人类文明相伴而行。回溯悠久的中国文明史,漫长的农耕社会中,虽然人们很早就懂得"制天命而用之"的道理,但由于生产力水平低下,人类在改造自然方面的力量是有限的,人类在有限改造自然的基础上,获取了其所需的物质生活资料,人类社会与自然界之间的关系总体上是和谐的。环境问题日益严重开始于近代,尤其是工业革命之后。工业革命中,科学技术发展突飞猛进,使得人们改造自然的能力也大大增加。蒸汽机的使用,内燃机的发明,电力化学等工业如雨后春笋般纷纷建立,人们沉浸在依靠自己的头脑而获取丰富的物质财富的喜悦当中,忽视了人类社会对环境

① 余谋昌:《创造美好的生态环境》,中国大百科全书出版社 1997 年版,第 49 页。
② 高中华:《环境问题抉择论——生态文明时代的理性思考》,社会科学文献出版社 2004年版,第 7 页。

造成的日益严重的破坏。但此时的环境问题仅限于局部,至20世纪,环境破坏已具有全球性的规模。

20世纪科学技术得到长足发展,工业化、产业化日益完善与成熟,为了满足人们日益增长的物质文化需求,人类不计后果地扩大和加深对环境资源的开采使用,环境资源损失严重,加上工厂的普遍建立,人口的急剧增加,废弃物的排放日益超出了环境的净化能力,加重了地球的负担。一些大规模的环境问题日益凸显,如土地沙漠化、森林覆盖率降低、生物多样性减少、全球气候变暖、冰川融化等构成了所谓的全球性环境问题。由此,环境问题从边缘问题上升为社会的中心问题。佛里乔夫·卡普拉在其《转折点》一书中曾认为:"在本世纪(即20世纪,作者注)最后20年伊始之时,我们发现我们自己处于一场深刻的、世界范围的危机状态之中。这是一场复杂的、多方面的危机。这场危机触及我们生活的每一方面——健康与生计,环境质量与社会关系,经济与技术及政治。这是一场发生在智力、道德和精神诸方面的危机,其规模和急迫性在人类历史上是空前的。我们第一次不得不面临着人类和地球上所有生命都可能灭绝这样一场确确实实的威胁。"[①]

3. 环境问题的全球性

环境问题之所以被认为是一个大问题,主要原因便是它的全球性。环境问题之所以具有全球性具有诸多原因:首先,其分布的范围及影响具有全球性。众所周知,环境问题与人类不合理利用自然资源及不当的生产发展活动密切相关。环境问题并不局限于一个地区或国家,它存在于世界的各个角落,只要有人类活动存在的地方,就多多少少存在环境问题。地球上的岩石圈、大气圈、水圈、生物圈和人类圈之间不可分割的紧密联系使得一地的环境破坏不可避免会影响到世界的其他地区。最有代表性的例子就是2011年日本福岛第一核电站1号反应堆所在的建筑物爆炸,导致日本核泄漏,对周边海域和大气造成污染,严重威胁着邻近国家和地区人们的身体健康。环境问题正在从更深层次影响人类的生存发展,它"不仅仅涉及人类物质生产领域中的人的物质生产方式和生活方式,如社会物质生产的农业、工业和第三产业,还影响到人的精神生产和生活方式,如科学技术、宗教、文学艺术和道德生活等,甚至

---

① 佛里乔夫·卡普拉:《转折点》,四川科学技术出版社1998年版,第3页。

危及人类的健康与生存,人的未来与发展"。① 这些现实让我们不得不承认环境问题正在深度和广度上不断发展,世界上各个地区都面临环境问题的威胁。其次,经济全球化迅猛发展。世界经济活动超越国界,通过对外贸易、资本流动、技术转移、提供服务、相互依存、相互联系而形成了全球范围的有机经济整体。经济全球化是当代世界经济的重要特征之一,也是世界经济发展的重要趋势。经济全球化,有利于资源和生产要素在全球的合理配置,有利于资本和产品全球性流动,有利于科技全球性的扩张,有利于促进不发达地区经济的发展,是人类发展进步的表现,是世界经济发展的必然结果。但是,通过跨国公司各类工厂和产业涌向世界各地,尤其是污染较为严重的第一、二产业,从局限于发达国家扩展到广大的发展中国家,而发展中国家因为经济技术水平低,缺乏能力有效控制环境污染和生态破坏,在经济利益的驱使下,不少地区在获得经济发展的同时加重了环境问题。最后,环境问题的全球性,已经成为当今各国政府、各种国际组织思考和解决的主要和重要问题。各国政府已经开始把环境议题放在议事日程的重要位置,各种环境会议、各项环境协议纷纷出炉,民众的环保意识也大为增强。环境问题的全球性再次证明人类面临的环境危机是一个全球性危机,能否找到解决这一问题的正确道路,关系到人类未来的生存与发展,这是一个时代性课题和世界性的难题。

4. 环境问题与当代中国

世界环境问题日益全球化,使得中国不能置身事外,并且,当代中国的环境破坏和生态危机也日益严重。中国本身是一个发展中国家,人口数量多、基数大,对自然资源的消耗量也大,加之中国的生产力水平及科学技术发达程度较之发达国家还有一定差距,这些现状使得中国在长时间的发展过程中更多地看重生产的效率而忽视了这种粗放式的发展对环境和生态可能造成的危害。特别是改革开放以来,伴随着我国工业化、城市化、现代化进程的不断加快,环境与发展问题、生态与经济的矛盾日益尖锐,严重影响了中国经济社会的可持续发展和生态环境的协调,中国环境演变趋势不容乐观。首先,中国经济增长速度加快,而资源压力增大。纵观中国经济发展,"八五"期间中国经

---

① 高中华:《环境问题抉择论——生态文明时代的理性思考》,社会科学文献出版社 2004 年版,第 4 页。

济增长速度都达到两位数,"九五"期间增长速度也达到8%～9%,这种高速经济增长,加重了原本已紧缺的环境资源问题,使中国的生态平衡又遭到进一步破坏的风险。其次,高能耗、高物耗、高污染的工业行业发展,威胁生态平衡。这些工业行业,多为以煤、石油、电力为代表的能源工业和以冶金、水泥、化工原料为代表的原材料产业,它们消耗大量的能源、资源,但由于技术水平低,能源、资源利用率低,而且排放较多的废弃物,对生态环境的威胁较大。最后,自改革开放以来,中国乡镇企业的迅猛发展,加重了农村生态环境的污染状况。乡镇企业基本还处于原始积累阶段,管理粗放、技术水平低、资源浪费较严重,缺乏必要的环保措施,污染速度加快。中国自身面临的生态环境问题已较为严重。但不可否认的是,中国随着全球化的日益发展已经不可避免地加入了全球环境问题的行列,而且中国的一些环境问题,如大气污染、沙尘暴等已经对其他国家和地区产生了影响,相应地,中国也受到了来自其他国家和地区环境问题日益严重的威胁。

环境问题的严重性引起了中国几代领导人的热切关注,李鹏曾指出:"近几年来,环境与发展问题的重要性和紧迫性越来越被国际社会所认识,许多国家的政府和议会都把正确处理和协调环境与发展二者之间的关系,列入重要议事日程。"[1]近年来,党中央号召的可持续发展战略及构建和谐社会的方针政策都体现出党和国家领导人站在时代前列,把握时代脉搏,对环境发展这一新的时代课题的高度关注。"历史表明,只有正确认识和把握时代特征和世界发展的总趋势,科学制定和实施符合我国实际和人民愿望的目标和任务,我们党才能始终站在时代发展的前列和中国社会发展进步的浪潮中。"[2]

(二)国际合作共促环境发展

1. 环境问题成为时代主题

邓小平曾作出过和平与发展是当今时代主题的科学论断。这是对当时时代特征和总体国际形势的科学判断,是制定正确的路线、方针、政策的重要依

---

① 《新时期环境保护重要文献选编》,中央文献出版社、中国环境科学出版社2001年版,第505页。

② 《十六大以来重要文献选编》(下),中央文献出版社2008年版,第522页。

据。第二次世界大战后,世界出现的第三次科学技术革命即新科技革命,深刻地改变了当今经济社会生活和世界面貌。首先,新科技革命使世界经济关系发生了重大变化。新科技革命引起的经济全球化发展,各国在经济、技术上相互渗透,经济联系日益密切。同时,各国之间又充满了矛盾和激烈竞争,而矛盾和竞争的核心是经济问题,这就使经济发展成为各个国家首要目标。其次,新科技革命和世界经济的发展,使世界政治格局也发生了重大变动。世界多极化的趋势逐渐显现,国际形势总体上出现了相对和平的发展趋势。尽管世界总体和平,局部动荡,战争仍有发生的可能,但制止战争的因素也在逐步增长,在较长时期内不发生大规模的世界大战是有可能的。总之,世界要和平,国家要发展,社会要进步,成为时代的潮流。邓小平根据世界经济与政治发生的重大变化,敏锐地把握到时代主题的改变,及时提出和平与发展已经成为当今世界的两大主题的科学论断,是符合历史潮流的。

随着时代的发展,环境问题重要性日益显著,并对当代社会发展有着举足轻重的作用。首先,环境问题的严峻性威胁到人类的生存和发展。随着工业化、现代化和城市化的发展,环境污染和生态破坏的速度日益加快,加之环境问题的全球性的特征,使环境问题在全球范围内蔓延,影响到世界的各个角落,威胁到各个国家的长久发展,各国开始把环境问题列为国之要务,并且携手努力,共同克服环境危机。其次,科学技术迅猛发展,为缓解环境问题提供了可能性。最后,民众环境意识普遍提高。随着经济财富的增加,人们生活水平的提高,人们开始关注自己生活的质量。人们不愿在大气、水等受污染的环境中生活,开始呼吁政府增加治理环境污染的力度,自觉组建参与环保组织,宣传环境保护的重要性。如今,保护环境已经成为世界性的话题,渗透到每个人的生活之中。环境问题的极端重要性,使它与和平、发展一样成为当今时代的一大主题,这是符合时代趋势的。

和平、发展与环境同为时代主题,三者之间关系密切。促进经济发展和保护环境离不开世界的和平。没有了和平的环境,战争与动荡不仅不能为经济的发展提供最基础的发展条件,反而极易对生态环境造成毁灭性的打击。而且经济得不到应有的发展,不仅容易因为贫穷引发战争,破坏和平,而且落后的生产方式只会加重人类对自然环境和资源的破坏。此外,因为环境问题而引发的新型战争开始登上人类社会的舞台,威胁着世界的和平与经济发展。

综上所述,因为时代的需求,环境已同和平、发展共同构成了时代的主题,成为当今最为引人注意的问题之一。

2. 各国携手应对环境问题

事实证明,一个国家或地区对环境问题的治理能力是远远不够的,环境问题的全球性特征决定了要缓解环境和生态危机就必须进行国际合作,只有各个国家、地区共同携手才能更为有效地遏制环境恶化。那种以邻为壑,推卸责任,自扫门前雪的行为只会让原本严重的问题继续加重。

早在人们意识到环境问题严重之时就已经开始了各种类型的国际合作以求缓解环境问题。如1972年联合国人类环境会议在斯德哥尔摩举行,首次签署了《联合国人类环境宣言》(简称《环境宣言》),呼吁各国政府和人民为维护和改善人类环境、造福后代而共同努力;1992年,在巴西里约热内卢联合国召开了环境与发展大会,签署了《里约热内卢环境与发展宣言》(简称《里约宣言》)等一系列文件,否定了以往那种"高生产、高消费、高污染"的传统发展模式和"先污染,后治理"的道路,并使得可持续发展概念得以广泛接受。该会议还缔结了《联合国气候变化框架公约》,该公约是世界上第一个为全面控制二氧化碳等温室气体排放,以应对全球变暖给人类经济和社会带来不利影响的国际公约,也是国际社会在应对全球气候变化问题上进行国际合作的一个基本框架。在此框架下,召开了一系列会议并签订一系列公约及协定,如:1997年在日本京都召开《气候框架公约》第三次缔约方大会,签订了《京都议定书》;2009年在哥本哈根召开世界气候大会;2010年在坎昆召开世界气候大会等。这些会议及条约对于控制温室气体排放、节约能源、合理分派发达国家同发展中国家环境保护的责任义务方面起了重要的作用。

国际合作对于应对环境问题是极为有益的尝试,不仅能够更为有效地遏制环境问题,而且提高了各国政府及民众对于环境问题重要性的认识,同时还促使世界各地的绿色环保组织和个人也积极投入到环境保护的热潮中去,成立环境管理机构,出资进行环境课题研究,培养专门的环境研究专业人才等。各种环境保护理念也随之兴起和发展,相关的绿色理念开始走向成熟并逐渐深入人心。

(三)"深绿色"发展成为时代发展的趋势

随着环境问题日益引起人们的关注,对于如何解决环境问题的研究也越来越热门,各种环境理论如雨后春笋,层出不穷。然而,进行环境问题研究必须首先清楚地知道环境问题产生的原因是什么,这样才能对症下药,提出解决问题的正确道路。

1. 环境问题产生的根源

环境问题表面看来是人与自然相处不协调而形成的矛盾,然而该矛盾后面还隐藏着人与人、人与社会的环境利益之争。当今环境问题产生的原因多种多样,但主要有两大根源:经济根源和思想根源。

环境问题产生的经济根源。人类为了生存就必须从事物质生产,而物质生产必须以环境资源为基础,物质生产与环境间形成这样或那样的关系。人们过于追求经济发展的速度,忽视了发展经济的方式方法。采用粗放式经营方式,耗费大量资源,形成大量废弃物。当人们对于环境资源的索取超过了环境资源替代及再生速度,向环境排放废气物的数量超过了环境自净能力时,环境问题开始出现。尤其是工业革命之后,工业化的迅速发展,在极大提高生产力水平和人类生活水平的同时,也带来了前所未有的环境问题,如人口与城市化的巨大压力,自然资源过度开发利用,生态环境恶化,水污染、大气污染加剧等,特别是20世纪中叶"世界八大公害"事件,无一不显示了环境问题的严重性。而这些环境问题可以认为是工业革命的直接或间接产物,此时经济发展与环境保护的矛盾开始迅速激化。面对环境的日益恶化,我们的应对是迟缓的,环境保护的技术水平是落后的,物质生产方式和相应的技术水平需要进行变革。

环境问题产生的思想根源。首先,现行工业观念存在问题。目前,各个国家衡量经济发展的一个重要指标就是国内生产总值,并常被公认为衡量国家经济状况的最佳指标。它不但可以反映一个国家的经济表现,更可以反映一国的国力与财富。但是该衡量标准并没有将经济发展所付出的生态资本考虑在内,错误地认为生产中消耗的自然资源不会枯竭,因而采取竭泽而渔的发展方式,注重效率而忽视质量,注重局部而忽视整体,注重当前而忽视未来,毫不顾及子孙后代的长久发展。这是一种严重失衡的价值观。"这些价值导致了过度强调硬技术、浪费性消费以及对自然资源的快速利用,所有这一切都是固执地追求增长所导致。经济、技术和组织的无差异增长仍然被多数经济学家认为是'健康的'经济标志,尽管这种无差异增长正在引起生态灾难。"①其次,经济发展与环境保护相对立的观点存在偏颇。随着工业化的日益发展,越来越多的人们意识到现有发展模式的缺陷,甚至开始不遗余力地抨击经济发展,把工业化的发展看做是环境的大敌,后来甚至发展到将经济发展与环境保护相对立。这意识到在发展经济的同时,忽视了环境的保护,这是难能可贵的,但是,将经济发展与环境保护对立起来的观点有失偏颇。环境与经济发展密切相关,但不能将环境破坏的原因完全归结为经济的发展。经济是人类生存的基础,离开经济发展,我们不仅无法摆脱环境问题,还会威胁到人类的生存,更谈不上人类其他的发展。没有哪个国家会愿意降低经济发展水平,甘于贫困。由此可见,解决环境问题的关键不在于经济的发展水平,而在于选择怎样的经济发展道路。

2. "深绿色"理念是时代绿色理念深化的必然结果

环境问题日益严峻,选择正确的发展道路成为我们的当务之急。面临已经威胁到人类生存的环境问题,许多学者纷纷提出解决问题的良策,其中影响最大的就是绿色理念。根据其对于环境问题认识程度、理解深度、思想观念的不同,又被细分为"浅绿色"理念和"深绿色"理念。

正如本书前两章所讲,二者之间有一定差异。由"浅"到"深"不仅仅是表达方式的不同,更是理念的深入。"浅绿色"经济的兴起对环境问题的解决起了一定影响,促使环境意识逐步觉醒,环保组织相继建立,环境保护运动日益全民化、普及化,国家环境立法日益完善,污染治理力度日益加强,环境保护投资加大,使原有的环境生态破坏情况好转,生态环境状况有较大改善。但"浅绿色"的环境观念,存在与当代环境生态健康发展不和谐的因素。首先,在经济发展观念上,"浅绿色"的环境观念偏重于技术的重要性,认为生态危机中产生的所有物质技术问题都能用技术解决,这夸大了技术的重要性,忽视了环境问题生成的经济根源,其结果是对旧的工业文明方式的调整或补充。其次,在价值理念上,它仅停留在人类中心主义的价值观水平,甚至在经济观上把环境与发展对立起来,不能有效地解决人类发展与环境之间的矛盾,而且加剧了矛盾的复杂性,同时对环境问题的解决也产生不利影响。"浅绿色"思想认为各国有按其环境政策开发的权利,同时对其他国家和地区的环境造成损害也

---

①　佛里乔夫·卡普拉:《转折点》,四川科学技术出版社1998年版,第383页。

不负有义务,这种观点忽略了环境问题的全球性,阻碍了国际合作共同携手解决环境问题的步伐。"浅绿色"经济的这些观点、主张,未能更好的解决环境问题产生的思想根源,这就决定了它不可能成为解决环境问题的正确、长久的方案,必将被更加先进的方案所代替。

"深绿色"环境观念要求将环境与发展进行整合性思考,要求对人类文明从物质层面、体制层面、价值层面实行全方位的变革。在物质层面,"深绿色"思想呼吁对现有的物质生存方式以及相应的技术手段进行变革。这就要对现有的低水平的,以高污染、高投入、高消耗为特征的生产方式进行深入改革。发展"深绿色"经济要求在提高生产水平的同时,提高技术水平,包括绿色生产技术及环境保护的技术等。"深绿色"思想紧抓环境问题产生的经济根源,从最为关键的部分进行改造,比"浅绿色"思想更加深入,效果更为明显。"深绿色"思想在价值理念方面要求人类的价值观念在对待自然、对待后代、对待贫穷方面发生革命性的变化,主张人与自然和谐统一,在环境与经济和谐的基础上进行发展,尊重人类创造力的同时也尊重自然,重视技术重要性的同时,并不盲目崇拜技术的万能性。这就从思想根源上明确了解决当代环境生态问题应具备的符合时代发展潮流的、正确的思想观念。事实证明,"深绿色"理念的兴起已取得了一定的成果。在其指导下,人们的环保理念得到更加广泛的传播和更加深入的发展,唤醒了世界各国携手保护环境的强烈欲望,在发展经济的同时,人们更加注重对环境的保护。人们开始从环境问题产生的根源处探求解决问题的出路,这对环境问题的解决产生了极大的推动作用。但我们也不可否认,一个思想观念必须随着时代的发展而不断完善自己,这样才能不被时代所抛弃,因此"深绿色"经济理念仍需进一步地发展与完善,以期更加为时代所需要。

二、全面建设小康社会和现代化的根本要求

全面建设小康社会是进行社会主义现代化建设的短期目标,建设社会主义现代化则是全面建设小康社会的长远目标。无论是建设全面小康社会还是进行社会主义现代化建设,都必须处理好经济发展与环境保护的关系,都必须以雄厚的经济基础和良好的生态环境为依托。因此,生态经济的协调发展是

全面建设小康社会和进行社会主义现代化建设的根本要求。

(一)全面建设小康社会的根本要求

1. 小康社会的提出及发展演变

"小康"一词最早源于《诗经》:"民亦劳动止,汔可小康。"《辞海》对该词汇的解释是:"家庭生活比较宽裕,可以安然度日。""小康社会"是邓小平在20世纪70年代末80年代初构建的中国经济发展的蓝图。1979年12月6日,邓小平在会见日本首相大平正芳时用"小康"一词来描述中国式的现代化。1982年9月,党的十二大指出从1981年到本世纪末的20年,我国经济建设总的奋斗目标是,在不断提高经济效益的前提下,力争使全国工农业总产值翻两番……实现这个目标,城乡人民的收入将成倍增长,人民物质生活可以达到小康水平。该会议首次使用"小康"概念,并把它作为主要奋斗目标和我国国民经济和社会发展的阶段性标志。1987年,党的十三大确立了"三步走"的发展战略:第一步,是在80年代翻一番,以1980年为基数,当时国民生产总值人均只有250美元,翻一番,人均达到500美元,解决人民的温饱问题;第二步,是到20世纪末,再翻一番,人均达到1000美元,进入小康社会;第三步,在下世纪再用30到50年的时间,再翻两番,大体上达到人均4000美元,基本实现现代化,达到中等发达国家的水平。其中第二步就是强调努力使人民生活达到小康水平。随着中国特色社会主义建设事业的深入,其内涵和意义不断地得到丰富和发展。以江泽民同志为核心的党中央,深刻阐明在新形势下抓住机遇、深化改革、扩大开放、加快发展、保持稳定必须正确处理的一系列重大问题,坚持与时俱进,把发展作为执政兴国的第一要务,以发展的办法解决经济社会存在的矛盾和问题,开创了中国特色社会主义建设的新局面。胜利实现了现代化建设"三步走"战略的第一步、第二步目标,人民生活总体上达到小康水平。而此时的小康还是低水平的、不全面的、发展很不平衡的小康水平。党的十五大上提出了"新三步走"战略,实际上是将"三步走"战略中的第三步目标和步骤进一步具体化,作出新的战略规划。中共十六大报告明确提出了"全面建设小康社会"这一概念。江泽民在十六大上指出,我们要在本世纪头20年,集中力量,全面建设惠及十几亿人口的更高水平的小康社会,使经济更加发展、民主更加健全、科教更加进步、文化更加繁荣、社会更加和谐、人民生活更加殷实。十六大把六个"更加"的总体目标从经济、政治、文化、生态四个方面进一步具体化,使之更加符合实际,更具可操作性,更加符合人民群众利益。十七大在继承原有精神的基础上,强调我们必须适应国内外形势的新变化,顺应各族人民过上更好生活的新期待,把握经济社会发展趋势和规律,坚持中国特色社会主义经济建设、政治建设、文化建设、社会建设的基本目标和基本政策构成的基本纲领,努力建设全面小康社会,并提出了新的要求:一是增强发展协调性,努力实现经济又好又快发展,转变发展方式,在保护环境的基础上实现经济的快速增长;二是扩大社会主义民主,更好地保障人民权益和社会公平正义;三是加强文化建设,明显提高全民族文明素质;四是加快发展社会事业,全面改善人民生活;五是建设生态文明,基本形成节约能源资源和保护生态环境的产业结构、增长方式、消费模式。加快建设资源节约型和环境友好型社会,采用高科技降低环境污染和资源消耗,发展绿色生态经济。

2.全面建设小康社会与生态环境保护

全面小康社会是一个包含了经济、政治、文化、生态、科教等多种内容在内的综合体系。从"解决温饱",到"更加宽裕";从"总体小康",到"全面小康"。小康社会奋斗目标不断地发展和完善,表明我们党对什么是小康社会、如何建设小康社会的认识的飞跃。在这个认识飞跃中,最显著的一点就是对生态环境重视程度的不断增加。温家宝曾指出:"全面建设小康社会,不仅包括经济建设、政治建设、文化建设、社会建设,还包括生态环境建设,使整个社会走上生产发展、生活富裕、生态良好的文明发展道路。现在看来,全面小康的经济目标,经过努力完全可以达到,而要达到小康社会对环境的要求难度很大。今后,随着经济总量不断扩大和人口继续增加,污染物产生量还会不断增多,生态压力还会进一步加大,环境问题会更加突出。如果到那时,经济发展了,生活富裕了,但人居环境恶化了,那就不能说全面建成了小康社会。"[①] 2002 年,江泽民在党的十六大报告中明确提出全面建设小康社会的四大奋斗目标,其中之一是"可持续发展能力不断增强,生态环境得到改善,资源利用效率显著提高,促进人与自然的和谐,推动整个社会走上生产发展、生活富裕、生态良好

---

① 《全面落实科学发展观　建设环境友好型社会》,红旗出版社 2006 年版,第 5~6 页。

的文明发展道路"。①2005 年在省部级主要领导干部提高构建社会主义和谐社会能力专题研讨班上,胡锦涛指出:"我们正面临着并将长期面对一些亟待解决的突出矛盾和问题,我国经济社会发展也出现了一些必须认真把握的新趋势新特点,首要的就是资源能源紧缺压力加大,对经济社会发展的瓶颈制约日益突出等。实现全面建设小康社会的宏伟目标,就必须正确应对这些矛盾和问题。这既是全面建设小康社会的重要内容,也是实现全面建设小康社会宏伟目标的重要前提。"②由此可见,实现经济生态的协调发展也是全面建设小康社会的根本要求。

十六大报告强调,可持续发展能力要不断增强,生态环境要得到改善,资源利用效率显著提高,促进人与自然的和谐,推动整个社会走上生产发展、生活富裕、生态良好的文明发展道路。目前我国生态环境形势相当严峻,环境污染严重,生态恶化的趋势尚未得到有效遏制,环境违法行为处罚力度不够,环保的各项措施和政策尚不健全。未来的 20 年,我国将全面建设小康社会,在这一过程中,人口的持续增长将对本来就脆弱的生态环境带来空前的压力;城市化进程也会对环境安全形成冲击;经济发展高速度下工业污染压力将更为突出;随着人民生活水平的提高,人民群众对改善环境质量的要求更加强烈。这都说明,生态环境质量要达到与全面建设小康社会相适应,难度很大。必须加快发展模式的转变,协调经济建设与生态环境的关系。

为此胡锦涛总书记在十七大报告中谈到实现全面建设小康社会奋斗目标时,提出了"建设生态文明"的新要求。我们要在全面建设小康社会过程中,努力建设生态文明。一是应贯彻落实好科学发展观的要求。用科学发展观来统领生态文明建设,深入贯彻落实科学发展观,围绕着发展特别是经济发展搞好生态文明建设。在生态文明建设过程中应坚持以人为本,走生产发展、生活富裕、生态良好的文明发展道路,建设资源节约型、环境友好型社会,坚持速度和结构质量效益相统一、经济发展与人口资源环境相协调,使经济建设和生态文明建设都能够全面协调可持续,真正走好绿色发展之路。二是应牢固树立生态文明的观念。生态文明,就是人们在生产生活过程中,既适当地改造和利

① 《江泽民文选》第二卷,人民出版社 2006 年版,第 544 页。
② 《十六大以来重要文献选编》(中),中央文献出版社 2006 年版,第 69~70 页。

用自然,也不断地促进自然的发展,改善人与自然的关系。随着生态哲学、生态经济学、绿色生态理念及技术的产生和发展,人们对生态文明的认识也越来越深入。在此基础上要牢固树立"深绿色"理念,在全社会大力倡导环境保护意识和绿色消费意识,大力弘扬人与自然和谐相处的重要性,使人们追求更加绿色环保的生活环境。三是应科学解决经济发展与环保的矛盾。在经济建设过程中应重视和解决环境生态的污染和破坏等问题,应努力使人们的生产生活与其生活环境相协调,应制定和完善生态环境保护的一系列制度、法规,采取和改进相应的对策、措施,应提倡生态环境保护意识,使环保意识深入人心。四是应正确处理社会与自然的关系。人与自然本应是和谐的一体,自然是人们赖以生存和发展的基础,自然的发展演变也需要人类的推动,而社会生存和发展在一定程度上一定范围内破坏和影响了自然的发展。要实现人与自然的和谐,应在全面建设小康社会过程中,努力改善和优化社会与自然的关系,一方面使自然界能够更有利于人类的生存、发展;另一方面使社会的存在和发展对自然的负面影响降到最低,并尽可能促进自然的持续和健康发展。

　　全面建设小康社会离不开良好生态经济的发展,良好的生态是全面建设小康社会的根本目标,也是全面小康社会实现的基础和前提。

(二)建设社会主义现代化的根本要求

1.建设社会主义现代化的提出及发展演变

　　现代化常被用来描述现代以来发生的社会和文化变迁的现象。按照马格纳雷拉的定义,发展中的社会,进行文化与社会变迁是为了获得发达的工业社会所具有的一些特点,是一种包容一切的全球性过程。从历史上讲,它主要指世界各国以西欧及北美地区近现代以来形成的一些价值为目标,寻求新的发展方向的过程。一般而言,近代化包括了学术知识上的科学化,政治上的民主化,经济上的工业化,社会生活上的城市化,思想领域上的自由化和民主化,文化上的人性化等。现代化是人类文明发展的重大表现,是文明要素的创新、选择、传播和退出交替进行的过程,是各国为了应对国际竞争争先恐后必得的目标。现代化的核心是生产力的发展和人的个性的展现。当今现代化可以理解为四个过程:技术的发展;农业的发展;工业化;都市化。

　　我国追求现代化的步伐早已开始,并且从最初就具有中国特色。早在民主革命时期,党就对我国现代化的建设有所认识。1945 年 4 月,毛泽东在《论联合政府》中就曾指出:"中国工人阶级的任务,不但是为着建立新民主主义的国家而斗争,而且是为着中国的工业化和农业近代化而斗争。"1953 年党提出的过渡时期总路线,即把实现国家工业化作为主体。在总路线中,首次提出要建立现代化的工业、现代化的农业、现代化的国防和现代化的交通运输等四化目标。1954 年 9 月,在一届全国人大第一次会议的政府工作报告中,周恩来明确指出:"如果我们不建设强大的现代化的工业、现代化的农业、现代化的交通运输业和现代化的国防,我们就不能摆脱落后和贫困,我们的革命就不能达到目的。"但需要注意,这里提的"四化"建设,主要体现对物质文明的要求,还没有将其与社会主义联系起来。1957 年毛泽东提出了建设现代科学文化的要求。同时,毛泽东《在中国共产党全国宣传工作会议上的讲话》中明确提出将中国建设成为"一个具有现代工业、现代农业、现代科学文化的社会主义国家"。① 首次把现代化与巩固社会主义制度、建设社会主义国家联系起来,阐明经济上的现代化是建设社会主义的基础。1959 年年底到 1960 年年初,毛泽东第一次完整地提出了关于四个现代化思想。建设社会主义,原来要求是工业现代化、农业现代化、科学文化现代化,现在要加上国防现代化。随后,周恩来将"科学文化现代化"改为"科学技术现代化",提法更为确切。到此,四个现代化内容完整提出,并有了科学表述,成为我国社会主义经济建设战略目标的完整概念。1964 年 12 月,在全国三届人大会议上,根据党中央和毛泽东的提议,第一次正式提出要在本世纪内实现四个现代化的奋斗目标。

1978 年,十一届三中全会的召开标志着:中国从此进入了改革开放和社会主义现代化建设的历史新时期,中国共产党从此开始了建设中国特色社会主义的新探索。全会本着"解放思想、实事求是"这一马列主义的基本原则,作出了把全党全国工作重点转移到社会主义现代化建设上来的重大决策,为社会主义事业的健康发展规定了正确的航道。会议指出:"实现四个现代化,要求大幅度地提高生产力,也就必然要求多方面地改变同生产力发展不适应的生产关系和上层建筑,改变一切不适应的管理方式、活动方式和思想方式,因而是一场广泛、深刻的革命。"会上反复强调把我国建设成现代化的、伟大

---

① 《毛泽东选集》第五卷,人民出版社 1977 年版,第 404 页。

的社会主义强国。从此中国进入了以实现四个现代化为中心任务的新时期，使历史出现了真正伟大的转折。1982年党的十二大将教育列为经济发展的战略重点之一。1986年党的十二届六中全会通过了《关于社会主义精神文明建设指导方针的决议》，阐述了社会主义精神文明建设的地位，强调发展社会主义精神文明建设是发展社会主义现代化的需要。20世纪80年代以来，我国现代化建设在物质文明和精神文明方面取得了极大的成就。我国的现代化从此不仅注重物质文明建设，同时注入了精神文明建设的要义，使社会主义现代化内容更加丰富多彩。

2. 中国现代化进程的特点

中国的现代化在最初发展之时就带有中国的特色。中国现代化建设的道路蓝图，不是凭空臆想出来的，而是在深入研究中国基本国情基础上发展而来的。中国的现代化有着深厚的现实基础，并在我党和人民探索的过程中具备了深厚的理论基础。中国的现代化进程有着以下两个显著特点。

首先，中国的现代化进程始终与中国特色社会主义相伴而行。中国发展现代化始终是以中国特色社会主义为指导思想的。新中国成立之初，经济一片凋敝，急需发展生产力，但当时只有苏联这一社会主义国家在国家发展中取得巨大的成就，我们也只有苏联模式这一种经济发展模式可以借鉴，但我们在借鉴苏联经济发展经验的基础上，仍然不曾动摇地坚持着中国特色。毛泽东提出的过渡时期总路线及后来在中共八大上提出的发展社会主义生产力的一系列政策、措施都符合我国经济发展的基本国情，虽然这些正确决策受到"左"的错误的干扰和"文化大革命"的破坏没能够贯彻实施下去，但是其体现出的思想方针是正确的，并对后来继续探索社会主义建设提供了宝贵的经验借鉴。1978年，党的十一届三中全会把党的建设重新转移到以经济建设为中心的社会主义现代化建设上来。积极探索符合国情的现代化道路。1982年，中共十二大提出建设有中国特色社会主义这一重大理论。邓小平说："我们的现代化建设必须从中国的实际出发……把马克思的普遍真理同我国的具体实际结合起来，走自己的路，建设有中国特色的社会主义，这就是我们总结长期历史经验得出的基本结论。"①1987年中共十三大，系统地论述了社会初级

---

① 《邓小平文选》第三卷，人民出版社1993年版，第2～3、78、117、373页。

阶段理论,明确阐述了"一个中心,两个基本点"的基本路线,初步概括了建设有中国特色社会主义理论的轮廓。此后,我党对建设有中国特色社会主义理论进行了更全面、更系统、理论性更强的概括。

其次,从经济现代化到促进人的全面发展,中国现代化内涵更加丰富完整。经济的发展繁荣是现代化的基础,没有经济做后盾支持,现代化只能是空谈。但我们要建设的现代化并非是只有经济的现代化,同时还包括政治、文化、社会和人的现代化。以毛泽东为代表的共产党人在20世纪60年代果断地用"四个现代化"代替了"工业化",体现了我党对现代化认识水平的提高。十一届三中全会后我党强调政治现代化、文化现代化要同经济现代化一同发展。中共十二大提出逐步实现工业、农业、国防、科学技术的现代化,我国现代化的内涵进一步丰富。中共十三大提出建设"富强、民主、文明"的社会主义现代化国家。以邓小平为核心的党和国家领导集体,特别强调精神文明的重要性,强调物质文明和精神文明"两手都要抓,两手都要硬"。20世纪90年代以后,我党更加强调社会的全面进步。十四大报告中指出既要坚持经济建设这个中心不动摇,又要加快精神文明建设,促进社会全面进步。鉴于经济发展同自然矛盾日益突出,十五大提出了可持续发展战略,开始重视人与自然的协调发展。十六大以后,我党更加重视人的全面发展,把建设社会主义和谐社会作为社会主义现代化的重要目标,并将"和谐"与"富强、民主、文明"并列为国家发展目标,更加关注社会和人民的生活幸福和全面发展。

纵观我国现代化的发展进程和发展的特点,不难看出我党凭借丰富的经验和正确的理念指导,将把中国特色社会主义现代化建设不断推向前进。

3.建设社会主义现代化与生态环境保护

社会主义现代化是包括政治现代化、经济现代化、文化现代化、社会生态现代化在内的多种因素构成的综合的统一体,其中,经济现代化是这个统一体的核心,也是统一体中其他因素发展的基础。从我国现代化进程的发展过程中,我们不可忽视的一个重要趋势就是生态环境在现代化发展中的重要性越来越明显。生态现代化可以说是第二次现代化的一个重要组成部分。就我国国情来讲,相对于经济现代化,我国生态现代化的发展远远落后。生态现代化的落后严重影响着经济现代化的发展。因此,只有发展生态经济才能加快我国现代化总体水平的不断提高。

　　由于我国长期注重经济发展的高速度而忽视生态环境的保护,使我国生态破坏和环境问题较为严重,已经严重影响到我国现代化建设的健康发展。温家宝曾指出:"保持经济、社会和环境协调发展,是我国现代化建设的一个重大方针。"①

　　经济发展与环境生态的保护并非是割裂的,若是处理好二者关系,经济发展和环境保护可相互促进、同时发展。"绝不能把保护资源和环境与发展经济割裂开来,更不能对立起来。我们必须把握发展经济同保护资源和环境的内在规律,从国家和民族的长远发展考虑,十分注意处理好经济建设同人口、资源、环境的关系,促进环境与经济协调发展。"②但是由于长期我们的发展是以生态环境的破坏为代价的,我们必须扭转现有的生产发展模式,坚持可持续发展战略,走生产发展、生活富裕、生态良好的文明发展道路。江泽民在《正确处理社会主义现代化建设中的若干重大关系》中明确指出:"在现代化建设中,必须把实现可持续发展作为一个重大战略。要把控制人口、节约资源、保护环境放到重要位置,使人口增长与社会生产力发展相适应,使经济建设与资源环境相协调,实现良性循环。"③在现实生活中,我们必须树立绿色经济理念,绝不走先破坏后治理的老路,要留给子孙后代一片绿色的世界。

　　不论是全面建设小康社会还是进行社会主义现代化建设,我们都不能忽视的一个重要问题是如何正确处理好经济发展与生态环境的关系。既要在良好的生态环境中发展经济,又要在经济发展的同时保护好生态环境,这无疑是一个复杂难解的问题。当今世界,为更好地解决这一问题,有数以万计的人在孜孜不倦地寻求解决良方。"深绿色"发展给世界带来了曙光。"深绿色"发展要求我们要依靠先进的技术和绿色的理念,改变原有的以高污染、高投入、高消耗为特征的生产方式,发展绿色生态经济,在保护环境的同时提高生产力,促进经济增长。与此同时,该发展理念还唤醒人们保护生态环境的欲望,推进环保事业的发展。"深绿色"发展,能够使人与自然和谐相处,改善人们

---

　　①　《新时期环境保护重要文献选编》,中央文献出版社、中国环境科学出版社2001年版,第499～500页。

　　②　同上书,第565页。

　　③　《江泽民文选》第一卷,人民出版社2006年版,第463页。

的生活环境,促进人的全面发展,这也是建设中国特色社会主义社会应有
之义。

三、构建社会主义和谐社会的基本要求

(一)构建社会主义和谐社会的重要性和紧迫性

1.构建社会主义和谐社会的提出

实现社会和谐,建设美好社会,始终是人们不断追求的社会理想,也是包
括中国共产党在内的各马克思主义政党不断追求的理想社会。建设社会主义
和谐社会,是党中央根据马克思主义的本质要求,充分总结人类社会的发展规
律与中华民族的历史实践得出的基本结论。

社会和谐是中国共产党不懈奋斗的目标。毛泽东在新中国成立后《论十
大关系》、《正确处理人民内部矛盾的问题》等著作中,提出要用民主的方式来
解决人民内部矛盾。为解决共产党与民主党派的矛盾,提出了长期共存、互相
监督的方针;为解决全国城乡各阶层以及国家、集体和个人之间的矛盾,提出
了统筹兼顾、适当安排的方针;为解决文化领域的矛盾,提出了百花齐放、百家
争鸣的方针。毛泽东还提出:"我们的目标,是想造成一个又有集中又有民
主,又有纪律又有自由,又有统一意志、又有个人心情舒畅、生动活泼,那样一
种政治局面,以利于社会主义革命和社会主义建设,较易于克服困难,较快地
建设我国的现代工业和现代农业,党和国家较为巩固,较为能够经受风险。"[1]
十一届三中全会以后,邓小平重申了毛泽东对经济建设的重要论断,同时为中
国现代化建设作出了重要论断。相继提出了社会主义的本质问题,即解放生
产力,发展生产力,消灭剥削,消除两极分化,最终达到共同富裕;物质文明和
精神文明两手都要抓,两手都要硬;贫穷不是社会主义,社会主义要消灭贫穷,
要提高人民的生活水平等一系列重要观点。这些思想奠定了我们党关于社会
主义建设理论的重要基础。

十三届四中全会后,江泽民在国际国内环境发生重大变化的形势面前,强
调经济在经济社会协调发展中的重大作用,更加深入地提出了社会需要和谐

---

① 《毛泽东著作选读》下册,人民出版社1986年版,第887页。

的主张;要求充分调动各方面的积极性,形成全国人民各尽其能、和谐相处的新局面;积极处理发展、改革与稳定的关系,把不断改善人民的生活水平作为工作的重点;在新的形势下更加注重正确处理人民内部矛盾,协调各方面的利益,使人民朝着共同富裕的道路继续迈进。这进一步丰富和发展了我们党关于社会主义建设的理论。

十六大以后,全党和全国都把建设社会主义和谐社会作为全面建设小康社会和发展现代化的一个重大目标,并不断深化对于社会和谐理论的探索研究,明确了社会和谐在我国现代化建设中的重要地位,十六届四中全会进一步明确了建设社会主义和谐社会的任务及主要内容。此后,十六届六中全会审议通过了《中共中央关于构建社会主义和谐社会若干重大问题的决定》,阐明了要构建的社会主义和谐社会的性质并为如何开展和谐社会的构建活动展开了部署。党的十七大再次强调了民生问题的重要性,进一步揭示了构建和谐社会的重要性。

2. 构建社会主义和谐社会的科学内涵

构建社会主义和谐社会是我们党全面建设小康社会、开创中国特色社会主义事业新局面的一项重大任务,适应了我国改革发展进入关键时期的客观要求,顺应了广大人民群众的根本利益和共同愿望。

党的十六大把"社会更加和谐"作为全面建设小康社会的目标之一提出来,党的十六届四中全会又把"提高构建社会主义和谐社会的能力"作为党执政能力的一个重要方面明确提出。这一重要论断的提出,是对马克思主义理论的重要丰富和发展,是我们党对什么是社会主义、怎样建设社会主义理论的又一次升华。深刻理解和把握构建社会主义和谐社会的丰富内涵,对我们全面落实科学发展观,促进经济社会协调发展、全面进步,实现全面建设小康社会宏伟目标,意义重大。

构建社会主义和谐社会必须以科学发展观为指导。科学发展观是全面建设小康社会和建设社会主义现代化始终要坚持的重要指导思想,构建社会主义和谐社会是全面建设小康社会的重要内容。社会主义和谐社会有着丰富的科学内涵。我们所说的和谐社会,不是一种社会形态,而是一种社会状态。是对人类社会发展理想状态的一种描绘,是人们梦寐以求的理想。2005 年 2 月19 日,胡锦涛总书记在省部级主要领导干部提高构建社会主义和谐社会能力专题研讨班上的讲话中明确指出:我们所要建设的社会主义和谐社会,应该是民主法治、公平正义、诚信友爱、充满活力、安定有序、人与自然和谐相处的社会。社会主义和谐社会的基本特征是相互联系、相互作用的,需要在构建社会主义和谐社会的进程中全面把握和体现。

3.构建社会主义和谐社会的重要意义

构建社会主义和谐社会,是以马克思列宁主义、毛泽东思想、邓小平理论和"三个代表"重要思想为指导,全面落实科学发展观,为建设中国特色社会主义事业和全面建设小康社会而提出来的重大战略任务,反映了人民建设富强民主和谐的现代化国家的强烈愿望。

构建社会主义和谐社会,具有重要的理论意义。第一,构建社会主义和谐社会,是对共产党执政规律认识的深化,是对党执政理念的升华。中国共产党是中国特色社会主义建设的领导核心,历史赋予的使命使得共产党要不断地研究执政规律,提高执政能力。建设和谐社会,广泛调动各方面的积极性,正确处理各方面的利益关系,维护和实现公平正义,促进人与自然和谐相处。这充分反映了党立党为公、执政为民的本质要求。第二,构建社会主义和谐社会,是对社会主义建设规律认识的深化,丰富和发展了中国特色社会主义理论。中国特色社会主义是一个全面发展、全面进步、全面现代化的社会。党的十三大明确提出了"三步走"的现代化建设布局,概括了经济富强、政治民主、精神文明在内的"三位一体"现代化建设总体目标。十五大又将"三位一体"的现代化建设格局进一步拓展加深。进入新时期新阶段,中国面临着新的国内外挑战,我党提出了将社会建设纳入到"三位一体"建设格局当中,大力建设和谐社会,形成"四位一体"的新格局,反映了社会主义的本质和共产党为人民服务的宗旨。第三,构建社会主义和谐社会,是对人类社会发展规律认识的深化,是对马克思主义关于社会主义社会建设理论的丰富和发展。人类社会是一个总是充满矛盾的社会,构建的社会主义和谐社会则是不断解决矛盾的社会。它不断协调人与自然的关系,促进社会和谐安定,调动各方面的力量共建和谐新天地。这本就是社会主义社会建设理论的应有之义,将构建和谐社会作为中国特色社会主义的本质属性,有利于全面坚持科学社会主义,同时为该理论注入了富有中国特色的新鲜元素,丰富和发展了该理论。

构建社会主义和谐社会,具有重要的实践意义。构建社会主义和谐社会是中国社会现代化建设"四位一体"布局中的重要组成部分,有利于全面推进中国特色社会主义事业。构建社会主义和谐社会有利于调动全社会的积极性,加快现代化建设和全面建设小康社会目标的实现。构建社会主义和谐社会有利于实现人与自然的和谐相处,缓解日益严重的环境污染和生态破坏,造福于子孙后代。

总之,构建社会主义社会关系重大,涉及广大人民群众的根本利益。党要带领人民把中国特色社会主义事业推向前进,必须坚持以经济建设为中心,把构建社会主义和谐社会放在工作的首位。

(二)和谐社会观的演变

社会主义和谐社会,指全体人民处于各尽其能、各得其所、和谐相处的状态。和谐社会作为人类永恒的生命主题和价值追求,是一种信仰,是一种理论,是一种文化,是一种实践。不同的民族、不同的文明、不同的历史阶段,对和谐社会有着不同的诠释。[①] 人生于天地之间,为了生存与发展,就必须每日每时通过自己的活动与现实世界发生多种多样的关系。这些关系归根结底,可概括为两类:一是人与物(自然)打交道;二是人与他人、社会打交道。因此,任何社会历史的发展都要认识和处理两种关系,一是人与自然的关系,二是人与他人、社会(历史)的关系。这两种关系在现实世界是相互联系、相互作用的,其中人与自然的关系问题又是首要问题。

1.中国传统的和谐社会观

从《尚书》、《周礼》到《说文解字》,和谐两字都是指音乐的合拍与禾苗的成长,"和"即是"谐","谐"即是"和",引申表示为各种事物有条不紊、井然有序和相互协调,即《中庸》里说的"致中和,天地位焉,万物育焉"和《周礼》中说的"以和邦国,以统百官,以谐万民"。[②] 中国历史上关于社会和谐的思想有很多,首先是讲求人与自然和谐。钱穆曾说过:"中国文化中,'天人合一'观念是整个中国传统文化思想之归宿处。""天人合一"就是指人与自然能相互融合,关系融洽。其次从人与社会上讲,从孔子的"和为贵",到墨子的"兼相

---

① 潘岳:《国策要论》,《和谐社会与环境友好型社会》2006年第7期。
② 同上。

爱"、"爱无差",再到孟子的"老吾老以及人之老,幼吾幼以及人之幼",反映了两千多年来善良淳朴的中国人对于美好社会的孜孜追求。

中国儒家的和谐社会观

儒家万物一体的自然观。

儒家自然观念的基础是认为人是自然界长期发展的产物,人与自然界之间的关系密切、不可分割。"万物一体"是儒家的基本观念,先秦儒家对此作了许多相似相近的表述,如"仁者与天地万物为一体"①,"大人者,与天地万物一体"②等。儒家自然观包含两个层面:一是人与自然的和谐共存;二是人与自然的本质同源。

人与自然的和谐共存,主要表明人与自然不可分离,人应当顺应自然,同自然和谐相处,自然不是人类的敌人,不是人类的征服对象,而是人类的亲人与朋友,热爱自然就是热爱自己的家园,保护自己的亲人朋友。以孔子为创始人的儒家继承发展了春秋以来的人文精神,但也初步确立了万物一体的自然观。人与万事万物在大自然整体中平衡互补,相互影响,互为存在的前提与条件。人类为了生存,就必须在依赖自然的基础上充分利用外界自然,既然外部自然构成人类的生存条件,人在利用自然的同时,也有责任维护自然。儒家人与自然和谐共存的思想,还包含以农为本的生产生活顺应自然节奏、保护自然环境、维护生态系统平衡的思想。孟子完全继承了孔子的思想,告诫人们要有节制的利用自然:"数罟不入夸池,鱼鳖不可胜食也;斧斤以时入山林,材木不可胜用也。"(《孟子·梁惠王上》)荀子把维持生态平衡看成是政治稳定、国富民安的基础。人只要爱护自然,就能够与自然相生相养,长期和谐共存。"草木荣华滋硕之时,则斧斤不入山林,不夭其生,不绝其长也;鼋鼍鱼鳖鳅鳝孕别之时,罔罟毒药不入泽,不夭其生,不绝其长也;春耕、夏耘、秋收、冬藏,四者不失时,故五谷不绝,而百姓有余食也;污池渊沼川泽,谨其时禁,故鱼鳖犹多,而百姓有余用也;斩伐养长不失其时,故山林不童,而百姓有余材也。"(《荀子·王制》)

儒家自然观的第二层面涵义是人与自然的本质同源。人是天地万物之一

---

① 程颢、程颐:《遗书》卷二上,《二程集》,中华书局1981年版。
② 王阳明:《大学问》,《王阳明全集》卷二六,上海古籍出版社1992年版。

部分,人与天地万物共同组成大自然。儒家早就认识到人是自然的一部分,人是自然界长期发展的产物,孔子曾说:"天何言哉? 四时行焉,百物生焉,天何言哉?"(《论语·阳货》)《易传·系辞》说:"日月运行,一寒一暑。乾道成男,坤道成女。"荀子虽然提出天人相分,"明于天人之分"(《荀子·天论》),但认为天是自然之天,并有自身的自然规律:"天行有常,不为尧存,不为桀亡。"(《荀子·天论》)荀子认为人与自然万物相生相养的前提依然是人与自然同根同源,并肯定"生"为自然之本,"天地,生之本也"(《荀子·礼论》)。北宋儒家学者把先秦儒家提出的"生"的根本原则与孔孟的仁学结合起来,认为宇宙最高本体为"理",这是理学家对孔孟仁学的创新。欧阳修提出"天地以生物为心"。周敦颐正式提出"生,仁也;成,义也"①的命题,把生与仁结合起来,开始儒学创新的过程。张载是第一个完整提出"天人合一"的理学家。认为仁就是性,人心即是天地之心,人为天地之心,最终实现万物一体,天人合一。朱熹认为"天地生物之心",人也是天地所生之物,人心便是天地生物的心,人是自然生生不息的责任担当者。

儒家的"仁爱"社会观。

中国儒家主张"仁爱"思想,"仁"是儒家思想的核心和基础。该思想包括三层意涵:"亲亲"、"仁民"、"爱物"。其三层含义虽从根本上看均是以人本身为核心,但从"亲亲"到"仁民"再到"爱物"即从"人"到"众"再到"物"的延伸发展,体现出儒家"仁爱"思想范围的扩大,是对当世道德要求的回应,使得"仁爱"思想存在普世性。

"亲亲"之为"仁",即孔子所说"仁者爱人","爱人"本身就是人为之人的道德义务。子曰:"唯仁者能爱人、恶人。"(《论语·里仁》)可见,儒家的"仁爱"是有等级差别的爱,总共分为四个层次的爱。一是"爱亲",即"孝悌",子曰:"孝悌也者,其为人之本与。"(《论语·学而》)二是爱君、忠君。子曰:"爱之,能勿劳乎? 忠焉,能勿悔乎?"(《论语·宪问》)三是爱众,即爱君主身边的士大夫。四是"爱民",实行仁政、德政。子曰:"博施于民而能济众。"(《论语·雍也》)孔子曾将"忠恕之道"作为实现"仁"的一条重要途径,所谓"忠恕之道"即"己欲立而立人,己欲达而达人"、"己所不欲勿施于人"。"忠恕"即

---

① 周敦颐:《通书·顺化》,《周敦颐集》,中华书局1990年版。

"推己及人",乃是"仁"的一项思想基础。

"仁民"之为"仁",即要求统治者施"仁政",行"王道"。孟子在孔子"亲亲"基础上,重点提出了"仁民"。孟子曰:"仁,人心也。"(《孟子·告子》)孟子认为,"仁"是一种人先天的东西,即人的恻隐之心。"老吾老以及人之老,幼吾幼以及人之幼。"(《孟子·梁惠王上》)"君子之于万物也,爱之而弗仁。于民也,仁之而弗亲。亲亲而仁民,仁民而爱物。"(《孟子·尽心上》)这就是说,将"仁"推己及人,是一种高尚的道德情怀和崇高的精神境界。

"爱物"之为"仁",即承认天地万物"万物一体",包括自然与人本身都是一体的,人有义务去维护赖以生存的自然。这使儒家的"仁爱"真正地达到了物的层面。同时对古代人们的自然观念的形成发展具有重大影响。

儒家"仁爱"思想虽涉及的层面不同,但都是以"仁"为核心意涵的。儒家的"仁爱"观,对当今世界尤其是中国社会面临的生态环境问题、和谐社会的构建等,具有重大的现实意义。

"亲亲"之"仁"与和谐家庭建设。儒家思想中"亲亲"之仁讲求"爱亲"、"爱民"、"爱众",归结起来就是五轮秩序,即父子有情、君臣有义、夫妇有别、长幼有序、朋友有信。在家庭中尤其讲究"孝悌"之义。当今社会所宣扬的家庭美德,即尊老爱幼、男女平等、夫妻和睦、勤俭持家、邻里团结,是对传统儒家"仁爱"思想的延伸和发展,它加入了现代社会思想的因素并加以改良,为儒家思想的发展注入了新鲜的血液,更加适应了当今社会的需要。

"仁民"之"仁"与当今人们的"生存危机"问题。随着经济发展速度和水平的提高,拜金主义和享乐主义等思潮席卷而来,人们过于追求物质生活的丰裕,而忽视了精神生活的贫瘠。加之生活节奏过快,人们之间情感冷淡,孤独寂寞感油然而生,失去信仰,难以寻找生存的意义。正如海德格尔所说,现代社会对人最大的威胁,不是原子弹,而是人类生存意识的丧失。在此种环境之下,儒家的"仁爱"思想成了救赎人类灵魂的天使。钱穆先生曾在《中国历史上的传统教育》中提到:儒家教义,主要在教人如何为人。亦可说儒教乃是一种人道教,或说是一种人文教,只要是一人,都该受此教。不论男女老幼,不能自外。不论任何知识、任何职业,都该奉此教义为中心,视此教义为归宿。在其教义中,如孝、悌、忠、恕,如仁、义、礼、智,都是为人条件,应为人人所服膺而遵守。儒家思想为我们找寻到了生存的意义,唤回了被我们淡漠了的亲情、友情、爱情,召唤了存在于我们每个人心中的正义感和使命感。

"爱物"之"仁"与当今中国环境问题的缓解。中国儒家思想讲求"天人合一",即主张人与自然和谐相处。当今世界面临着全球变暖、海平面上升等巨大的、威胁全人类生存的生态问题,而当今中国的生态环境问题也日趋严峻,儒家思想中主张人与自然和谐的观点适应了时代的需求,与当今生态学观点相一致,而中国的生态学也在沿用"天人合一"思想理念的同时,运用现有的科学技术缓解生态环境问题的威胁。

中国道家的和谐社会观

道家天人合一的自然观。

从老子开始,道家把自然作为哲学研究的对象。这种研究可分为两个方面:一是从本源上,直接感悟宇宙的生成和发展,构建宇宙生成论的自然哲学体系。二是从规律上,阐述天道与人事的关系,探索自然运动及人生的价值和意义。

道家把"道"看成是世界的本源,"道生一,一生二,二生三,三生万物,万物负阴而抱阳,冲气以为和"(《老子》)。那么,道是什么? 老子曾说:"道可道,非常道,名可名,非常名","人法地,地法天,天法道,道法自然"(((《老子》)。由此可见,道家所谓的"道"就是我们所说的自然规律。道家把它看成是宇宙万物和人类世界的最高法则,认为人与自然的和谐比人与人的和谐还要崇高快乐。所以道家曾提出"天地万物生于有,有生于无"的观点。(《老子》)"有"与"无"是统一而不可分离的,物与道也是统一而不可分离的。道的会通有无,是宇宙统一的根据,也是人与天统一的根据。在这个统一体中,人只是万物的一部分。人并不臣服于自然,同样,自然也不在人类的掌控当中,人与自然的存在都是有其原因和意义的。

庄子发展了《老子》的整体论,提出"万物一体"、"道通为一"的思想。庄子曾言:"天地与我并生而万物与我为一。"(《齐物论》)这实际上就是"天人合一"思想的表现。这其实是从宇宙演化的角度看人与自然在物质上的统一。庄子"天人合一"思想的第二个方面是人的精神与自然的统一。"独与天地精神往来而傲倪于万物。"(《天下》)人的精神与自然的统一,表现在顺天行,循天理,合天德,从而达到人的精神的最高境界——精神的自由。庄子主张人与自然的关系是"天与人不相胜"。"其一与天为徒,其不一与人为徒,天与人不相胜也,是之谓真人。"(《大宗师》)在人与自然的永恒的和谐之中,寻求人的精神的自由与永恒。天与人不相胜,人与自然的正确关系应该是回归自然,顺应自然。

道家"无为"的社会观。

"道"是无为而治政治观的哲学基础。老子主张"无为而治"的政治思想。老子思想的核心是"道",而"道"的基本特性是自然和无为,依据天道而行人道,才能达到治世安邦。老子希望人们按照自然、无为的原则处理一切事务,保持世界的和谐、自然。他提出:"道大,天大,地大,王大,域中有四大,而王处一,人法地,地法天,天法道,道法自然。"(《道德经》)"天法道"者,天开放为自然无为。"道法自然"乃对"道"的特定内容予以否定,表示"道"无特定内容,以"自然"为其性格。老子将其"道法自然"的"道治"哲学思想应用于社会政治,提出了"无为而治"的政治原则:所谓"无为",就是顺应事物的自然发展趋势而不强作妄为,让自然按自己的状态发展。"无为而治"并不是消极地无所作为,而是谨守自然之"道",顺应自然规律治国教民,顺应民意,体贴民情,让百姓安宁质朴地生活。老子提出"无为"而治,主张把天道自然的思想,推及于人道,主张个人"无为"、"好静"、"无事"、"无欲",要求"静静地"、"清静无为"地治国,不要烦民扰民,只有统治者"无为而治",才能让社会出现百姓自然富足,民风自然淳朴,社会自然安定的局面。老子理想的政治文化:"太上,下知有之;其次,亲之豫之;其次,畏之侮之,信不足,有不信! 由其贵言,成功事遂,百姓谓我自然。"(《道德经》)

庄子也曾提出了无为的政治观,即所谓的君道无为。所谓君道无为,实际上是对君主品性的要求,也可以说是君的种种行为禁忌:君主不应当将自己看做是天下的统治者,万人之上的强者;相反,君主应当承认并努力摒弃自己的私知、私见、私欲等,不可存"告我君人者以己出经式仪度,人孰敢不听而化诸"(《庄子·应帝王》)的想法。君主应当顺应人的自然本性,而不应当违反人性;应当顺应民心,而不能违反民意,即所谓"以百姓之心为心"、"汝游心于淡,合气于漠,顺物自然而无容私焉,而天下治矣"(《庄子·应帝王》)。庄子提出了自己所谓的明王之治。在庄子看来,儒家所提倡的那种学道不倦、机智勇敢之人皆不能与其明王之治相比较,君主治理国家取得的成绩不能归于自己,应看到百姓的付出,不可妄求百姓的感恩戴德:"明王之治,功盖天下而似不自己,化贷万物而民弗恃;有莫举名,使物自喜;立乎不测,而游于无有者也。"(《庄子·应帝王》)君主应当一方面摒弃自己的私知私欲;另一方面君主能够随顺世人,不妄做妄为。

汉初的黄老道家,以"清静无为"作为处理社会政治的指导思想,把《老子》的无为哲学发展为一种管理方法。与之同时,《淮南子》提倡"去甚、去奢、去泰",以防止人类的极端行为与过度的欲望。人类的政治行为要顺从自然规律,如果"过极失当",就会要遭到天(自然)的报复。

中国传统文化中的各家各派都有自己向往的和谐内涵和社会模式。道家以"小国寡民"为梦想,主张无欲、无为、无争;墨家以"爱无差等"为梦想,倡导兼爱非攻、尚同尚贤;法家以"富国强兵"为梦想,倡法治,图实效;佛教以"善地净土"为梦想,强调同体共生、乐善好施。但最具代表性的,还是儒家描述的"大同社会"。"大同社会"代表了中国古代理想和谐社会的最高境界。①《礼记·礼运》里说:"大道之行也,天下为公。选贤与能,讲信修睦,故人不独亲其亲,不独子其子,使老有所终,壮有所用,幼有所长,矜寡孤独废疾者,皆有所养。男有分,女有归。货恶其弃于地也,不必藏于己;力恶其不出于身也,不必为己。是故谋闭而不兴,盗窃乱贼而不作,故外户而不闭,是谓大同。"

经数千年来各种思想的发展融合,中国传统文化已成为以"和"为核心,兼容并包的一套哲学伦理体系。中国传统文化所提倡的和谐、和睦、和为贵、和而不同、和平共处、家和万事兴,是中华民族历史悠久的基本特性,其思想在今天追求和平发展的世界体系中,仍具有无法估量的价值。

2. 资本主义的和谐社会观

西方文明中和谐也是占有重要地位的思想。西方早期朴素唯物主义认为,联系世界万事万物的标准就是和谐。古希腊赫拉克利特说:"自然追求对立,对立产生和谐。"柏拉图认为世界一切事物都会从"无秩序变成有秩序",在他所构建的理想王国中,人们各司其责,秩序井然。亚里士多德认为参与城邦政治生活的各阶级力量能够合作与平衡,从而减少冲突实现和谐。

到了中世纪,基督教教义对社会和谐的认识,就是强制人们服从信仰,社会的和谐与否由上帝掌握,只有皈依上帝,人类才能找到内心与社会的和谐。

① 潘岳:《国策要论》,《和谐社会与环境友好型社会》2006 年第 7 期。

人们的思想受到教会的控制,人类文明进入到一个黑暗的时代。

随着资本主义经济的发展,人们思想开始走向光明。文艺复兴、宗教改革与启蒙运动在动摇宗教信仰的同时,使人们对社会和谐有了新的认识。路德和加尔文的新教运动,用"以人为本"反对"以神为本",对基督教义进行了重大改造,把社会和谐奠基在人与神的和谐之上。斯宾诺莎认为要在理性指导下,遵从自然必然性,使人的身心和谐,以实现国家内部的和谐。康德提出了人为自然立法,实现人的自由与自然规律的统一和谐。这一时期进行了丰富多彩的哲学探索,为近代西方资本主义"自由社会"的形成发展奠定了思想基础。然而,"自由社会"对人类能力的过度看重,加上资本主义经济发展对资源环境的浪费和破坏,使其反而加重了人与人、人与社会的不协调及人与自然的不和谐。许多思想家对资本主义传统工业文明固有弊病进行了深刻反思。越来越严重的环境资源问题,引发了西方生态主义浪潮。1972年,联合国人类环境宣言提出了"只有一个地球"的共识。1987年,布伦特兰夫人首次提出"可持续发展"概念,提出人与自然和谐的主张,冲击了极端人类中心主义的导向。如今,可持续发展理念已成为当代西方思想界主流。

3.中国共产党的和谐社会观

新世纪之初,中国共产党在继承现有的,特别是马克思主义的和谐社会观基础上提出建设社会主义和谐社会的全新思想体系。该思想的提出有着深刻的时代背景,全球社会主义运动遇到重大挫折:苏东剧变使社会主义遭受巨大挫折,资本主义制度仍处于上升阶段,发展势头强劲。社会主义受到挫折挑战的同时也遇到了难得的发展机遇。经济全球化在世界更广泛的范围内展开,资本主义国家越来越多地受到经济飞速发展而带来的负面影响:经济危机仍然冲击着资本主义社会,由此带来的失业和社会关系失调、福利水平降低以及更加严重的生态资源问题都加剧了西方社会的发展危机。

与此同时,经济全球化浪潮中,中国共产党提出建设社会主义和谐社会的重大举措,这是基于我们对和谐社会的哲学基础和根本目标产生的新认识。长期以来,我们更多注重人与自身、人与人以及人与社会之间的关系,而忽视了人与自然关系的重要性。和谐社会在很大程度上着重强调了人与自然和谐的重要性。胡锦涛同志指出:"大量事实表明,人与自然的关系,往往会影响人与人的关系、人与社会的关系。如果生态环境受到严重破坏、人们的生活环境恶化,如果资源能源供应紧张、经济发展与资源能源矛盾尖锐,人与人的和谐、人与社会的和谐是难以实现的。"从中国传统文化角度看,中国共产党提出建设社会主义和谐社会,将马克思主义与中国传统文化相结合,就是基于对中国优秀历史文化传统的继承和再认识。从西方资本主义的发展看,可持续发展是西方传统工业文明取得巨大成果和付出巨大代价后得出的基本结论,是对西方资本主义价值观的一种合理吸纳和批判超越。

中国共产党提出的社会主义和谐社会,是中国共产党执政理念成熟的标志,实现社会主义和谐社会,本来就是中国传统文化核心思想及马克思主义的终极目标和理论归宿。中国提出建设社会主义和谐社会,就是对传统和谐思想的吸收,是对现在所有社会主义运动的借鉴和超越,更是对马克思主义的进一步发展。

(三)"深绿色"发展是实现人与自然和谐相处的关键所在

1. 人与自然和谐相处是和谐社会的重要内容

人与自然和谐相处是社会主义和谐社会的重要内容,经济与环境协调发展是实现人与自然和谐相处的关键。自然环境是人类生存的必备前提和条件,但自然界向人类提供的资源并不都是可再生的,人类的需求必须与自然界所能提供的各类资源相适应。也就是说,人与自然的和谐是社会和谐的基础,是人自身发展的重要前提。事实表明,人与自然的关系不和谐,往往会影响人与人的关系、人与社会的关系。如果生态环境受到严重破坏、人们的生产生活环境恶化,人与人的和谐、人与社会的和谐是难以实现的。

人与自然和谐是马克思主义的重要观点,我党继承了这一观点,并将它作为构建社会主义和谐社会的重要内容。2005 年,在省部级主要领导干部提高构建社会主义和谐社会能力专题研讨班上,胡锦涛明确指出:"我们所要建设的社会主义和谐社会,应该是民主法治、公平正义、充满活力、安定有序、人与自然和谐相处的社会。"①胡锦涛在 2006 年十六届六中全会第二次会议上,进一步指出:"我们要建设的社会主义和谐社会,是经济建设、政治建设、文化建

---

① 《十六大以来重要文献选编》(中),中央文献出版社 2006 年版,第 706 页。

设、社会建设协调发展的社会,是人与人、人与社会、人与自然整体和谐的社会。"①2007年,党的十七大报告将人与自然和谐相处确立为和谐社会的总要求之一。

人与自然和谐相处在和谐社会中极具重要性。首先,我们要构建的和谐社会应当是人与人、人与社会、人与自然和谐相处的社会,而人与自然的和谐是其中的重要内容和重要组成部分。其次,个人、社会、自然之间的关系极为密切,是不可能单独存在的。人与自然的和谐是人与人、人与社会和谐相处的基础,实现人与自然的和谐,就为和谐社会的建设奠定了坚实的基础。

2. 人与自然不和谐是影响社会和谐的主要因素

当今中国,资源紧缺、环境污染、生态破坏等问题已经影响到我国和谐社会的顺利建设。近年来,我国各种环境生态问题出现的频率飙升,引起了党和国家的高度关注,温家宝对这一情况提出批评:"一些地方环境事故频发,老百姓反映比较强烈,有关环境问题的投诉和纠纷明显增多。一些地方发生的重大环境污染事件,严重损害了人民群众的利益,甚至影响社会和谐稳定。"②鉴于多数的环境生态问题都与人们进行的不合理的经济活动有关,胡锦涛得出重要结论:"大量事实证明,人与自然的关系不和谐,往往会影响人与人的关系、人与社会的关系。如果生态环境受到严重破坏,人们的生产生活环境恶化,如果资源能源供应高度紧张、经济发展与资源能源矛盾尖锐,人与人的和谐、人与社会的和谐是难以实现的。"③人与自然和谐相处,可以使自然界更好地为一国的经济发展提供坚实的经济基础。如果生态环境退化,将破坏国家生存发展的基础,政治经济结构也会随之退化,和谐社会都会成为一句空话。"在当今世界,不管是资本主义社会还是社会主义社会,不论是富国还是穷国,生态环境问题都是建设和谐世界的基石。"④以苏联为例,由于经济发展受到斯大林模式的影响,苏联在发展经济中过于重视重工业的发展,消耗大量资源,造成严重的生态环境破坏,与此同时,忽视环境保护的重要性,激化与自然间的矛盾。回顾历史,我们不可否认,苏联解体与其对自然的破坏、"绿色政

① 《十六大以来重要文献选编》(下),中央文献出版社2008年版,第675页。
② 《全面落实科学发展观 建设环境友好型社会》,红旗出版社2006年版,第6页。
③ 《十六大以来重要文献选编》(中),中央文献出版社2006年版,第715～716页。
④ 刘思华:《生态马克思主义经济学原理》,人民出版社2006年版,第7页。

治"影响下的基层生态民主民族运动有着密切的关系。人与自然发展的不和谐直接影响了社会制度的变革,乃至整个社会的崩溃。"人们几乎普遍地把东欧和共产主义的垮台归因于所谓社会主义经济试验的失败。然而重要的是,并不是经济失败使成千上万的人民涌上街头……首先把人们带到街头的是环境状况,使人们认识到他们的生活条件出现了严重的问题。"①苏联和东欧的教训我们应当认真吸取,并且采取有效的措施来解决生态经济与环境发展中存在的矛盾,努力促进人与自然的和谐。

3. "深绿色"发展是促进人与自然和谐的必要举措

人与自然和谐发展在构建社会主义和谐社会中有着重要的地位。社会主义和谐社会的科学内涵中,人与自然和谐相处被定义为:生产发展、生活富裕、生态良好。

生产发展,就是指要继续坚持以经济建设为中心,大力发展生产力,提高生产技术和生产水平。只有提高经济发展水平,才能为我国各方面的建设提供坚实的物质基础;只有较为坚实的物质基础,才能缓解社会主义社会存在的矛盾,才能为人民群众提供更好的物质生活环境;只有生产技术和水平提高,才能采取更加环保的生产方式,缓解环境生态的压力。生活富裕,就是指人们所获得的富裕的、健康的生活状态。提高人民群众的生活水平是加快发展生产的出发点和落脚点,也是实现生态良好的目的所在。离开生活富裕这个最终目标,生产发展和生态良好都将失去意义。生态良好,就是指生态环境问题得以更好地解决,形成更有利于人们生存和发展的良好环境。良好的生态环境是生产发展的前提和基础,是实现人与自然和谐、创建良好生活环境的目标所在。

三者之间关系密切,生产发展是生活富裕和生态良好的前提和基础,生活富裕是生产发展和生态良好的动因和目标,生态良好是生产发展和生活富裕的保证和条件。② 因此促进人与自然和谐相处就必须正确处理生产发展、生活富裕、生态良好三者之间的关系,以生产发展为基础。生活富裕为落脚点,生态良好为目标。

---

① 余科杰:《"绿色政治"与苏联解体》,《当代世界社会主义问题》2005 年第 3 期。

② 黄娟:《生态经济协调发展思想研究》,中国社会科学出版社 2008 年版,第 70 页。

其实,生产发展、生活富裕、生态良好这三层内涵及其之间的密切关系归根到底可以总结为经济发展与生态环境的关系,即人与自然的关系。如何在发展经济的同时保护好人们赖以生存的自然,给予人们良好的生活环境,成为当今社会必须解决的一个重大问题。从绿色环保理念兴起及发展的趋势来看,发展"深绿色"经济成为解决这一问题的必然选择。"深绿色"理念倡导的发展模式,是以人和自然和谐为基础的。该理念指导下的生产发展,抛弃了原有的破坏生态环境的生产模式,采用高新技术,进行绿色生产,尽可能地减少资源消耗和对环境造成的污染。在"深绿色"理念的指导下,随着生产力水平的提高,生活水平也随之提高,人们的生活更加富裕。"深绿色"理念尤其强调生活环境的改善和提高,在有识之士的积极宣传努力下,民众环保观念大大提升,对生活环境的要求也越来越高,良好的生态环境在个人和社会的努力下变得越来越好。

总之,社会和谐不仅仅是人与人的和谐,也是人与自然的和谐。人应当顺应自然、利用自然、爱护自然,才是爱护自己。这一点已经为人类社会的发展不断证明。贻害子孙后代的事情,无论对经济的发展,还是社会的发展,都是根本性的伤害。现在,我们必须从观念、战略和行动上予以纠正,树立和坚持与科学发展观相适应的、与构建社会主义和谐社会相适应的、与实现人与自然和谐相处相适应的观念、战略和行动,大力支持"深绿色"经济发展理念,创建具有中国特色的和谐社会。

第五章 "深绿色"经济发展模式

通常所说的经济发展模式是指在一定地区、一定历史条件下形成的独具特色的经济发展路子,主要包括所有制形式、产业结构和经济发展思路、分配方式等。面临着欧美等发达国家的工业化道路和苏联优先发展重工业的工业化道路所产生的巨大资源消耗、环境污染问题,"深绿色"经济发展模式是可持续发展的必然选择。"深绿色"理念下的经济发展追求的是环境与经济发展共赢,在经济发展模式上必须将环境与发展进行整合性思考。本章首先对经济增长和经济增长方式作了简要概述,阐述了经济增长理论的发展历程,阐释了经济增长和经济发展的关系,指出了经济发展与可持续发展的一致性;其次对西方国家和苏联式的两种传统的不同的经济发展模式作了简要论述,探讨了三种不同的经济发展模式"先发展,后保护"、"先保护,后发展"和"边发展,边保护",并对我国当前的经济发展模式和我国经济发展模式转换的特征及需要注意的问题作了简要分析;最后探讨了"深绿色"经济发展应该遵循的五个方向和原则,这些方向和原则构成了"深绿色"理念下的经济发展模式。

一、经济增长与经济发展

在考察国民经济的长期变动时,人们经常会涉及两个既紧密联系而又相互区别的一对概念,即经济增长和经济发展。经济增长可以说是宏观经济学中古老而又新颖的话题,经济学家们一直没有中断过经济增长问题的研究。简单概括,经济增长就是指总产出的稳步上升。而经济发展则是反映生活总体发展水平的一个综合性概念,不但涉及增长问题,还要研究如何改进社会经济结构,如何提高国民生活质量以及社会经济制度如何进步等重要问题。一般而言,经济发展理论和问题通常在发展经济学中进行专门研究。而宏观经济学中,则重点涉及经济增长理论,即经济总量的增长或增加。本节就经济增长与经济发展问题作一下具体阐述。

(一)经济增长和经济增长方式

1. 经济增长及影响经济增长的因素

经济增长(Economic Growth)通常是指在一个较长的时间跨度上,一个国家人均产出(或人均收入)水平的持续增加。在实际核算中,常以一国生产的商品和劳务总量的增加来表示,即以国内生产总值(GDP)或国民生产总值(GNP)的增长来计算。除此之外,还应计算人均占有量,如按人口平均的国内生产总值或国民生产总值及其增长率。

若用 Y_t 表示 t 期的 GDP,Y_{t-1} 表示上一期的 GDP,则国内生产总值表示的经济增长率为:

$$G_t = \frac{Y_t - Y_{t-1}}{Y_{t-1}}$$

若用 y_t 表示 t 期的人均 GDP,y_{t-1} 表示上一期的人均 GDP,则人均经济增长率可以表示为:

$$g_t = \frac{y_t - y_{t-1}}{y_{t-1}}$$

经济学界普遍接受的经济增长定义是美国经济学家库兹涅茨概括的,即一个国家的经济增长,可以定义为给居民提供种类日益繁多的经济产品的能力在长期上升,这种不断增长的能力建立于先进技术以及所需求的制度和思想意识之相应调整的基础之上。该定义说明了以下三个问题:首先,经济增长就是商品和劳务总量及实际国民生产总值的增加;其次,经济增长的必要条件是技术进步;最后,经济增长的充分条件是制度与意识形态的相应调整。经济增长的支持者认为如果一个国家的国内生产总值增长为负数,即当年国内生产总值比往年减少,就叫作经济衰退;而如果一个国家的国内生产总值增长为正数即经济正增长,这被认为是整体经济景气的表现。经济正增长可以增加一个国家的财富并且增加就业机会。

作为经济和社会现象的经济增长,会受很多因素的影响,主要可以区分为直接因素和间接因素。直接因素是指资源投入数量和资源使用效率,表现在投资量、劳动量、生产率水平方面。一般情况下,投资量与经济增长成正比,在劳动者同生产资料数量、结构相适应的条件下,劳动者数量也与经济增长成正比,生产率是指资源(包括人力、物力、财力)利用的效率,提高生产率也会对经济增长有直接促进作用。一般来说,在经济比较发达的国家或阶段,生产率提高对经济增长的贡献较大。在经济比较落后的国家或阶段,资本投入和劳动投入增加对经济增长的贡献较大。间接因素是指影响资源投入数量和资源使用效率的各种因素,主要包括:体制约束,体制规定了人们的劳动方式、劳动组织、物质和商品流通、收入分配等内容,规定了人们经济行为的边界;技术约束,技术水平直接影响生产效率;资源约束,包括自然条件、劳动力素质、资本数额等方面;等等。

2. 经济增长方式及其类型

经济增长的持续,必然要求与之相适应的经济增长方式。因此,经济增长方式的选择,关系到的不仅是经济增长速度的快慢,而且直接决定其能否协调和可持续。

多年来对经济增长方式的提法很多,如数量型和质量型、速度型和结构型、速度型与效益型、外延型和内涵型、粗放型和节约型,还有的把经济增长方式归结为重型增长和轻型增长。各种提法都是从不同角度对经济增长方式进行的概括,都有一定道理。发展经济学认为:经济增长方式是指一个国家(或地区)资源的总体配置方式,即决定经济增长的各种要素的组合方式以及各种要素组合起来推动经济增长的方式。

从一定意义上说,经济增长方式与社会资本扩大再生产具有相同的内涵,即都是研究运用什么方式,采用何种要素组合实现经济增长的问题。《资本论》中对社会资本扩大再生产是这样描述的,"如果生产场所扩大了,就是在外延上扩大;如果生产效率提高了,就是在内涵上扩大。这种规模扩大的再生产,不是由积累——剩余价值转化为资本引起的,而是由固定资本的本体上分离出来的、以货币形式和它分离的价值再转化为追加的或效率更大的同一种固定资本引起的"。[①] 因此,按照马克思主义的观点,经济增长方式可归结为扩大再生产的两种类型,即外延扩大再生产和内涵扩大再生产。外延扩大再

---

① 《马克思资本论》第2卷,人民出版社1975年版,第192页。

生产是主要通过增加生产要素的投入,来实现生产规模的扩大和经济的增长。内涵扩大再生产,主要通过技术进步和科学管理来提高生产要素的质量和使用效益来实现生产规模的扩大和生产水平的提高。现代经济学从经营的角度将经济增长方式分成两类,即粗放型经济和集约型经济。粗放型经济增长方式是主要由增长因素数量增加产生的增长,主要依靠生产要素的投入,以追求速度和产值规模为目标,但效率或效益较差。其特征是高投入、高耗费、高排放、低效率。集约型经济增长方式是由资源使用效率提高而引起的增长,主要依靠科技起步,生产要素合理配置,以较少的投入获得较高的效益。其特征是低投入、低耗费、低排放、高效率。

综上所述,经济增长方式的选择要受多方面影响,如经济发展阶段、国内的资源禀赋等,但是选择时应坚持以下三条原则,即是否有利于投入产出效益的提高,是否有利于持续、协调的经济增长,是否有利于满足社会需要,即有利于经济结构优化、社会福利改善和使环境得到保护等。

(二)经济增长理论的发展历程

从理论上看,经济增长是经济学研究的一个核心问题,经济增长理论从古典理论发展到今天的内生增长理论,已经经历了 200 多年的历史。它主要是通过要素分析来阐释一定时期内国民收入水平或人均国民收入水平的决定问题,即经济增长的来源问题。古典经济学家如亚当·斯密(Smith,1776)、大卫·李嘉图(Ricardo,1817)、托马斯·马尔萨斯(Malthus,1798)等都研究过经济增长问题,并奠定了很多呈现于经济增长现代理论中的基本要素,诞生于20 世纪 40 年代的现代意义上的经济增长理论主要经历了哈罗德—多马模型、新古典增长理论、新经济增长理论三次大发展。

1.古典经济增长理论

自从古典政治经济学产生以来,经济学家就十分关注社会经济增长问题,他们对经济增长进行了比较深入的描述,形成了古典经济增长理论,可以说古典经济增长理论是现代经济增长理论的思想渊源。

古典经济学家研究经济增长问题源于当时英国特定的历史条件,即政治、社会、经济环境处于一个大变革时期,工业革命已经拉开序幕。因此经济学家必须对工业资本主义的运行方式、基本促进因素及其发展结果予以科学的解释。他们对经济增长的研究主要侧重于分析经济增长的决定因素,即经济增长产生于资本积累和劳动分工相互作用的思想,即资本积累进一步推动了生产专业化和劳动分工的发展,而劳动分工反过来通过提高总产出使得社会可生产更多的资本积累,让资本流向最有效率的生产领域,就会形成这种发展的良性循环。①

　　英国古典政治经济学的奠基者亚当·斯密的经典著作《国民财富的性质和原因的研究》最早论述了经济增长问题。"劳动生产力上最大的增进,以及运用劳动时所表现的最大熟练、技巧和判断力,似乎都是分工的结果。"②"有一种劳动,加在物上,能增加物的价值;另一种劳动,却不能够。前者因可生产价值,可称为生产性劳动,后者可称为非生产性劳动。"③亚当·斯密指出国民产出的增长是由两个因素决定的:一是社会分工;二是资本的不断积累。除此之外,他还指出技术进步也是经济增长的动力之一。古典政治经济学的完成者、英国经济学家大卫·李嘉图在《政治经济学与赋税原理》中否定经济增长是在资源无限供给的条件下进行的,克服了亚当·斯密没有把资源的有限性作为增长的制约条件来考察的局限性;他认为社会财富是积累的源泉,积累又是引起社会财富增加的决定因素,还提出提高劳动生产率促进经济增长的思想;他还承认经济增长过程是利益变动转移的过程,增长问题必然与分配问题相联系,从利益分割变化与增长主体关系分析持久增长的条件,这是李嘉图增长思想的基础和精髓,具有较高的理论价值。④ 但是他所提出的"土地报酬递减规律"认为经济增长最终会停止,决定收入分配的力量同样也会导致经济增长最终走向停止,他忽视了技术进步等因素,只把增长过程看做是人口增长和资源消耗与资本积累和市场扩大之间的竞赛⑤,而且此规律只是在静止状态下才具有真实的成分,因此它不适用于经济增长的动态过程;同样,建立在

---

① 经济增长理论发展简述[EB/OL]. http://gbyd. blog. 163. com/blog/static/963244420081 13111054367/。
② [英]亚当·斯密著:《国富论》,谢祖钧译,商务印书馆1972年版,第16页。
③ 同上。
④ 董娟、黄利霞、刘晓庆:《评述李嘉图的经济增长理论》,《商情》2008年第36期。
⑤ 古典经济增长理论对现代宏观经济学的影响[EB/OL]. http://www. exam8. com/ lunwen/jingjixue/lilun/200812/957312. html。

"边际收益递减规律"基础之上的英国著名经济学家马尔萨斯的人口爆炸理论认为,随着人均收入的提高,出生率增长的速度会高于死亡率下降的速度,因此在呈算术级数增长的生活资料与呈几何级数增长的人口之间,必然存在着无法避免的矛盾。因为生育是人的本能,生育率不会下降,因此人均收入的上升只是暂时的,长期内一个国家的人均收入会收敛到其静态的均衡水平。①

总体上,早期的增长理论尽管对经济增长的源泉进行了很多有益的探索,但没有提供一个完整的分析框架,随着经济学中数学工具的应用趋向成熟,对经济增长的研究逐步迈入现代阶段。

2. 哈罗德—多马模型

20世纪30年代的大萧条直接导致了凯恩斯学派的产生,凯恩斯学派可说是国家垄断资本主义发展的必然产物,凯恩斯学派针对社会财富极大增长中形成的市场供给和需求之间的非平衡矛盾对经济运行本身产生的巨大威胁和阻滞,重新开始重视对社会经济增长问题的研究,创立了宏观经济学理论体系中的经济增长模型。在凯恩斯学派的基础上,英国经济学家哈罗德和美国经济学家多马于20世纪40年代同时提出经济增长问题的模型。由于基本分析思路相同,因而被合称为哈罗德—多马模型。这可以说是现代经济增长理论研究的第一次高潮。

这个模型可用公式简单地表示为:$G = S/C$。其中:G代表产出增长率,即经济增长率;S表示储蓄率,即储蓄量在国民收入中所占的比例;C代表资本—产量比率,即生产一单位产量所需要的资本量。根据这一模型的假设,资本与劳动的配合比率是不变的,从而资本—产量比率也就是不变的。这样,经济增长率实际就取决于储蓄率。因此储蓄率即资本积累率便成为影响经济增长的唯一因素。

哈罗德—多马模式突出了资本积累在经济增长中的决定作用。通过假设不变的资本—产出比,使得经济增长唯一取决于储蓄率,即资本积累率,这为经济增长找到了一种似乎合理的动力和源泉。政府可通过调节储蓄水平、刺激资本积累来实现经济的长期增长;这一模式强调了经济不稳定的内在性(经济增长的周期性),为消除周期波动,须进行永久性政府干预;这一模式代

---

① 白会平、张磊:《谈经济增长理论的演化》,《经济研究导刊》2010年第14期。

表的资本积累论,在经济思想史上带来了动态理论(古典增长理论)的复兴,奠定了现代经济增长理论的基本框架。① 现代经济学家认为如果撇开此模型回避资本主义经济关系的本质分析这一缺陷,则其通过方程表示的经济增长中的数量关系,与马克思关于社会总资本再生产的增长模式有相通之处。

然而哈罗德—多马模型的局限性也是显而易见的:该模型过于强调储蓄和资本积累的作用,将经济增长推向"唯资本论"的方向。而且在假定生产技术不变的情况下,对于一个给定的储蓄能够实现均衡的有保证的增长率只有一个唯一的数值。但是实现充分就业的稳定增长的条件除非特殊情形,一般是很难实现的。所以,即使经济能够沿着一条均衡增长的轨道向前发展,那么这条轨道将犹如"刀锋"一样狭窄,一旦偏离这条轨道,增长的路径将表现为累积性的经济扩张或经济收缩。② 因此这一代模型并没有解决长期增长的稳定性问题。

3. 新古典经济增长理论

因哈罗德—多马模型"刃锋均衡"的问题,美国经济学家罗伯特·索罗(Solow,1956)和英国经济学家斯旺(Swan,1956)于1956年同时各自提出了一种经济增长模式,对哈罗德—多马模型作了修正和补充。同样因为这两个模式的经济含义一致,世人合称为索罗—斯旺模式。之后很多经济学家投入对新古典经济增长模式的研究,不断修正和扩展着索罗—斯旺模式,这些经济学家的观点与凯恩斯学派之前的古典学派的观点一致,所以西方经济学将这几位经济学家的相似论证统称为新古典经济增长理论。在20世纪五六十年代形成新古典经济增长理论研究的大潮,此后一直到八十年代中期,该理论在西方经济增长理论研究中占据主导地位。

新古典经济增长理论修正了哈罗德—多马模型中要素不可替代这一假设,是一种生产要素可以相互替代(资本和劳动的比例是可改变的)的新古典增长模型。而且新古典经济增长模型还考虑到了技术进步因素对经济增长的影响,划分了两种经济增长的来源,即由要素数量增加而产生的"增长效应"

① 朱冷燕:《浅析经济增长理论演进》,《知识经济》2010年第9期。
② 古典经济增长理论对现代宏观经济学的影响[EB/OL]. http://www.exam8.com/lunwen/jingjixue/lilun/200812/957312.html。

和因要素技术水平提高引起经济增长的"水平效应"。"水平效应"是指在不增加要素投入的情况下,技术进步可以通过改变生产函数,使生产函数向上移动,达到经济增长目的。① 因此这是一种专注于由资本积累和外生技术进步所决定的长期增长。这为外生经济增长理论构造了一个比较完整的理论框架。

但是新古典增长理论也日益暴露出一些不足或缺陷。模型假定生产过程中资本与劳动可以任意替代,以便生产要素充分利用,实现均衡增长,这是不切实际的。② 而且该理论只是笼统地将劳动力增长率和技术进步率视作外生变量,并没有解释他们的内在机制。实际上,新古典经济增长理论所有缺陷的集中体现就是增长率的外生化,因为人口增长率的变动和科学技术水平的变化对于经济增长的影响已经是不争的事实,许多国家的政府正在着手通过制定能动的人口政策和科技政策来调控经济增长,但是新古典经济增长理论无法给出相应的解释及政策建议。正是在这样的背景下,自20世纪80年代开始,逐步形成了所谓的"新经济增长理论"。

4. 新经济增长理论

新经济增长理论的兴起是经济增长理论发展的第三次高潮。罗默1986年《收益递增经济增长模型》论文的发表标志着新经济增长理论的诞生。其后经济学家罗伯特·卢卡斯、杨小凯、博兰德等人通过不断探索及对新古典增长理论重新思考,发表了一组以"内生技术变化"为核心的论文,探讨了长期增长的前景,重新引起了人们对经济增长理论和问题的兴趣,掀起了一股"新增长理论"的研究潮流,成为当代西方经济学界的一种主流理论。

相比新古典经济增长理论,新经济增长理论是一种更加关注创新、内生技术进步和人力资本所带来的规模报酬递增的模型,因此又称该理论为内生增长理论。内生增长理论着重分析了技术进步的过程和技术进步产生的原因。罗默从技术溢出的角度考察了内生技术进步对经济增长的影响。卢卡斯重视对人力资本投资的研究和开发,他建立的两部门资本模型强调人力资本对产出与经济增长的作用,并把人力资本区分为社会生产中的一般化知识和专业

① 朱冷燕:《浅析经济增长理论演进》,《知识经济》2010年第9期。
② 同上。

化的人力资本,使对人力资本的分析更加具体化。此外,对边干边学、收益递增、劳动分工和专业化、开放经济和垄断化等新问题的研究,重新阐释了人均收入和经济增长率广泛的跨国差异,得出了差异有可能进一步扩大的结论,该结论严厉地批驳了新古典增长理论所持的各国经济发展水平和增长率趋同的观点,为长期经济增长提供了一幅全新的图景。①

　　新经济增长理论主要建立在对新古典模型不满和批评的基础上,可以说是对新古典模型的一种超越和改进。最为重要的修正是关于资本的边际产出递减这一假设条件的改变。新古典模型假定资本的边际产出是逐渐递减的,但是内生增长模型则假定资本的边际产出是保持不变的。同时它在解释经济增长方面,也为我们提供了很多新的洞察力,也为政府的公共政策提供了新的理论框架。

　　但是该模型依然存在不容回避的缺陷,首先它简单机械地视技术进步为资本投资的函数,严重忽视了技术进步的复杂性、突变性和困难性,也同样忽视了资本边际产品确实存在的收益瓶颈问题。而且该内生增长模型还认为,只要一个国家继续进行高储蓄、高投资的行为,那么它的高经济增长率,就会一直持续下去,这一点非常不符合当今世界各国经济发展的情况,也不符合各发达国家在经济增长率上的实际差异情况,也非常不符合一国在一定时期内,在基本条件不变的情况下,在经济增长率上往往具有很大的波动性的经验证据。②

　　尽管如此,这一理论自20世纪80年代产生以来,迅速成为理论关注的焦点,对世界经济增长,尤其对发展中国家经济产生了重要的影响。在这一理论中尤其值得注意的是,许多学者开始研究经济增长是否有极限的问题以及反思经济增长给人类社会带来的各种正负效应,由此提出经济可持续发展的历史问题。

(三)经济增长不等于经济发展

　　长期以来,人们对经济增长和经济发展这两个概念的区别比较模糊,一直

---

　　①　朱冷燕:《浅析经济增长理论演进》,《知识经济》2010年第9期。

　　②　论西方经济增长理论的局限性——西方经济学批判之四[EB/OL]. http://blog. sina. com. cn/s/blog_4d49c17e0100095y. html。

把经济增长看做社会经济发展的全部,把经济增长看做人们追求的唯一社会发展目标。其实,经济增长不等于经济发展。无论从发展经济学还是从新的发展观视点看,经济增长与经济发展是两个不同的概念,科学地把握经济增长和经济发展的概念区别与联系是研究发展经济学的起点,也是理解全部经济发展理论的必要前提。

1. 经济增长与经济发展的区别

从哲学上讲,"增长"、"发展"都是事物运动的现象、规律或者是人们对事物不同运动的认识。"增长"强调事物运动中的量变,"发展"强调事物运动变化的过程。与"增长"相区别,"发展"是量变和质变的辩证统一,是事物内部矛盾斗争的结果。

第一,经济增长与经济发展的概念内涵不同。经济增长仅是一个经济学概念,按照现在的通行看法,经济增长指一个国家或地区生产的物质产品和服务的增加,用传统的语言表述,经济增长即国民财富或社会财富的增长。用来量度的是 GDP(GNP)或其人均值。经济发展则既是一个经济学概念,也是一个社会学概念,学术界对经济发展这一概念的公认看法是指一个国家或地区按人口平均的实际福利增长过程,它不仅是一种财富和经济体量的增加和扩张,而且还意味着其质的方面的变化,即经济结构、社会结构的创新,社会生活质量和投入产出效益的提高。简而言之,经济发展就是在经济增长的基础上,一个国家或地区经济结构和社会结构持续高级化的创新过程或变化过程。[①]前者仅指数量上的增加,后者不仅包括数量的增加,更主要的是结构的变化和质量的提升。因此从概念内涵上看,经济增长与经济发展是存在一定差异的。

第二,经济增长与经济发展的外延不同。经济增长仅仅是指社会财富或国民财富的增长,只仅仅对社会再生产过程中的一个环节即生产环节进行考察,它致力于研究以最少的资源投入生产出最多的社会产品。经济发展是对整个社会再生产过程的研究,包括生产、分配、流通、消费过程,并把这四个环节联系起来综合考察,致力于推进整个国民经济、社会、文化、政治的发展,其外延远大于经济增长。[②] 正如一位学者指出的,经济发展强调经济系统由小

① 吴建中:《经济增长与经济发展的关系论析》,《经济纵横》2007 年第 4 期。
② 徐佩华:《论经济增长与经济发展》,《求实》2007 年第 12 期。

到大、由简到复杂、由低级到高级的变化,是一个量变和质变相统一的概念。它不仅包含生产要素投入变化,而且包括发展的动力、质量、效率、结构、就业、消费、分配、环境和生态等因素,涵盖生产力和生产关系、经济基础与上层建筑各个方面。

第三,经济增长与经济发展追求的目标不同。经济增长,主要是指经济总量诸如国内生产总值、工农业总产值的增长,虽然在这种增长过程中也可能伴随结构的变化,但这种变化不是经济增长所追求的主要目标,它的主要目标是数量的增加而非质的变化。[①] 对于某些国家在实现本国工业化起飞的初始阶段,甚至有可能出现悖于经济发展宗旨的现象。比如说,为了工业的高速增长而对农业实行高积累政策,使农业发展延滞,农民生活长期得不到明显的提高,产业结构失衡,苏联实现工业化的过程就是一个鲜明的例子。因此经济增长的特殊本质是以物为本,见物不见人,重 GDP 增长,不重社会、文化、生态的发展。这样做的结果是与 GDP 不断增长相伴随的日益严重的资源浪费、生态失衡、环境污染、社会贫富分化等社会问题的涌现,导致出现"无发展的增长"。经济发展力求经济增长在质和量上的统一,实现社会经济的可持续发展,以提高人民的物质和文化生活水平。也可以说,经济发展是指经济、政治、社会文化、自然环境等方面的协调和持续发展。因此经济发展的特殊本质是以人为本,统筹社会、经济、政治、文化的发展,注重全体人民生活水平的改善、生活质量的提高和人的全面发展。1996 年的《人类发展报告中》就列举了几种有增长而无发展的情况,包括无工作的增长、无声的增长、无情的增长、无根的增长、无未来的增长。

第四,经济增长与经济发展的衡量指标不同。由于经济增长、经济发展的含义不同,因而衡量它们各自的标准也就不同。一般经济增长的衡量指标以国民生产总值(GNP)或国内生产总值(GDP)为计算指标。国内生产总值是指在一定时期内(一个季度或一年),一个国家或地区的经济中所生产出的全部最终产品和劳务的价值,常被公认为衡量国家经济状况的最佳指标。它不但可以反映一个国家的经济表现,更可以反映一国的国力与财富。但是 GDP 是单纯的经济增长指标,它只反映出国民经济收入总量,它不统计也不可能统

① 李宝焕、王春梅:《经济增长与经济发展》,《管理科学文摘》2006 年第 3 期。

计生态破坏、环境污染等要素。而衡量经济发展则比衡量经济增长要复杂得多、困难得多。关于经济发展的衡量标准问题,国内外已有许多人做了研究,并提出了很多可供选用的指标体系。如:联合国开发计划署提出的"人类发展指数"(包括预期寿命、识字率和婴儿死亡率以及预算中军事部分和民用部分的比例);中国社会科学院社会学所提出的"社会指标"体系(包含人均GNP、社会结构、人口素质、生活质量四个部分共16项指标);美国经济学家阿德尔曼(I. Adelnlan)和莫里斯(C. Mrris)提出的发展指数(包含40个社会、政治和经济变量);等等。这些指标体系基本上可分为两种类型:一类是用生活质量的标准来衡量经济发展;另一类是采用社会、经济和政治因素相互作用的标准来衡量经济发展。到目前为止,国内外还没有一个统一、公认的衡量经济发展的完善标准。我国衡量经济发展的核算指标是即将实施的"绿色GDP"——一套符合可持续发展的经济增长指标。通过对环境资源进行核算,从现行GDP中扣除环境资源成本和对环境资源的保护服务费用,其计算结果可称为"绿色GDP"。所以,绿色CDP力求将经济增长与环境保护统一起来,综合地反映国民经济活动的成果与代价。相对而言经济发展是一个衡量国民经济的综合指标,而经济增长则是一个衡量国民经济增长快慢的单一指标。[①]

2. 经济增长与经济发展的联系

经济增长和经济发展有密切的联系,他们相互依存、相互促进。可以说没有经济增长就无从谈起经济发展。反过来,经济增长也并不等于经济发展。没有经济发展的经济增长是暂时的和无效率的。然而,经济发展必然推动经济增长。因此二者的联系主要表现在:经济增长是经济发展的物质前提,是实现经济发展的手段和基础,而经济发展是经济增长的目的和结果。

经济增长是经济发展的前提和基础。由质量互变规律我们知道,质变一定是由量变引起的。我们可以很容易想象到"无发展的增长",即正如一个人的成长过程一样,人的身高、体重、骨架的变化属于增长的范畴,而发展则是人的素质的提高、能力的增强。随着人的年龄的增长、身高的增加,体重也会随着变化,如果他的素质没有明显的变化,也就是说出现了"无发展的增长",这种情况是可能的。但是很难想象"没有增长的发展"。这就是说,经济发展一

---

① 黄选高:《关于经济增长与经济发展的关系探讨》,《市场论坛》2004年第3期。

定是由经济增长而实现的。质变必然是由量变引起的。经济增长是推动经济发展的各种因素中起决定性作用的因素,是经济发展的必要的、首要的物质条件,可以说没有增长,发展将成为无源之水。正如美国著名经济学家金德尔伯格和赫里克所说:"很难设想没有增长的发展。"因此只有在经济健康、持续、快速增长的前提下,社会的物质产品和服务才能更为丰富,才能满足人们生产和生活的需要,更好地推动社会的全面进步。因此,强调经济发展必须重视经济增长的基础地位和重要作用。经济发展所强调的政治、经济、文化、社会的协调发展,是经济增长的量达到一定程度后出现的社会整体水平的提高。没有这种量的提高,质的飞跃是不可能的。只有经济持续增长,才有可能实现物质财富的极大增长,广大人民群众的物质文化生活水平和生活质量才能得到改善和提高。没有经济增长,这些能力的扩大是有限的。因此经济发展必须以经济增长为基础。在经济增长与社会经济发展的关系问题上,必须始终把经济增长放在第一位,而不是本末倒置。

经济发展是经济增长的结果和目的。经济增长并不能综合反映出一个国家的进步程度,事实上在许多情况下经济增长了,但并没有使社会向前发展,相反使不平等程度加剧,资源破坏程度恶化。第二次世界大战后一些发展中国家经济增长的表现正是如此。正如贝胡在20世纪60年代就已指出的那样:伴随着总产值的增长,无论是绝对数量还是人均数量的增长,社会居民和整个经济常常没有处于发展的状态。这一现象在过去存在,在现在同样也存在。因此如果经济增长导致了结构的失衡或者人类生存质量的下降,则这样的增长是发展的倒退,或者说,出现了无发展的增长。但是,如果经济增长速度不那么快,而其结果却实现了质量的提升或结构的优化,那么,这样的增长在现实生活中也应视为发展。因此任何一个国家或地区,都不能离开经济发展这个目的去一味追求经济增长速度,那样就会导致国民经济发展的严重失调,造成经济大起大落和社会动荡的局面。从经济发展的视角看问题,经济发展比经济增长视野宽阔多了。因为发展首先是社会的协调发展,是不断由落后走向先进的过程。发展最终要体现为人自身的发展。这里包含着双重含义:一方面人的发展是经济发展的首要前提;另一方面经济发展必须以人的发展为着眼点。经济增长概念向经济发展概念的嬗变,就标志着人们价值思想观念的转变,从单纯关心经济向关心经济社会综合协调发展转移、从关心经济量的方面向关心社会进步的质的方面转移、从关心发达国家的经济增长向关心整个世界尤其是处于第三世界的发展中国家的共同发展过渡。

经济发展方式是经济增长方式的延伸。经济发展方式和经济增长方式一样,经济发展也可以概括为两种类型:一是主要依靠增加生产要素投入实现的外延扩张式的粗放型增长,核心是单纯追求和实现国民经济更快的增长速度和总量的扩张;二是主要依靠提高生产的技术水平而实现的内涵提高式的集约型增长,它不仅包括单纯的经济增长,而且包括产业结构的优化和升级、经济运行质量和效益的提高以及经济社会发展的协调与和谐等各方面。其实质在于全面追求和实现国民经济更好的发展。人类历史发展的进程表明:一个社会的经济发展方式总是沿着从粗放型增长到集约型增长、从单纯的经济增长到全面的经济发展的从低级向高级发展的历史道路演进的,而社会对其具体发展方式的选择总要受到其本身所处的经济社会历史阶段的制约。

(四)经济发展与可持续发展

1.经济发展与可持续发展

通过前面对经济增长和经济发展的区别和联系的论述,我们可用经济学家斯蒂格利茨的话来表述:"发展代表着社会的变革,它是使各种传统关系、传统思维方式、教育卫生问题的处理以及生产方式等变得更'现代'的一种变革。然而变化本身不是目的,而是实现其他目标的手段。发展带来的变化能够使个人和社会更好地掌握自己的命运。发展能使个人拓展视野、减少闭塞,从而使人生更丰富,发展能减少疾病、贫困带来的痛苦,从而不仅延长寿命,而且使生命更加充满活力。根据发展这一定义,发展战略应以促进社会变革为目标,找出不利于变革的障碍以及潜在的促进变革的催化剂。"[1]由此可见,经济发展涉及的内容超过了单纯的经济增长,比经济增长更为广泛。经济发展不仅意味着国民经济规模的扩大,更意味着经济和社会生活素质的提高。正如阿马蒂亚·森指出的,人才是发展的中心,发展的最根本目的是为人谋福利。[2]

---

①　胡鞍钢、王绍光编:《政府与市场》,中国计划出版社 2000 年版,第 148～169 页。

②　阿马蒂亚·森:《以自由看待发展》,中国人民大学出版社 2002 年版。

可持续发展（Sustainable Development）是 20 世纪 80 年代提出的一个新概念。1987 年世界环境与发展委员会在《我们共同的未来》报告中第一次阐述了可持续发展的概念，在国际社会上形成广泛共识。可持续发展是指既满足现代人的需求又不损害后代人满足需求的能力。也就是说经济、社会、资源和环境保护协调发展，它们是一个密不可分的系统。可持续发展既要达到发展经济的目的，又要保护好人类赖以生存的大气、淡水、海洋、土地和森林等自然资源和环境，使子孙后代能够永续发展和安居乐业。也就是江泽民指出的："决不能吃祖宗饭，断子孙路。"可持续发展的核心思想是：健康的经济发展应建立在生态可持续能力、社会公正和人民积极参与自身发展决策的基础上；这种发展所追求的目标是：既要使人类的各种需要得到满足，个人得到充分发展，又要保护资源和生态环境，不对后代人的生存和发展构成威胁；它特别关注的是各种经济活动的生态合理性，强调对资源、环境有利的经济活动应给予鼓励，反之则应予摒弃。由此可见，可持续发展与经济发展存在着统一性。

2. 经济发展和可持续发展的统一性

自从可持续发展产生后，很多人认为它们不一样，实际上，经济发展与可持续发展具有内在的统一性。

经济发展是可持续发展产生的基础。经济发展是一个国家财富的增长，但是随着经济的发展，环境污染、资源危机等一系列问题不断产生，1972 年罗马俱乐部的研究报告《增长的极限》向人们发出警示：人口和工业的无序增长终会遭遇地球资源耗竭与生态环境破坏的限制。在此背景下，可持续发展理论出现并逐步成熟。同年，联合国人类环境会议在斯德哥尔摩召开，联合国环境署（UNEP）成立，与会各国代表共同发出了"只有一个地球"的呼声，达成了《人类环境宣言》。从此，环境保护被提上人类发展的议事日程，经济发展必须兼顾生态环境保护的思想逐步被人类接受。

可持续发展并未改变经济发展的本质。可持续发展只是强调了经济发展的长期性，并未改变发展的方向，实质依然是发展，因而也并未改变经济发展的本质，只是将影响经济发展的因素增加了，并强调了全球性和长期性的经济发展而已。总的来说，可持续发展和经济发展之间是密切相关的，可持续发展只是把经济发展的研究范围扩大了，但两者的实质是一致的，两者是统一的。[①]

二、经济发展模式

欧美等发达国家的工业化道路和苏联优先发展重工业的工业化道路都产生了巨大资源消耗、环境污染的问题。自第二次产业革命后,经济学家不断掀起对经济发展模式的讨论,"先发展,后保护"、"先保护,后发展"、"边发展,边保护"的经济发展模式各有其特点,本节对这几种发展模式进行分析,并探讨了中国转变经济发展模式的思想依据与制度根据。

(一)经济学对不同发展模式的分析

1. 传统工业化道路

实现工业化是各个国家经济发展过程中的必经阶段。从欧美日等先行工业化国家的工业化道路分析,可以把经济发展模式划分为以下四个阶段:第一是"起飞"以前的阶段,即产业革命以前,这个阶段经济规模比较小,处于人均收入较低的工业化初期,主要靠土地和自然资源投入的增加实现经济增长。第二是"早期经济增长"阶段,即19世纪后期第一次产业革命发生到第二次产业革命之前。这个阶段的特点是用机器大工业代替农业和手工业中的手工劳动。这一阶段的经济增长是靠大量投资发展资本密集的机器大工业,特别是重工业来支撑的。按这种模式进行的工业化叫做"传统工业化"。第三是第二次产业革命以后的发展阶段。库兹涅茨把先行工业化国家这个阶段的经济增长称为"现代经济增长"。现代经济增长和早期经济增长的区别在于,经济增长主要已经不是靠资本积累,而是靠效率提高实现。这种增长模式体现出"新型工业化"的特征。第四是20世纪50年代以后,计算机、现代信息技术(IT)阶段,这个阶段先行工业化国家逐渐进入信息时代或者叫知识经济时代。这个阶段的经济增长主要靠信息化带动。[②] 下面就对传统工业化道路和

---

① 盛剑:《论经济增长、经济发展和可持续发展的统一性》,《贵阳学院学报》(社会科学版)2008年第2期。

② 吴敬琏:《思考与回应:中国工业化道路的抉择》,《学术月刊》2005年第12期。

新型工业化道路作简要分析。

　　对欧美等西方国家的传统工业化道路的分析。英国是世界上最早开始和完成工业化的国家,其工业化的时间大概是100年,从18世纪70年代开始,到19世纪70年代完成。接着是欧洲大陆的主要国家和美国,也用了一个多世纪的时间完成了工业化,大体上从18世纪末至19世纪初开始到20世纪初期基本结束。到20世纪末,全世界200多个国家中,有60～70个基本实现了工业化,其人口不到全球人口的20%。早期发达国家的工业化,一般被称为传统的工业化。与现代工业化相比,这种传统的工业化道路大体上有以下几个特点:首先是工业部门的迅速扩张。在第一次技术革命的影响下,早期发达国家的工业化特征是由手工生产转向机械生产。其次是早期发达国家的工业生产基本上是粗放型或资源消耗型的,工业化的不断推进建立在资源高投入的基础之上。早期发达国家面对的是一个广阔的国内外市场,对工业品的需求迅速增长,同时各种资源尤其是自然资源丰富,价格低廉,因此,工业生产基本上是粗放型或资源消耗型的。例如主要发达国家在工业化初期每生产1万美元的产值,大概要投入7万美元的资本,而到了20世纪50年代,提供同样的产值所需要的资本投入下降到3万～5万美元。最后,发展道路是先污染后治理。突出的环境污染一直伴随着早期的工业化过程,直到欧美主要发达国家的工业化接近完成之后,治理环境污染的问题才被真正提到议事日程上来。例如,英国的工业化导致了泰晤士河在近现代的近百年时间里看不到鱼,经过第二次世界大战后的环境治理,才于1968年在泰晤士河中重新发现了40种鱼。

　　我国经济学家吴敬琏对传统工业化在我国产生的弊端作了系统概括,他认为,旧型工业化是由投资驱动的工业化道路,其经济增长主要依靠资本积累。英美等国的工业化都经历了资本积累靠掠夺殖民地与残酷压榨本国人民的过程。因此,造成的后果是大量掠夺殖民地的能源、原材料,并倾销其产品,造成资源的大量浪费和环境破坏,同时国内环境污染严重,环境的恶化制约了工业的发展,除此之外,残酷掠夺农民,工人劳动条件很差收入很低。马克思最早指出这种增长模式的弊端。他在《资本论》中指出了两种规律现象,即在资本积累过程中,随着有机构成的不断提高,平均利润率下降的规律和"相对过剩人口增加的规律"。平均利润率下降是指随着用于购买机器的不变资本

(物质资本)比重的不断增加,能够创造剩余价值(利润)的可变资本比重的不断降低,利润率必然会下降。利润率的不断降低导致竞争加剧,必然出现资本的积聚和集中,导致垄断。"相对过剩人口增加的规律",即失业人口不断增加的规律,有机构成提高导致工资总额的相对减少,所以就业岗位就会减少,或者使劳动者工资水平降低,从而导致无产阶级贫困化和阶级斗争的加剧。19世纪60~70年代,马克思得出的结论为资本主义敲响丧钟。

苏联模式。根据马克思主义理论,列宁从资本有机构成提高推导出第三个规律,即生产资料优先增长的理论。他提出,在扩大再生产过程中,"增长最快的是制造生产资料的生产资料生产,其次是制造消费资料的生产资料生产,最慢的是消费资料生产"。到了20世纪20年代,斯大林在列宁理论和德国经济学家"霍夫曼定理"基础上提出了"社会主义的工业化路线",即优先发展重工业的工业化路线。斯大林提出,资本主义工业化过程中从轻工业到重工业的发展是自发的,共产党取得政权以后可以自觉地来做,不需要从轻工业开始,从一开头就可借助国家力量优先发展重工业,这样可以加快工业化的进程。这样,优先发展重工业在1929年被正式确立为苏联共产党的路线,后来的社会主义国家都是沿着这条路线走的。苏联工业化可以分为三个阶段:第一阶段是1926~1928年,主要工作是对原有的工业企业进行改造,同时新建了几千家企业。经过三年建设,重工业在国民经济中比重提高,为全面建设工业化奠定了基础。1928~1932年是苏联的"一五计划"时期,亦即工业化的第二阶段。这一阶段苏联的工业生产大幅度提高,工业产值占工农业总产值的70%,重工业产值占工业产值的53.4%,苏联开始由农业国转变为工业国。1933~1937年是苏联的"二五计划"时期,亦即工业化的第三阶段。这一阶段,苏联的工业发展速度远远超过主要资本主义国家,工业产值占工农业总产值的77.4%。至此,苏联由一个农业国完全转变为工业国,基本完成了社会主义工业化的任务,建立了门类齐全的工业体系,产业结构发生了根本改变,到"二五计划"完成的1937年,苏联的工业产值跃居欧洲第一,世界第二,仅次于美国。[①]

---

① 周进:苏联工业化道路[EB/OL]. http://eblog.cersp.com/us/200537/archives/2008/951469.shtml erlog28。

由于斯大林认为社会主义工业化的基础就是发展燃料、金属、军事工业等重工业,因此苏联工业化的显著特点是片面、优先发展重工业。这样不可避免地带来了一些问题,如:片面强调发展重工业,导致国民经济比例严重失调;从农业中抽取的工业发展资金过多,致使农业发展滞后;中央集权过多,对企业管制太多,企业缺乏生产经营自主权;盲目追求建设的高速度和高指标,结果速度很快但不计成本、消耗大,浪费了资源,有的产品质量低劣。

西方先行工业化国家的早期增长模式和苏联的优先发展重工业的实践,对西方经济学家有很大的影响。无论"霍夫曼定理"还是流行多年的哈罗德—多马增长模型都是强调增长决定于投资,投资越多增长越快。因此,针对此种经济增长模式的影响和后果,到底如何发展经济的问题一直是经济学家们不断讨论的话题。

2. 新型工业化道路

1870 年以后的第二次产业革命,科学技术的发展突飞猛进,各种新技术、新发明层出不穷,并被迅速应用于工业生产,大大促进了经济发展。此时的经济增长不是靠资本积累,而是靠提高效率,这是经济发展模式的巨大变化。效率的提高是由于科学技术的突出进步,如电力的广泛应用、内燃机和新交通工具的创制、新通信手段的发明。进入 20 世纪 50 年代后,科学技术更是大发展,步入信息化时代,新型工业化道路正是由信息化驱动,以信息化带动工业化的新型道路。新型工业化道路也是一条对传统工业化予以扬弃的道路,即对传统工业化批判与继承相统一的道路。其中效率提高的主要源泉大致有以下三个:

第一,科学技术的广泛应用。第一次产业革命与第二次产业革命虽然都有技术进步的作用,但是第一次产业革命中乃至之前的技术是基于经验和由工匠进行,即"熟能生巧"。这种进步是改良性质的,范围受到很大的限制,不可能有革命性的改进。而第二次产业革命过程中则由于基本完成了对科学发明和科技创新激励的制度化,从而大大地激发了科学家、技术人员和企业的创新热情,使得基于科学的技术大量涌现并得到了广泛的应用,新能源、新产品、新工艺、新材料层出不穷使生产率得到大幅度的提高。

第二,服务业的迅猛发展。20 世纪发展最快并对经济发展起了最重要作用的,并不是消费性服务业,而是为制造业、农业等生产提供产前、产中和产后服务的生产性服务业。[①] 比如,前端的教育、研发、设计、采购,后端的营销、维修服务、供应链管理、金融等。服务业一方面能够减少生产环节的成本,但是更重要的作用在于降低交易成本。随着交易成本在总成本中比重越来越高,服务业对于降低交易成本的作用就越来越突出;越是发达的分工,越要花费更多的资源去完成交易,而发展服务业就是有效降低交易成本、提高效率的基本手段。[②] 服务业有较高的劳动生产率,无论在宏观上还是在微观上,都实际地为社会节约了劳动时间,提高了劳动生产力。到了19世纪和20世纪之交,也就是在进入所谓"工业化后期阶段"后,服务业在英、美等先行工业化国家已成长为占主导地位的产业。20世纪制造业的一个巨大变革,就是制造业和服务业的一体化。所以,有人把先行工业化国家后期的工业化称为"服务业—工业化"。

第三,信息化。信息化的本质是对信息技术、产品和服务的应用。信息化主导着新时期工业化的方向,使工业朝着高附加值化发展。20世纪50年代以后出现了现代信息技术(IT),并且得到了迅速发展。渗透到各行各业的信息,成为提高效率,降低交易成本的有力武器。尚未完成工业化的发展中国家应该充分发挥信息化的后发优势,在适宜的场合运用现代信息、通信技术(ICT)来处理信息,加快工业化的进程,这就叫做"用信息化带动工业化"。

根据以上的分析,"新型工业化道路"具有双重含义:第一层含义的"新",是相对于18世纪中叶到19世纪中叶的早期增长模式而言的,它是信息化和工业化相互融合的跨越式发展道路,是注重生态建设和环境保护的可持续发展道路。第二层含义的"新",就是为工业化增加了新的加速器,即"用信息化带动工业化"。

(二)关于经济发展模式的讨论

1. "先发展,后保护"的发展模式

"先发展,后保护"的工业化发展道路是西方发达国家在其近200年的工业化进程中走的一条发展道路。发展前期造成了严重的环境污染,使其在后

---

① 吴敬琏:《思考与回应:中国工业化道路的抉择》,《学术月刊》2005年第12期。
② 同上。

期需花费大量的人力物力进行环境保护和恢复。以此为鉴,发展中国家在经济发展过程中都极力希望能够避免这一过程,但是,大部分的发展中国家即使在提出了可持续发展之后,还是正在经历"先污染,后治理"这个痛苦的发展过程,好像这种发展道路是不可避免的。尤其是环境库兹涅茨曲线(the Environmental Kuznets Curve)的提出,更是引发了这种"先发展,后保护"道路的热烈讨论。

环境库兹涅茨曲线(the Environmental Kuznets Curve,英文缩写为EKC)是普林斯顿大学经济学家格罗斯曼(Grossman)和克鲁格(Krueger)在研究北美自由贸易协定的环境影响时,参照经济学中的库兹涅茨曲线提出的。1992年,谢弗克(Shafik)和班德沛野(Bandyopadhyay)在《世界发展报告》中对EKC进行了大量研究。此后,世界各国的专家学者展开了关于EKC的研究。环境库兹涅茨曲线通过人均收入与环境污染指标之间的演变模拟,说明经济发展对环境污染程度的影响,也就是说,在经济发展过程中,环境状况先是恶化而后得到逐步改善。对这种关系的理论解释主要围绕三个方面展开:环境服务的需求与收入的关系,经济规模效应(scale effect)与结构效应(structure effect),政府对环境污染的政策与规制。

环境服务的需求与收入的关系。这种解释是从人们对环境服务的消费倾向展开的。在工业化初期,自然环境未遭受严重的污染,社会日益发展,尤其是现代工业的出现极大地推动了生产力的发展。在这种环境下,人们为了维持新的生活方式也就意味着需要更多的物质财富,从而致力于追求生活必需的物资,环境资源对消费者来说是奢侈品。而随着经济发展,工业化前期不可持续的工业发展模式导致了自然环境的破坏,环境资源已经开始稀缺;另外,社会环境方面,社会经济、工业、科技都得到了长足的发展,不再需要以牺牲环境为代价进行原始积累,人们生活水平得到了极大的提高、需要更加"绿色"的生活方式。这一时期,消费者除了追求物质财富之外,还产生了对环境资源的消费需求,可以说,随着国民收入的提高,产业结构、消费结构发生了变化,环境服务成为正常品,人们对环境质量的需求增加了,于是人们开始关注环境保护问题,环境恶化的现象逐步减缓乃至消失。

规模效应、技术效应和结构效应。这是影响环境质量的三种途径。首先,所谓规模效应是指经济发展需要持续不断的资源投入,相应地,产出不断提高,废弃物不断增加,从而使得环境的质量水平不断下降。不难发现,规模效应是收入的单调递增函数。其次是技术效应。高收入水平与更好的环保技术、高效率技术紧密相连。在一国经济增长过程中,研发支出上升,推动技术进步,技术进步使得原先那些污染严重的技术为较清洁技术所替代,从而改善了环境质量。最后,结构效应,是指经济结构在早期阶段从农业向能源密集型重工业转变,增加了污染排放,随后经济转向低污染的服务业和知识密集型产业,产业结构升级,环境质量改善。规模效应恶化环境,而技术效应和结构效应改善环境。正是因为规模效应与技术效应、结构效应之间的权衡,规模效应大于技术和结构效应,资源的使用在经济起飞阶段超过了资源的再生,有害废物大量产生,环境恶化;当经济发展到新阶段,技术效应和结构效应胜出,环境恶化减缓。

环境规制。这是从政府对环境所实施的政策和规制手段来阐述的。在经济发展初期,由于国民收入低,政府的财政收入有限,而且整个社会的环境意识还很薄弱,因此,政府对环境污染的政策和规制很少,随着经济的增长,环境污染的程度不断恶化。但是,当国民经济发展到一定水平后,随着政府财力的增强和管理能力的加强,污染者、污染损害、地方环境质量、排污减让等相关信息不断健全,促成政府加强地方与社区的环保能力和提升一国的环境质量管理能力。一系列环境法规的出台与执行,使环境污染的程度逐渐降低。若单就政府对环境污染的治理能力而言,环境污染与收入水平的关系是单调递减关系(有人称之为消除效应,abatement effect)。许多学者对环境库兹涅茨曲线是否存在的问题进行了实证分析,其中不少研究结果证实了环境库兹涅茨曲线确实存在,比如谢弗克(Shafik)和班德沛野(Bandyopadhyay,1992)的实证结果表明二氧化硫(SO_2)和悬浮颗粒物(SPM)的排放状况随人均收入的增长先恶化而后改善,而潘那约托(Panayotou,1993)与克苏珀和格里菲斯(Crpper and Griffith,1994)都发现森林遭受破坏(deforestation)的程度与人均收入呈倒"U"形曲线。塞尔登和桑(Selden and Song,1994)则对SO_2,氧化氮(NOx),钴(CO)和SPM四种空气指标进行分析并证实了环境库兹涅茨曲线的存在。马兰奇(Schmalensee,1998),加莱奥蒂和蓝泽(Galeotti. and Lanze,1999)都验证了二氧化碳(CO_2)排放状况与人均收入之间的倒"U"形关系。事实上,无论是在经验数据上还是在理论解释上环境库兹涅斯曲线都受到强烈质疑。如迪布恩(De Bruyn)对美国、德国、英国、挪威四国 20 世纪 60 年代中期至 90 年代中期人均收入与 CO_2、NO_x 和 SO_2 排放量变化进行相关分析,发现这些国家人均收入和污染物排放量的关系曲线类似倒 U 形;但是 90 年代以来污染物排放量又有所上升,使相关曲线发生变化,并不呈现倒 U 形。因此,Bruyn 认为 20 世纪 70 年代以来排放量下降的因素不是经济增长和收入的提高,而是能源危机,经济增长的作用其实是导致更高的排放量,EKC 的倒 U 形关系不成立。[①] 在最近的研究中,迈耶等人(Meyer etal.,2003)通过对 117 个国家的考察,却得出森林遭受破坏的程度与人均收入呈正"U"形形态。[②] 理论上也并不能证明环境库兹涅斯曲线所描述的进入高收入阶段后环境压力自发减少的必然性。因为环境压力变化的决定因素并非完全是收入状态,而是与社会演化有关。只有当经济增长造成的环境外部不经济性能够引发社会环境运动,进而迫使政府调整环境政策这一演化路径形成时,才会形成环境库兹涅斯曲线,因此环境库兹涅斯曲线具有很大的局限性。此外,这一曲线是基于某些发达国家经济增长事实提出的,缺乏发展中国家的数据。而发展中国家的工业化进程所面临的资源与环境约束条件已不同于发达国家经历的传统工业化进程,因而很难再重复环境库兹涅斯曲线所描述的工业化进程。由此可见,"环境库兹涅茨曲线只是一个客观现象,而不是一个必然规律"[③]。因为环境库兹涅斯曲线在一定意义上证明了环境问题与工业化的相关性,它似乎表明:环境危机只不过是工业化进程中的一个阶段性现象,当经济增长达到较高阶段后,它就会自动得到解决。这一结论常被用来证明"先发展,后保护"的传统工业化经济增长方式的合理性。但这种推理的不严密性,对于处于工业化进程中的发展中国家而言,由于今天地球的环境质量和容量已远不如发达国家的工业化时期,如果依然想复制发达国家"先污染,后治理"的传统工业化道路,要付出的代价将会远远超过发达国家。

2."先保护,后发展"的发展模式

20 世纪中叶以来,资源、环境、人口等社会、经济和政治问题日益尖锐和

---

① 周晨:《环境库兹涅茨曲线不适》,《吉林建筑工程学院学报》2010 年第 3 期。

② 陈雯:《环境库兹涅茨曲线的再思考——兼论中国经济发展过程中的环境问题》,《中国经济问题》2005 年第 5 期。

③ 赵云君、文启湘:《环境库兹涅茨曲线及其在我国的修正》,《经济学家》2004 年第 5 期。

全球化,所谓"人类困境"问题吸引了越来越多的研究者。其中,罗马俱乐部的研究成果最引人注目。罗马俱乐部成立于1968年4月,是一个由知名科学家、经济学家和社会学家组成的小团体,宗旨是促进和传播对人类困境的理解,同时激励那些能纠正现有问题的新态度、新政策和新制度。1972年3月,米都斯领导的一个17人小组向罗马俱乐部提交了一篇研究报告,题为《增长的极限》。他们选择了5个对人类命运具有决定意义的参数:人口、工业发展、粮食、不可再生的自然资源和污染。这项耗资25万美元的研究最后得出结论:地球是有限的,人类必须自觉地抑制增长,否则随之而来的将是人类社会的崩溃。这篇报告发表后,立刻引起了爆炸性的反响。这一理论又被称为"零增长"理论。"零增长"理论被作为"先保护,后发展"的发展模式理论代表。根据"零增长"理论,就世界各国目前的生产技术、生产能力,如果经济不受阻碍地继续增长下去,那么到2100年,将会出现极度环境污染,粮食匮乏,人口过多,自然资源耗尽,从而进入"世界的末日",人类将最终毁灭。因此,必须实现零经济增长率,以使世界保持生态平衡。

应该说,采取这种态度和倡导这种模式,是有某种原因甚至在一定程度上是合理的原因。但是,这毕竟是一种同现实生活有相当差距的主张,并且是难以实现的主张。当然,这种主张在处理环境与社会的关系上,不无积极作用,但是有些东西一旦"过头"或"过正",往往要偏离真理的边缘,甚至会产生某种负面效应。[①] 因此,我们在评价这种理论时,一定要作具体分析。

对于习惯了经济增长的绝大多数人来说,"零增长"几乎就是一个空想,不仅对于正在追求富强的发展中国家不可行,就是已经富裕起来的发达国家也难以接受。但该理论的提出毕竟为人类敲响了警钟,对人类社会进程中遇到的人口问题、粮食问题等都提供了一定的预见,从而有助于人类加强对这些问题的重视。虽然实现零增长具有空想性,但是实现零发展是可以的,它是指经济规模不再扩张,但人类在此基础上仍可通过质量的改进提高经济福利水平从而实现发展。

3. "边发展,边保护"的发展模式

鉴于"先发展,后保护"的传统工业化模式与"先保护,后发展"的"零增

---

① 沈殿忠:《环境社会学》,辽宁大学出版社2004年版,第67页。

长"模式都缺乏可行性,因此有人提出解决这一问题的唯一途径是"边发展,边保护",该模式就是走一条经济与环境相协调的发展道路。针对前面两种模式的不断讨论,1987 年世界环境和发展委员会向联合国大会提交了报告《我们共同的未来》,正式提出可持续发展模式:既满足当代人的需要,又不对后代人满足其需要的能力构成危害的发展。1992 年,联合国在里约热内卢召开的环境与发展大会通过了《里约宣言》与《全球 21 世纪议程》,标志着可持续发展理论最终形成并成为世界各国的共识。可持续发展模式既保证经济的持续发展,并达到以发展促进环境资源的开发、保护,又以环境资源的开发、保护而促进推动经济发展。因此可持续发展应该是我们人类寻找的"边发展,边保护"的发展模式。最重要的是,走可持续发展道路可突破"增长的极限"。①

但是可持续发展模式的实现,不同国家应根据其国情具体设计。尤其对于高速增长的中国经济而言,这一问题更具紧迫性。中国正在实现一种"压缩型"的工业化,即试图用较短时间完成西方国家经历上百年才完成的工业化进程,这种工业化不仅压缩了工业化实现的时间,而且还压缩使得西方工业化过程中长期分阶段出现的各种生态问题被"压缩"在一个较短时期内同时出现。中国的工业化进程一直采取的是一种粗放式增长模式,这使得中国工业化进程的生态压力较其他国家更为沉重。20 世纪 80 年代中期,中国工业化尚处于为起飞做准备的阶段,人均资源水平则严重低于世界平均水平,三次产业结构的产值大致相当于美、德、英、法、日五国 20 世纪 20 年代的水平,而主要污染指标则达到发达国家 20 世纪 60 年代的水平。这表明中国在工业化的起飞准备阶段就提前"预支"了环境资本,这无疑增加了中国今后经济发展的困难。同样,由于中国曾经长期采取放任生育和强化二元经济结构的政策,人口规模不是随着工业化的发展而逐渐稳定乃至缩小,相反呈现出持续膨胀的趋势。

总之,中国工业化的生态条件已无法保证继续复制西方的传统工业化模式,因此当务之急就是转变国民经济的运行模式和增长模式,走经济与环境相协调的可持续发展道路。

---

① 程美娥:《从"增长的极限"到"可持续消费"》,《南京政治学院学报》2006 年第 1 期。

(三)中国经济发展模式的转换

1.对中国经济发展模式的分析

1952年,国民经济的恢复任务已经完成,在即将转入大规模经济建设之际,摆在中国人民面前的一个具体而又紧迫的问题就是进行工业化建设。对党和政府来说,这是一个全新的问题。从领导人到经济学界,都在探索中国经济建设的道路。经过1952年7月到1953年年底一年半的经济建设实践和理论探索,我国终于选择了以过渡时期总路线和"一五"计划为标志的苏联工业化模式。这是"依靠本国内部积累资金,从建立和优先发展重工业着手,求得工业和整个国家经济的高速度发展,实现国家的社会主义工业化"①的发展模式。这个模式由于在执行中造成了农业衰退、农村偏枯等经济和社会问题,所以在1956年党的"八大"前后,我国对苏联的工业化模式进行了认真的思考和研讨,试图寻找一条既适合中国国情又能够避免苏联所走过的弯路的工业化道路。但由于当时对社会主义社会的认识没有取得重大突破,对这条工业化道路和缺乏效率的增长模式缺乏根本性的认识,这次探索并没有在实践上突破苏联的模式,因而在"大跃进"运动中反而把钢、煤等重工业的发展提高到压倒一切的地位,把一切能够动员的资源都投入到"大炼钢铁"运动中,造成了极为严重的经济政治后果。因此,党的"八大"以后,我国的工业化并没有走出一条新路子来。总之,从"一五"时期到改革开放前夕,我国的工业化一直走的是一条传统的社会主义工业化道路。重工业畸形发展、农业受到严重损害、服务业十分落后,高投入和低效率的状况始终没有改变。1949~1978年,为新中国工业化的第一个时期,即单纯依靠国家力量,实行计划经济和优先发展重工业时期。

改革开放后,我国的工业化道路开始转变,开始从急于求成、追求高速度转变为经济增长指标宽松、留有余地;从过去单一公有制和计划经济的基础转变为多种经济成分并存和市场经济为基础。伴随着经济体制的转轨,在不到20年的时间里,我国的经济总量翻了两番,三次产业的结构由1978年的28.1∶48.2∶23.7提升到19.7∶49.0∶31.3,居民消费水平由1978年的184

元增加到199?年的2311元,①创造了令世界瞩目的经济奇迹。

　　但是从"六五"、"七五"、"八五"期间的经济增长中,我们可以看出我国的工业化仍然是以外延发展为主。"八五"期间投资增长的贡献率由"七五"的38.7%上升到41.5%,其中固定资产投资增长的贡献率由"七五"的26.6%上升到38.4%,消费增长的贡献率则由"七五"的61.5%下降为55.7%。② 经济增长主要是依靠投资需求拉动的,而且主要是固定资产投资。而且与传统工业化道路相配套的制度和政策安排也没有得到彻底改变,如GDP的增长速度仍然是主要的政绩考核标准、中国现行的以生产型增值税为主体的财税制度促使某些地方政府希望发展价高税大的产业、政府还保留着对重要经济资源的过大配置权力、要素价格扭曲的问题依然存在等。由此也造成了资源消耗高、环境破坏严重的负面结果。吴敬琏在论文《思考与回应:中国工业化道路的抉择》中谈到了此种发展模式存在的七个问题,主要表现在:不能按照比较优势原理扬长避短地配置资源,造成国民经济整体效率下降;放松了技术创新和提高效率的努力;抑制了对提高国民经济整体经济效率关系重大的服务业的发展;造成水、土、煤、电、油等基本资源的高度紧张;加剧了生态环境的破坏;增加了解决就业问题的难度;对重化工业的过度投资孕育金融风险。③

　　2. 中国经济发展模式转换的特征

　　明确的指导思想和转换目标。中国经济发展模式转换最为明确的指导思想,就是中国化的马克思主义,体现在经济学上就是中国化的马克思主义经济学。这种马克思主义经济学不是本本主义和教条主义,而是以中国实践和问题作为导向的中国化马克思主义经济学,是从马克思主义立场、观点、方法和根本结论一脉相承的理论基础上来研究和探讨中国经济发展。张建君在《论中国经济转型模式》中提到了马克思主义经济学最为显著的特点,就是"四性"的统一——中国化马克思主义理论的主导性、实践性、多元性和兼容性的统一。主导性,就是从国家的指导思想和历次经济转型的具体实践来看,与中

---

① 武力:《中国工业化路径转换的历史分析》,《中国经济史研究》2005年第4期。

② 同上。

③ 吴敬琏:《思考与回应:中国工业化道路的抉择》,《学术月刊》2005年第12期。

国改革开放、经济转型共同成长起来的邓小平理论和新的发展着的马克思主义是具体统筹中国经济转型过程的指导思想。实践性,就是中国经济转型并不存在僵化的模式,没有不变的理论范式,只有不断的实践发展,真正把实践作为了检验真理的唯一标准。多元性,主要体现在改革之初对东欧社会主义市场理论的借鉴,转型过程对西方经济学理论的重视,对本土经验的总结,包括对日本、东南亚发展经验的学习等,使中国化马克思主义经济学从一开始就具有理论来源上的开放性和多元性。这样突破了教条主义和本本主义的理论束缚,形成了中国化马克思主义经济学兼容并蓄的发展格局。兼容性,就是在中国经济转型过程中,始终坚持中国化马克思主义经济学的理论主导和多元理论借鉴的统一。在这四性的基础上,马克思主义经济学中国化的历史进程逐步推进。这就为中国经济发展模式转换成功提供了首要经验。

社会主义制度约束刚性化。社会主义制度约束刚性化,简单讲,就是坚持社会主义制度不动摇。一些前社会主义国家经济转型的失败就在于放弃了社会主义制度,经济转型过程完全变成了混乱的财产瓜分和社会盲动过程。其意识形态还存在流变的可能,但社会制度的束缚则荡然无存,形成了意识形态和社会秩序的双重无序状态,甚至包含着未成熟的新意识形态和顽强的旧意识形态之间剧烈的矛盾和冲突。斯蒂格利茨认为渐进改革方式的可取性在于政府要承诺不扭转改革的方向,以及强调通过学习来避免"信息超载"(information overload)和组织遭到破坏而引起的信息损失问题。[1] 这是非常精辟的见解,转型所引发的体制转变、社会转型和制度创新都在不断地引入、创新和拓展着既有的社会秩序,并促使其发生革命性的变化;没有一个稳定的制度保证就不可避免地会出现社会生活、生产秩序的混乱,甚至崩溃。[2]

3.转换经济发展模式需要注意的问题

一种经济发展模式本身并无价值好坏判断。它具有在综合条件下不以人们的主观意志为转移的客观性特征。当一种经济发展方式的综合条件没有被新的条件打破、替代时,想要在主观上让这种增长方式退出历史舞台是不现实、不可能的。以此就能够理解为什么早在十几年前就提出了要转变方式但

---

① 斯蒂格利茨:《关于转轨问题的几个建议》,《经济社会体制比较》1997年第2期。
② 张建君:《论中国经济转型模式》,中共中央党校出版社2008年版,第164页。

直到今天都没有完全转变过来。它除了受到制度条件约束之外,更重要的是受到了机制条件、技术条件、资源条件的强制约束,而这些条件转变难度超过了制度条件。

以一种经济发展模式的实施结果或目的性来评价其成功与否,不在于它的过程和使用的手段。如果只作纯学理的评价,人们会说投入最少而产出最多的是最好的经济发展方式。但是这种抽象了现实和历史条件的评价实际上等于没说。马克思在分析资本主义经济增长方式时就曾经有这样的思想:资本家对待一种新的技术发明在生产使用上的态度,首先要看这种技术能否使得资本增值,或者说增加相对剩余价值。如若新技术不能带来更多的价值增值,资本家就宁愿继续采用旧技术而置新技术于不顾。经济发展方式采用哪种组合类型,除了取决于增长方式存在的条件性外,其实也取决于增长方式存在的目的性。

对经济增长方式目的性可以有很多解释,比如可以把满足人民消费需要作为经济增长方式的目的。但这里考察的是在同样满足人民消费需要的基础上,如何使得经济增长方式保持一种合理的表现状态。因而可以达成一点共识:无论哪种组合方式类型,都须使得经济增长在给定条件下达到一种理想或近似理想的增长状态。

三、"深绿色"经济发展模式

"深绿色"理念下的经济发展追求环境与经济发展共赢,因此在经济发展模式上必须将环境与发展进行整合性思考。基于这种理念探讨经济发展应该遵循以下方向和原则:"深绿色"理念下的经济发展要坚持生态正义与生态权利,经济发展生产方式应是非线性的物质循环,经济发展中坚持科技的生态学转向,建立基于包含模型的生态文明的政策,从物质经济走向非物质化经济。这些方向和原则构成"深绿色"理念下的经济发展模式。

(一)"深绿色"理念下的经济发展要坚持生态正义与生态权利

社会生态学的代表人物穆瑞·布奇认为社会生态学的"社会性"就在于它认识到了这样一种通常被忽视的现实问题,即目前的生态危机都是源自一些深层的社会问题,说得更具体一些就是生态危机都有着深刻的经济、文化、伦理、性别冲突等方面的原因。这虽然与环境学家们习惯于把生态问题只是归结为荒野保护或者更宽泛一点归结为生物圈的保护有很大不同,但是这更有助于揭示出问题的实质。反之,如果"把生态问题和社会问题分离开来——甚至贬低或者只是象征性地认可这种十分重要的关系,那么就会误解还正在发展着的生态危机的真正原因"。① 挪威生态哲学家阿伦·奈斯也指出:"一个绿色社会,在某种程度上,不仅要解决生态可持续问题,而且要能保证和平与大部分的社会公正。"② "深绿色"理念要求改变"主客二分"的狭隘人类中心主义的自然观,确立人与自然和谐共存的理念。"深绿色"理念下的经济发展要求改变"唯增长型"的功利主义经济观,坚持生态正义与生态权利。

1. "深绿色"理念下的经济发展要坚持生态正义

所谓生态正义亦即环境正义,是指在对待环境问题上,不同国家、地区、群体之间拥有的权利与承担的义务必须公平对等,体现了人们在利用和保护环境的过程中,期求享有的权利和承担的义务、所得与投入上的公正结果。③ 具体来说,生态正义包括人与物关系层面的种际正义、人与人关系层面的人际正义。所谓种际正义是指人类与其他动物、植物、微生物及其组成的生态自然等异种之间的和谐、公平问题。人际正义、国际正义的形成、发展及履行都是以种际正义为基本内容的。人际正义是指不同时代、不同种族、不同性别的利益群体,在利用资源保持生态的过程中,取得权利与义务的对应、贡献与索取的对应、机会与风险的对应、恶行与惩罚的对应、善行与奖赏的对应、作用与地位的对应等。它主要包括代际正义与代内正义。代际正义是指以空间同一性、时间差异性为维度的当代人与后代人之间行使公正的概念,其基本要求是当代人在进行满足自己需要的发展时,又要维持支持继续发展的生态系统的负荷能力,以满足后代的需要和利益。代内正义是一个以时间同一性、空间差异

① 李培超:《多维视角下的生态正义》,《道德与文明》2007 年第 2 期。

② Am rneNaess:"The Third World, Wilderness, and Deep Ecology", in George Sessionsed. *Deep Ecology For The 21st Century*, Shambhala, 1995:397 - 407.

③ 张兵权:《生态文明与生态正义》,《中南林业科技大学学报》(社会科学版)2009 年第 1 期。

性为维度的人与人之间保持公正的概念,其基本含义是,同一时代的人们要公平地享用资源,共同地保护生态,合理地承担责任,合适地取得补偿。根据利益主体范围大小的不同,代内正义可分为国际正义和国内正义两个层次。国际正义是指同一时代不同利益个体、群体之整体代表——国家——之间在处理国际环境问题上的公正性。具体来说,就是要以全球可持续发展为价值观,以正义原则为基础,公正地处理国际环境问题及相关的政治、经济、外交问题,促进各国共同发展。国内正义既可分为不同群体之间的公平(如穷人和富人),也可分为不同地区之间的公平。

生态正义从本质上讲就是指以人与自然和谐或共存共荣为目标,要求生态资源分配与责任担当中的平等与公正。那么如何建立生态正义秩序呢?自然正义是一种"底线正义",要以这种"底线正义"去审视代际正义和代内正义。如果我们违反这种"底线正义",则我们应采取"校正正义"修正现行制度,以恢复我们对"底线正义"的诉求。因此,自然正义是代际正义的基础,代际正义是代内正义的基础。也就是说,代际正义秩序的建立不得违背自然正义秩序,代内正义秩序的建立不得违背代际正义秩序,并随时以自然正义去审视和修正现行生态社会制度。① 世界的本质不是分裂对抗,而是和谐合一。为了不让生态、自然毁灭,建立良好的生态正义秩序,我们人类必须做到以下四个方面:第一,信守生态多样性和复杂性的正义。要求我们最大限度地确保生态的多样性和复杂性,承认生物的内在价值和固有价值,放弃人类的功利、工具价值标准,不以好恶评判生态要素并决定其去留。第二,提倡同构、守恒的正义。第三,倡导摄取的正义。摄取的正义是指为满足我们生存所必须从生态、自然、环境中摄取的当是道德的、必需的、正当的、适当的、负面最小的正义。第四,坚持互养、互助与循环的正义。

2. "深绿色"理念下的经济发展要坚持生态权利

在保证生态正义的同时,经济发展要保证非人类的生态权利,生态权利属于人与自然关系的范畴,是指生态代理者(人类)在"生物圈社会共同体"中相对人类自律被命名的非人类生态主体(生物)和生态客体(环境、人)的名分。承认非人类的生态权利,就是赋予人类保护并尊重其他生物的义务和责任,认

---

① 黄明健:《论作为整体公平的生态正义》,《东南学术》2006 年第 5 期。

识到非人类的生态权利是经济发展和人类文明发展到一定阶段的重要标志。"深绿色"经济发展坚持资本不仅应该为劳动者的劳动合理付费,而且应该为因投资而使得生存环境受到破坏的生存者付费。如果说马克思所说的是劳动公平问题,那么我们保障的是生态公平和生态正义及生态权利问题。非人类的生态权利包括:人类应尊重生物生存的权利、人类应该尊重生物自主的权利、人类应尊重生物生态安全的权利等。

为做到经济发展要坚持生态权利,我们应做到以下几点:第一,道德手段协调,努力提高当代人的可持续发展意识;第二,经济手段协调,实施生态补偿制度;第三,政治手段协调,发挥各级政府的主导作用。[①]

(二)"深绿色"理念下的经济发展生产方式应是非线性的物质循环

1. 线性非物质循环

传统经济的生产模式是物质流和能量流的单项的线性流动。它的经济—社会结构的前提是:只是人有价值,生命和自然界没有价值;只是资本有价值,劳动只有维持自身生存的价值;物质生产中只是劳动产品有价值,自然资源没有价值。因此,经济生产中资本付给劳动者的报酬压得很低,仅够维持他自身的再生产。而且,依据自然资源没有价值,因此对它的使用不计入成本因而无须付费;认为自然资源是无限,取之不尽用之不竭;自然资源没有特定的主人,坚持谁采谁用的观点,工业生产采用最简便而最"经济"的生产工艺。它的模式是:原料—生产—产品—废料。这是一种线性的非循环的生产,以高开采、低利用和高排放为特征。这种经济模式实质上就是将资源持续不断地转化为垃圾,通过自然的代价来实现经济的数量型增长。这种模式发展下去会受到资源的制约,忽略社会其他方面目标的同步实现,产生许多无法解决的社会问题,经济增长也并不能真正消除贫困,偏离了人民生活的基本需求。这是环境污染、生态破坏和资源短缺的根源,因此是不可持续的。

2. 非线性的物质循环

"深绿色"理念下的生产方式的主要特点是非线性的物质循环利用。它

---

① 崔义中、李维维:《马克思主义生态文明视角下的生态权利冲突分析》,《河北学刊》2010年第5期。

的经济—社会结构的前提是：不仅人有价值，生命和自然界也有价值；不仅资本有价值，劳动有更大的价值；物质生产中不仅劳动产品有价值，投入物质生产的自然资源也有价值。

也就是说，"深绿色"理念下的物质生产模式是："原料—绿色工业—产品—剩余物—产品……"，这是一种非线性和循环的生产，以资源分层多次利用和再生利用为特征。它是物质循环利用的生产，无废料（无污染）的生产。如果出现环境污染，那是工艺设计错误，需要通过修改工艺加以排除。这是一种可持续发展的生产方式。①

发展非线性的循环经济体系要抓好以下几个环节：一是在资源开采环节，要大力提高资源综合开发和回收利用。二是在资源消耗环节，要大力提高资源利用效率。要尽可能地减少原材料的消耗和选用能够回收再利用的材料。三是在废弃物产生环节，要大力开展资源综合利用。四是在再生资源产生环节，要大力回收和循环利用各种废旧资源。五是在社会消费环节，要大力提倡绿色消费。要培育消费后产品资源化的回收再利用产业，使生活废弃物填埋和焚烧处理量降低到最小。具体做法如下：制定政策法规，提供法治保障；创新管理体制，提供体制保障；建立健全统计指标体系；搞好产业布局，避免无序竞争；加强宣传教育，营造典型氛围等。

（三）经济发展中科技的生态学转向

1.传统的科技观

中世纪后期，现代资本主义的崛起和市场经济的成长解开了技术发展的锁链，释放了贪得无厌、物欲至上、自私自利这些力量。资本主义的天生法则就是使经济活动突破社群的既有藩篱，不断追求增长，它的兴起自然解放了科技力量，使科技服务于日益扩张的经济。原先被视为罪恶的唯利是图成了头号的追逐目标，技术创新不再是置于宽泛的伦理框架之中审慎操作，而是一切唯提高生产工具的效率是从，自己变成了一个目的。资本主义终结了封建时代相对稳定的社会，迎来一个财富积累压倒一切的时代。

我们不能否定科学知识是最客观的知识，现代文明是受科学指导的，是运

---

① 余谋昌：《建设生态文明，实现社会全面转型》，《深圳大学学报》2008年第9期。

用科技谋求发展的。数学家约翰·冯·诺伊曼恰如其分地表述了登峰造极的技术信条:"人类无法抵抗技术上的可能性,如果能下五洋捉鳖,他会去;如果能上九天揽月,他也会去。"那么我们再加一句,"如果能毁灭地球,他也会干",恐怕不算太过分。然而科技的选择并不是在孤立的状态中进行的,它们受制于形成主导世界观的文化和社会制度。在技术史上,每一阶段流行的价值观念或者推进或者制约着技术的发展。工业化以前的社会一般重视广义的生命,包括社群及其自然环境的存续,这一宽泛的价值观限制了技术的发展。资本主义则高度重视谋利及与此相随的效率、物欲、经济增长等价值观,并通过发展技术服务于这些价值观,甚至不惜毁损地球。这说明传统的科技观是存在片面性和缺陷的,它没有按事物的本来面目认识事物。现代文明的困境在很大程度上就是科技发展的困境。为走出现代文明的困境,科技必须有一次生态学转向。

2.科技观的生态转向

传统人类中心主义的道德哲学观念指导下的科技发展,已经造成人与自然关系的生态错位,如果不加以变革,人与自然关系就会更加恶化。

"深绿色"理念下的经济发展追求环境与经济发展共赢,在经济发展模式上必须重新构建一套视野宽广、重视生命的社会价值观,只有在这样的价值观念之上,生态可持续的技术发展才会有坚实的基础。这要求我们确立科技有限论的基本观念:科技改变对象的能力有限,技术可以代替人的体力和部分脑力劳动,改变自然界的物质、能量和信息,但不可能改变人的生物本性;科技解决问题的方法有限,技术方法可以帮助人解决认识自然、改造自然、建设自然并提高社会福利的种种问题,也可以帮助人解决衣、食、住、行等许多生活问题,但解决不了人的思想、信念和道德问题;科技控制的结果有限,用技术过程模拟自然过程,用技术实体代替自然实体,其结果是有限的,它不等于自然过程,也不等于自然实体;科学技术本身潜在着风险,科技是人造的,是为人服务的,但科技结果却存在着对人有害的成分,如汽车的尾气、发电站的环境污染等。

21世纪的科技必须由趋利性、征服性、扩张性的技术转向调适性的科技,这就是科技的生态学转向。调适性技术不再受征服自然的野心的激励,但不必放弃对自然物的控制和改造。调适性技术的主要努力方向是调谐地球生态系统,使之保持动态平衡和生机,它应努力把对自然过程的干预限制在地球生态阈值之内。① 生态农业技术就是调适性技术,例如,不用杀虫剂,而利用生物圈内部不同物种之间的相生相克去限制"害虫"的生长繁殖。过分依赖化工的农业已造成了严重的生态灾难,生态农业是未来农业的必由之路。生态学和生态技术应成为21世纪新科技的典范,新科技的主要作用就是调适人类与自然环境之间的关系,谋求人与自然的和谐共生,它将服务于人类的幸福生活,而不服务于人们的征服野心。

(四)建立基于包含模型的生态文明的政策

1. 自然资本的稀缺和社会福利的不同步提高

自然资本是指通过生态环境的自我运动和人类合作下的活动而能生产出满足人类目前和未来需要的各种产品和服务的生态系统存量。在传统经济学的分析框架中,自然资本是被排除在资本范畴之外的。② 这种错误观念一直指导着人类社会的发展,使得在过去的30年中,地球上1/3的自然资源已被消耗殆尽,淡水生态系统和海洋生态系统正分别以每年6%和4%的速度消失,自然资本越来越成为制约经济增长的决定性因素。自然资本的稀缺得到了越来越多的理论支持。1996年加拿大生态经济学家威克纳格和他的同事提出了生态足迹的概念来测定地球自然资本的盈亏情况,发现人类经济增长的生态足迹与地球能提供的生态供给相比,从1980年左右开始超出了地球的能力,到现在已经超过了25%左右。这就是说,地球的自然资源从盈余变成了亏损,今天已经需要用5/4的地球来支持经济增长。正如诸大建在论文《C模式:自然资本稀缺条件下的中国发展》中指出的,人类当前面临着一个历史性的关头:限制人类继续繁荣的不再是人造资本的缺乏,而是自然资本的缺乏。第一次工业革命开始的时候,人以及人造资本是主要的稀缺资源,自然资源是不稀缺的。200年后的今天,这种稀缺性模式正好颠倒,人和人造资本已不再是稀缺资源,稀缺的对象已经变成自然资源,更确切地说是包括自然资源和生态能力在内的自然资本。

---

① 卢风:《21世纪科技的生态学转向》,《学习时报》2005年11月21日。
② 完颜素娟:《浅述自然资本及其基本特征》,《商场现代化》2009年第33期。

可以说,今天的经济增长并没有带来社会福利的同步增长。传统经济学家一直认为以 GDP 为代表的经济增长是社会福利增加的必要条件,但是生态经济学的主要倡导者戴利等撰写的《为了共同的利益》(1989)一书,提出因为经济增长的社会代价和环境代价,人类社会的福利并没有随着经济增长而提高,也就是说所创造的物质财富并没有全部转换为人类福利。世界幸福研究的实证数据表明,大约从 1970 年以来,发达国家的社会福利明显地出现了不随经济增长而增长的情况。又如,美国从 1965~1970 年以来虽然人均 GDP 从一万多美元增加到了现在的 3 万多美元,但是人们的生活满意程度却没有相应提高。①

2. 基于包含模型的生态文明的政策

上述共识所获得的认同表明,生态文明的政策设计和发展必须更加强调环境和社会对经济发展的限制和包容关系。正如巴西经济学家安东尼奥的论文《自然资本主义论》中提出的,环境不再是生产以外的因素,而是"包容、供应和支持整个经济的一个外壳"。生态经济学家由此提出了经济增长存在着生态门槛和福利门槛的概念。

门槛对经济学来说是一个新的概念。经济学家尼克路次(Niccolucci)、帕尔塞利(Pulselli)等将生态门槛定义为:当一国达到从生态盈余转向生态亏损的点,而且经济增长与福利增长之间的不同步开始增加。② 生态门槛表明在自然资本约束下经济增长的规模不可能无限扩大,而福利门槛则强调不能带来幸福指数提高或改进生活质量的经济增长是可怕的。因此人类在走向 21世纪的进程中,必须停止经济增长对自然资源的持续不断的掠夺,建立起以自然资本稀缺为出发点的新的生态文明政策目标和框架,实现包含地球环境和改进增长质量的双赢发展。③

生态门槛和福利门槛的提出,要求我们实现以提高资源生产率为主的生产和消费方式的转变,实现以循环经济为主的新型工业化,以低碳排放为主的

---

① 诸大建:《生态文明:需要深入勘探的学术疆域——深化生态文明研究的 10 个思考》,《探索与争鸣》2008 年第 6 期。

② 诸大建、徐萍:《福利提高的三个"门槛"及政策意义》,《社会科学》2010 年第 3 期。

③ 诸大建:《生态文明与绿色发展》,上海人民出版社 2008 年版,第 275 页。

新型城市化和基于可持续消费的新型现代化。努力将资源投入到可以长期改善生活质量的方面：投资于教育和医疗、使分配关注穷人、投资于自然资本，以保持福利增长的生态基础和改善生活质量。①

（五）从物质经济走向非物质化经济

1. 非物质化思想

目前，世界人口增长迅速，如果我们想在这样的条件下享有高水准的生活，又想把对环境的影响降到最低限度，那我们只有在同样多的、甚至更少的物质基础上获得更多的服务与产品才有可能。这就是后工业社会中的非物质化思想。

非物质化（Dematerialization）一词通常广泛地用来表示产品所用材料重量减少的特性。"非物质"并不是指完全不使用物质及能源，而是指试图实现最大限度地节省资源和能源的高福利经济。② 因此非物质化并不单纯指生产出来的产品使用更少的原料，也非单纯指生产过程使用更少的物质，更非消费的非物质化，而是要把非物质化放到整个生产、消费的背景中去思考。它主要包括两个方面：一是表现为系统两端的物质减量化。既包括生态环境系统进入到经济系统中物质投入量的减少，也包括经济系统输出到生态环境系统中的废物量的减少。强调要在减少物质总投入的情况下实现一定的社会经济目标，减少系统向环境排放废弃物，最终实现经济增长与物质消耗、环境退化的"脱钩"（de-coupling）。③ 二是在经济发展过程中，减少自然资本消耗，把环境压力降低到最小程度，维持整个环境经济大系统均衡，最终实现可持续发展。

2. 非物质化的途径

非物质化理论是可持续发展思想的体现，它的提出表明了经济发展与生态环境压力之间耦合关系发生了破裂，是对人与自然关系的一个形象表述。该理论把经济系统视为生态经济系统的子系统，充分体现生态环境承载力对经济系统的规模限制，对于我国转变经济发展方式，降低经济增长的资源环境

① 诸大建、徐萍：《福利提高的三个"门槛"及政策意义》，《社会科学》2010年第3期。
② 谢芳、李慧明：《非物质化与循环经济》，《城市环境与城市生态》2006年第1期。
③ 王磊、李慧明：《滨海新区减物质化模式研究》，《中国科技论坛》2010年第6期。

代价,建设生态文明具有重要启示。①

实现非物质化有多种途径。第一种途径是封闭物质循环,尽量回收利用。由于现今的回收利用归属于"过程末端治理"这一总的框架内,因此相对于封闭物质循环而言是事后弥补性的,并非从产品设计一开始就考虑到完全的回收利用。"深绿色"理念认为解决的思路不是立足于在过程末端治理中解决问题,而是从一开始就考虑到产品的完全回收利用。第二种途径是物质转换,即使用更少、更坚固耐用、更环保的材料代替原来的材料。第三种途径是提高资源的生产率,使得生产单位产品的物耗和能耗降低。第四种途径是把现有工业生产的技术路线从"先污染,后治理"转变为"从源头上根治污染"。第五种途径是大力发展作为文化的经济。这是德国后现代思想家彼得·科斯洛夫斯基(Koslowski)在《后现代——技术发展的社会文化后果》一书中提出的概念。他认为:"经济科学既非是单纯的自然科学也非是单纯的精神科学。它是文化的、自然的、技术的科学。"②作为文化的科学,它表现在两个方面:一是经济的文化化;二是文化的经济化。它们随着工业经济向服务型经济和后工业经济的转变而得到加强。

---

① 王磊、李慧明:《减物质化的研究综述与思考》,《中国地质大学学报》(社会科学版)2010年第 10 期。

② 〔德〕彼得·科斯洛夫斯基:《后现代文化——技术发展的社会文化后果》,毛怡红译,中央编译出版社 1999 年版,第 118 页。

第六章 "深绿色"产业

"深绿色"产业是"深绿色"经济发展的产物,也是构建"深绿色"经济系统的主体。"深绿色"理念的提出为产业的"深绿化"奠定了思想基础。"深绿色"经济发展模式的建立为"深绿色"产业的发展提供了背景。纵观世界经济发展,在资源与环境的巨大压力下要实现"深绿色"发展,发展"深绿色"产业是其必然选择。本章首先分析了产业与产业体系及产业体系结构形态的历史演进,然后分析了现代产业体系的构成与特点,并指出"深绿色"理念指导下的产业从可持续发展的角度与现代产业体系的要求是一致的,接着详细地论述了发展"深绿色"产业的背景、内涵与特征、在国民经济中的地位、发展"深绿色"产业要处理好的几个关系,并在以上基础上提出了促进"深绿色"产业发展的思路与对策。

一、产业与产业体系

(一)产业的内涵

产业的概念是随着经济社会的发展而不断发展的,在不同历史时期的理论研究中,产业的含义也是不同的。在马克思主义经济学中,产业主要是指物质生产部门。在历史学理论中,它主要指"工业"。一般来讲,产业有广义和狭义之分。广义的产业指国民经济的各行各业。从生产到流通、服务以至于文化、教育,大到部门,小到行业都可以称为产业。由于工业革命以来,工业引起社会的巨大变化,所以狭义的产业就是工业部门,本章所研究的"产业"属广义的"产业"概念,泛指国民经济的各行各业。

1. 国内学者关于产业的界定

国内学者对产业做了广泛的研究,对产业的界定提供了不同角度的定义。具有代表性的观点有以下几种:第一种是李悦(2002)和王述英(2006)认为产业是同类企业、事业的总和,是经济发展过程中分工和专业化的产物。产业是在分工基础上形成的、具有某种相同属性的各经济单位的集合。它包括了一个经济体系的各个行业和部门。唐晓华(2007)认为产业是介于宏观经济和微观经济之间,具有同类性质的一定数量的经济组织的集合。简新华(2009)和石奇(2008)认为产业是国民经济中以社会分工为基础,在产品和劳务上具有某些相同特征的企业或单位及活动的集合。它包括国民经济的各个行业,大至部门,小至行业,从生产到流通、服务以至于文化、教育等各行各业都可称为产业。以上三种表达是广义含义上的产业概念,是最具有代表性的观点。第二种是对产业从产业组织和产业结构两个层面上进行界定。如王俊豪(2008)认为产业有两个层面的含义:一是在产业组织层面上;二是在产业结构层面上。在分析统一产业内部企业间的市场关系时,产业是指生产同类或有密切替代关系的产品、服务的企业集合。在研究整体经济运行中企业间错综复杂的中间产品或最终产品的供给和需求关系时,产业是指使用相同原材料属性、相同工艺技术或生产产品用途相同的企业的集合。第三种是从同一商品市场、技术或工艺的相似性以及经济活动的阶段性三个层面界定产业。如史忠良(2007)和李孟刚(2008)认为"产业是某种共同功能和经济活动特点的企业集合,又是国民经济以某一标准划分的部分。产业具有三个层次:第一层次是以同一商品市场为单位划分的产业;第二层次是以技术、工艺的相似性为依据划分的产业;第三层次是大致以经济活动的阶段为依据,将国民经济划分为若干大部分所形成的产业"。第四种是仅仅从产业组织层面界定产业。如刘志彪(2009)认为产业是生产同类或者有密切替代关系的产品、服务的企业集合。①

2. 国外学者关于产业的界定

国外学者对于产业的界定可以分为两种观点。一种是欧美国家研究者的观点。这一观点以19世纪末期的经济学家阿尔弗雷德·马歇尔为代表,他在古典经济学家总结的生产三要素基础上加入"组织"第四要素,从而开创了后人加以延续研究的产业组织分析视角。《麻省理工学院现代经济学辞典》(1983)对产业的定义为:"在完全竞争市场的分析框架内,产业是指生产同质

---

① 孙智军:《产业经济学》,武汉大学出版社2010年版,第5页。

产品的、相互竞争的一大群厂商。这些厂商的供给需求的总和等于该产业的供需总量。相反,在完全垄断市场中,垄断厂商就代表一个产业,二者是同一的。当放松产品同质性的假定时,对产业进行分析就会产生概念上和实际操作上的困难。垄断竞争市场模型对产业的概念用'产品群'(ProductGroup)作了重新定义,产品群是指一组在技术上和经济上能够互相替代的产品。"①法国图卢兹经济学院经济学教授泰勒尔(1988)提出产业就是产业组织,研究产业组织就是研究市场运行。另一种是以日本(宫泽健一,1975)和韩国(丁炳修等,1989)为代表的东亚各国或地区的观点,他们认为产业应包含产业组织、产业结构和产业关联等多层面的内涵。从国内外关于产业的界定看,我国大多数学者采用第二种观点。

(二)产业体系的组成

产业体系是人类经济活动的载体,是人类创造并容纳一切经济活动并不断演进的大系统。它主要是指一国国民经济中各产业因为某种相互关系而构成的整体,其主要特征表现为系统性、层次性和有序性。产业体系的发展演进是一个动态的过程,伴随着的是产业要素、产业结构和产业功能的不断优化。产业体系也是为了保证与之对应的产业整体的运行正常,由特定的基础产业、政府行为和产业约束构成的有机体,用于维护和服务于经济主体的生存方式。产业体系是国民经济的一个系统,根据系统论的观点,任何系统都是一个有机的整体,它不是各个部分的机械组合或简单相加,系统普遍遵循整体优化的规律。作为产业系统,其组成要素之间必定存在着某种相互依赖和相互作用的关系,这种关系形成了产业结构。只有产业结构的不断优化,才会促进产业体系的不断完善。对于产业结构有以下五种划分方法:

1. 马克思的两大部类

在传统社会主义经济学理论中,产业主要指经济社会的物质生产部门。按照产品最终用途不同,马克思把社会生产划分为两大部类。

第一部类是由生产生产资料的部门组成,其产品进入生产领域;第二部类是由生产消费资料的部门所组成,其产品进入生活消费领域。

---

① 转引自杨慧馨:《产业组织理论》,经济科学出版社 2007 年版,第 36 页。

两大部类的生产过程构成了全社会的生产过程,这一生产过程既生产着人类社会赖以生存的物质条件,同时也是一个在一定历史环境和经济条件下的生产关系中进行的过程,因此又生产和再生产着这些生产关系本身。所以,物质资料的生产是人与人之间以及人与自然之间双重关系的总和。社会再生产的核心问题是社会总产品的实现问题,社会总产品的实现包括两个方面价值补偿和实物替换。简单再生产条件下,两大部类实现均衡发展的条件是:

$I (v+m) = IIc$

$I (c+v+m) = Ic+IIc$

$II (c+v+m) = I (v+m) + II (v+m)$

即:第一部类所生产的生产资料总和应等于两大部类生产中所消耗的生产资料总和;第二部类所产生的消费资料总和应等于两大部类所需要的消费资料的总和。这些平衡是实现社会简单再生产的基本条件。在扩大再生产条件下,实现两大部类均衡发展的条件是:

$I(c+v+m) = I (c+\triangle c) + II (c+\triangle c)$

$II (c+v+m) = I (v+\triangle v+m/x) + II (v+\triangle v+m/x)$

即:第一部类所生产的生产资料总和,在补偿两大部类生产中所消耗的生产资料后的余额,应等于两大部类追加的生产资料;第二部类所生产的消费资料总量,在补偿两大部类生产中所消耗的消费资料后的余额,应等于两大部类追加的消费资料。

马克思的社会再生产理论揭示了再生产运动的规律,即再生产必须按比例。各部类之间及各部类内部的生产必须按一定的比例进行。这种产业分类法是产业结构理论的基本来源之一,其优点在于揭示了社会主义再生产顺利进行时两大部类产业间的实物和价值构成的比例平衡关系,是研究社会再生产过程的理论基础。

但是,这一划分方法也存在历史局限性,这种划分的覆盖面不大,在今天的实际应用中很困难。首先,这种分类方法把非物质生产领域排除在外。随着经济的发展,产业已经从物质生产领域扩展到非物质生产领域,无论是发达国家还是发展中国家,非物质生产部门所占的比重都越来越高,这些非物质生产部门不仅服务于物质生产部门,而且能够提高物质生产部门的效率,并能创造巨大的社会财富。所以,建立在两大部类分类法上的产业分析很难真正反映产业结构升级和转换的内容。其次,现实的产业结构如果再被详细划分,它们包含着多种产业部门之间相互提供中间产品和服务的错综复杂的联系,两大部类分类法难以描述产业间错综复杂的投入产出关系,对于产业结构的区际协调应用性也不强。

2. 农重轻产业

农重轻产业分类法是列宁在马克思两大部类理论的基础上提出的。列宁以物质生产的不同特点为标准提出了农重轻产业分类法,即社会生产活动中的物质生产划分为农业、重工业和轻工业三个产业。

农业指广义的农业,包括种植业、畜牧业、渔业和林业。轻工业是主要生产消费资料的各工业部门。重工业的主要部门包括燃料、冶金(如钢铁)、煤炭、石油、化工等工业部门。1922年,列宁在共产国际第四次代表大会上指出要挽救苏联,单靠农业的丰收还不够,而且单靠供给农民消费品的轻工业的情况良好还不够,还要有重工业。苏联的社会主义工业化也是从重工业开始的。联合国工业发展组织曾经在其研究报告中采用过轻重工业的概念,认为按轻重工业来考察制造业产值,有助于说明制造业各部门总的发展情况。

农重轻产业分类法是马克思两大部类分类法在经济实践中的应用,并对两大部类分类法进行了改进。这一分类法的优点是比较直观和简便易行,对于从宏观上安排国民经济计划和研究社会工业化实现进程具有较大的实用价值。

农重轻产业分类法也有其局限性。首先,这种分类法虽然包括了国民经济的绝大部分物质生产部门,但是仍然是针对物质生产领域,而且未能把非物质生产部门包括其中,这不利于对产业经济问题进行比较全面系统的研究;其次,随着科学技术的快速发展,传统的农重轻界限越来越模糊,许多产业尤其是很多新兴产业很难归类到哪一部门;最后,农重轻分类法也不够细分,比如,属于重工业(尤其是化学工业)的许多生产部门或其产品,诸如橡胶、液化燃料等,从其生产过程到产品使用都同大多数轻工业品一样,这一方面很难从深层次揭示农重轻结构变化对经济发展的影响,另一方面也难于对统计结果进行比较,这都给产业结构的分析和研究工作带来了困难。[1]

---

① 孙智君:《产业经济学》,武汉大学出版社2010年版,第35页。

3.三次产业

在世界经济的发展史上,人类经济活动发展经历三个阶段:第一阶段即初级阶段,人类的主要活动是农业和畜牧业;第二阶段开始于英国工业革命,以机器大工业的迅速发展为标志,纺织、钢铁及机器等制造业迅速崛起和发展;第三阶段开始于20世纪初,大量的资本和劳动力流入非物质生产部门。根据人类经济活动发展的这三个阶段,1935年,新西兰经济学家费歇尔在《安全与进步的冲突》中首次提出三次产业分类法,即产业划分为第一产业、第二产业与第三产业,其定义分别为:

第一次产业(Primary Industry)。主要指以利用自然力为主,生产不必经过深度加工就可消费的产品或工业原料的部门。其范围各国不尽相同。一般包括农业、林业、渔业、畜牧业和采集业。

第二次产业(Secondary Industry)。主要是指对第一产业和本产业提供的产品(原料)进行加工的产业部门,包括采矿业、制造业、建筑业、运输业、通信业以及煤气、电力、供水等工业部门。

第三次产业(Tertiary Industry)。在再生产过程中为生产和消费提供各种服务的部门。第三次产业生产的是服务,而非具体的物品,包括除第一和第二产业外的其他各行业,如商业、金融业、保险业、生活服务业、旅游业、公共服务业(科学、教育、卫生、政府等公共行政事业)以及其他公益事业等。

1940年英国经济学家和统计学家科林·克拉克在其著作《经济进步的条件》中,通过对40多个国家和地区不同时期三次产业劳动投入和总产出的资料的整理和比较,总结了劳动力在三次产业中的结构变化与人均国民收入的提高存在着一定的规律性,即随着人均国民收入的提高,劳动人口从农业向制造业,进而从制造业向商业及服务业转移,这就是所谓克拉克法则。克拉克在全部经济活动划分为第一次产业、第二次产业和第三次产业的基础上总结了经济发展与产业结构变化之间的规律。随后,澳大利亚、新西兰统计学界认可了三次产业分类法,并运用于产业统计手册中。

1950年,库兹涅茨(Simon Smith Kuznetz,1901~1985;1971年诺贝尔经济学奖获得者)系统研究和揭示了三次产业在国民经济中的变化规律。从那以后,三次产业分类法逐渐为世界各国所接受,并成为世界各国通行的统计方法。

4.由集约程度不同的生产要素组成

在产业结构中,根据不同的产业在生产过程中对资源的需求种类和依赖程度的不同,即产业生产要素集约程度的不同,可以把产业划分为劳动密集型产业、资本密集型产业、知识密集型产业与资源密集型产业。

劳动密集型产业是指生产过程主要依靠大量使用劳动力,而对技术和设备依赖程度低的产业。劳动密集型产业是对资金技术密集型产业而言的。劳动密集型产业中物化劳动消耗比重较低,活劳动消耗比重较高,如农业、纺织、服装、食品、零售、餐饮业等。

资本密集型产业又称资金密集型产业,是指需要投入较多资本的行业和部门。资本密集型产业在单位产品成本中,资本成本与劳动成本相比所占比重较大,每个劳动者所占用的固定资本和流动资本金额较高,如交通、钢铁、机械、石化等产业。

知识密集型产业又称技术密集型产业,是指需用复杂先进而又尖端的科学技术才能进行工作的生产部门和服务部门。它的技术密集程度,往往同各行业、部门或企业的机械化、自动化程度成正比,而同各行业、部门或企业所用手工操作人数成反比,如航天、生物、高分子材料、信息、电子计算机等产业。

资源密集型产业是指在生产要素的投入中需要使用较多的土地等自然资源才能进行生产的产业,包括土地、原始森林、江河湖海和各种矿产资源等。与自然资源关系最为密切的是农业和矿业,包括种植业、林牧渔业、采掘业等。

生产要素集约分类法的优点在于有利于各个产业使用的各种生产要素在产业之间进行比较,有利于判断整个国家的经济发展水平,有利于反映产业结构的高度化趋势。一般地,技术密集型产业的比重越大,说明经济发展水平越高;劳动密集型产业的比重越大,说明经济发展水平越低。劳动密集型产业占主导地位的产业结构向资本密集型产业占主导地位的产业结构过渡,再向技术密集型产业占主导地位的产业结构过渡,这有利于一国根据产业结构的高度化趋势制定相应的产业发展政策。当然这种划分方法也有其局限性,主要表现在各种产业类型的划分范围不易界定,各种产业类型的划分标准无论从产业属性还是要素比例来说都比较模糊。因为任何一种产业被确定为某一集约型产业都是相对的,它会随着科学的发展、技术的进步和资本有机构成的提高而发生动态的变化。

5. 由不同产业地位的产业组成

按照产业在国民经济中的地位和作用的不同,可以把产业划分为基础产业、瓶颈产业、支柱产业、主导产业等类型。这种划分方法又称为产业的功能分类法。

基础产业是指在产业结构体系中为其他产业的发展提供基本条件并为大多数产业提供服务的产业。基础产业在一国的国民经济发展中处于基础地位,对其他产业的发展起着制约和决定作用,决定其他产业的发展水平。基础产业的具体内容和种类结构会随着经济发展而不断发生变化。瓶颈产业是指在产业结构体系中未得到应有发展而严重制约其他产业发展和国民经济发展的产业。瓶颈产业会使产业结构体系的产出能力受到较大的限制。如果基础产业未能得到先行的和充分的发展,那么它就可能成为瓶颈产业。所以,优化产业结构,提高产业综合产出能力,就应该首先克服产业的瓶颈限制,优先发展瓶颈产业。

主导产业是指在经济发展的一定阶段上,本身成长性很高、并具有很高的创新率,能迅速引入技术创新,对一定阶段的技术进步和产业结构升级转换具有重大的关键性的导向作用和推动作用,能够带动和促进整个经济发展的产业或产业部门。主导产业代表着产业结构演变的方向或趋势。相比于其他产业,主导产业具有高技术进步率和高增长率、产业的综合性和多层次性、高关联性和序列更替性等一些显著的特征。支柱产业是指在国民经济体系中占有重要的战略地位,其产业规模在产业结构体系中占有很大的份额,并起着支撑作用的产业或产业群。一般来说,支柱产业往往由先导产业发展壮大,达到产业规模后成为该地区的主导产业而又成为对区域经济起支撑作用的支柱产业。支柱产业具有如下特点:其产值占经济总产值较大份额;其资源配置、技术装备、社会需求等方面处于相对稳定状态;是经济体历史文化、自然资源、经济运行模式相互融合的产物。产业地位分类法有利于确定不同产业在国民经济发展中的地位和作用,有利于研究产业与经济发展的关系,有利于政府在不同时期根据不同产业的特点,制定相关产业政策,推动整个国民经济的发展。但是,这种分类方法由于过度强调产业之间的横向地位问题,容易忽视产业之间的纵向关系和产业群的培育与形成。

(三)产业体系结构形态的历史演进

1. 产业体系结构形态演进的相关理论

配第一克拉克定理。"配第一克拉克定理"是克拉克在威廉·配第研究的成果基础之上,深入分析研究了就业人口在三次产业中分布结构的变动趋势后得出的结论,克拉克在计算了20个国家的各部门劳动投入和总产出的时间序列数据之后,得出:随着经济的发展,人均国民收入水平的提高,劳动力首先由第一次产业向第二次产业转移,当人均国民收入水平进一步提高时,劳动力便向第三次产业转移。

库兹涅茨产业结构演变规律。美国经济学家西蒙·库兹涅茨对产业结构的演进规律作了进一步探讨,阐明了劳动力和国民收入在产业间分布变化的一般规律。他侧重于从三次产业占国民收入比重变化的角度论证了产业结构演变规律,得出三个结论:农业部门的收入及拥有的劳动量不断下降;工业部门的收入及拥有的劳动量略有上升;服务部门的收入及拥有的劳动量以较快速度上升。

霍夫曼定理。20世纪30年代初,德国经济学家霍夫曼对工业化过程的工业结构演变规律做了开拓性研究,提出了霍夫曼定理。霍夫曼定理又被称作"霍夫曼经验定理",是指资本资料工业在制造业中所占比重不断上升并超过消费资料工业所占比重。这是霍夫曼根据工业化早期和中期的经验数据推算出来的。他通过设定霍夫曼比例或霍夫曼系数,对各国工业化过程中消费品和资本品工业(即重工业)的相对地位变化作了统计分析。库兹涅茨的成果已不限于对观察值的利用,而且对截面数据和历史数据进行了统计回归,从中撇开了各个国家最为特殊的因素而仅仅保留其统计的抽象,使得出的结果更具有一般性。他得到的结论是:各国工业化无论开始于何时,一般具有相同的趋势,即随着一国工业化的进展,消费品部门与资本品部门的净产值之比是逐渐趋于下降,霍夫曼比例不断下降。

钱纳里的"标准经济结构"。钱纳里在克拉克和库兹涅茨研究的基础上,把研究领域进一步扩展到低收入的发展中国家。他处理了上百个国家的两万多个数据后,使用统一的计量经济框架,将经验观察与理论演绎结合起来,建立起一种"标准经济结构"。他的理论对研究收入增长、需求变化和资源配置之间的相互依存性有着十分重要的意义。钱纳里指出:在任何一国的经济发展过程中,其经济变量并不能独立变化,它们之间相互联系、相互影响、密切相关。在人均收入水平与产业结构的关系上就体现为:不同的发展阶段总是对应着一个相对"合理的"、"标准的"产业结构,超出该发展阶段的"先进"产业结构或滞后该发展阶段的"落后"产业结构,以及该发展阶段上产业结构的"重大偏差",如果没有特殊的理由给予说明,都是不合理的,终究会不利于经济的进一步发展。

2. 我国产业体系结构形态的历史演进

我国产业体系的变化经历三个重要的阶段。[①]

改革开放以前的"优先发展重工业"阶段(1953～1978年)。1953年到1978年这段历史时期我国产业发展的特点是重工业优先发展,重积累,轻消费。新中国成立以后,经过三年的经济恢复,国民经济得到根本好转。工业生产已经超过历史最高水平,但当时我国还是一个落后的农业国,工业水平远远低于发达国家。在这种背景下,我国制订了第一个五年计划,确定了优先发展重工业的战略。第一个五年计划的投资结构充分反映了以重工业为核心的工业化战略方针。在投资总额中,工业的比重占第一位,共248.5亿元,占58.2%。在投资结构的安排方面,在优先发展重工业的同时,兼顾其他。在427.4亿元的基本建设投资中,各部门的分配比例为:工业占58.2%,农林水利占7.6%,运输邮电占19.2%,贸易银行和物资储备占3%,文化教育和卫生占7.2%,城市公用事业建设占3.7%,其他占1.1%。"一五"计划建立了社会主义工业化的初步基础,开辟了中国特色社会主义改造道路,积累了社会主义有计划建设的宝贵经验。但是,从1953年到1978年我国以高增长、计划化、工业化、内向化为特征的结构主义经济发展模式所带来的问题同样引人注目,主要表现在产业扭曲(重工业太重、轻工业太轻、农业基础薄弱,生活品供给缺乏)、微观经济效益低下等。

改革开放以来的"全面赶超"阶段(1978～1999年)。改革开放以后,我国开始调整产业结构。调整的方向是针对重型化产业结构的弊端,进行全方位的产业结构调整,以优先发展轻纺产业、调整重工业结构作为政策的重点。

---

① 刘靠柱:《我国西部经济中的产业结构与所有制结构关系——以陕西为例的实证分析》,《产业经济研究》2004年第5期。

直至"八五"期间,我国产业结构政策仍以此为主要目标。随着政策的倾斜及国外直接投资进入那些劳动力成本低、市场需求大、具备了相当技术基础的传统轻纺工业和家电行业,使轻工业得到了飞速的发展,产业结构不合理的状况有所改观。这一时期,"渐进式"的市场化改革,发挥了我国的比较优势,并创造了令人瞩目的经济增长"奇迹"。我国工业品出口在此期间迅速增长,从此告别了"短缺经济",进入了供给充足、市场繁荣的阶段。从"九五"开始,面对经济全球化带来的产业结构变动的新趋势,我国的产业政策在继续致力于产业结构调整的同时,也开始在对国内产业的较高保护下逐步扩大对外开放。中国每年实际利用外资由改革开放初期的不足 30 亿美元上升到 1998 年的586 亿美元。

20 世纪末的"保护生态环境"阶段(1999 年～)。1972 年斯德哥尔摩人类环境会议后,人类开始把环境问题摆上了议事日程,许多国家率先制定法律、建立机构、加强管理、使用新技术,使得 20 世纪 70 年代中期环境污染得到了比较有效的控制。但是由于全球认识和行动的不统一,20 世纪 80 年代初,环境污染再次成为人们共同关注的话题,同时伴随着大范围的生态破坏。影响范围大而且危害严重的环境问题主要有以下两类:首先是全球性的大气污染,像"温室效应"、臭氧层破坏等。其次是大范围的生态破坏,如大面积森林被毁、草场退化、土壤侵蚀和沙漠化。这些大范围的环境问题严重威胁着人类的生存与发展,阻碍着可持续发展。这段历史时期,我国针对资源和环境对经济社会发展的双重约束,开始强调经济发展要以生态环境保护为前提,提出要提高要素的利用效率,通过产业结构的调整升级,变粗放型经济增长为集约式增长。进入 21 世纪后,我国以信息产业为龙头的高新技术产业以及房地产、钢铁、汽车等产业都实现了高速增长,满足了居民消费结构升级的需要。随着工业化和城镇化水平的不断提高,农业在国民生产总值中所占的比重已由1978 年的 28.1% 下降到 2005 年的 13%,服务业比重则由 23.7% 提高到40.3%。我国这一历史时期产业发展的特点是产业结构向生态化方向发展,经济发展强调要以保护生态环境为前提,提出经济增长方式要由粗放型向集约型转变。

二、现代产业体系

对于现代产业体系的研究,国外很少从宏观层面去研究,他们主要集中在中观层面如具体的行业和部门等方面。不同经济发展水平的国家现代产业构成差异比较大,所以现代产业体系涵义不同。"现代产业体系"一词在我国较早见于2007年中央一号文件,国内对"现代产业体系"的研究自2007年党的十七大后骤然兴起,替代了前几年出现的"新型产业体系"概念,现代产业体系一般是指现代元素比较显著的产业构成,主要指第一、第二与第三产业的构成,以高科技含量、高效益、低污染等为主要特征。①

(一)现代产业体系的构成

1.以现代化为特征的农业

从传统农业向现代农业转化的过程中,农业中由于现代工业、现代科学技术和现代经济管理方法的运用使农业生产力由落后的传统农业日益转化为当代世界先进水平的农业,这种农业被称为现代化的农业。农业现代化的共同特征是农业基础设施完备,农业机械化水平与生产力水平较高,农业技术发展迅速,土地产出率较高,农业发展走上了产业化、组织化、市场化和国际化的道路。以现代化为特征的农业主要有以下几个方面的特征:第一,农业中由于现代工业装备条件的运用,作为现代农业发展基本条件的基础设施和物质装备不断得到完善,从而增强了农业抵御自然灾害的能力,降低了农业生产经营成本和经营风险,进而改变了农业弱势产业的地位。第二,推动现代农业发展的是现代农业科学技术。农业科学技术的进步与创新为现代农业发展提供了强大的技术支撑与条件。实现农业现代化的过程,其实就是先进科技不断注入农业的过程,不断完善农业的基础科研、应用科研及推广体系,不断提高科技对增产贡献率的过程。第三,农业产业化是实现农业现代化的重要途径,生产经营的专业化、组织化、社会化和产业化是现代农业的基本要求。第四,以现代化为特征的农业还要具有发达的农业教育、科研和技术推广体系,农民素质

---

① 龚绍东:《产业体系结构形态的历史演进与现代创新》,《产经评论》2010年第1期。

普遍较高等特征。从事农业生产或经营的人,一定要具备现代化水平的文化知识和技能水平。无论是增长方式的转变,还是生产绩效的提高,都是在人的主观能动作用下得以实现的。离开人,现代化是不复存在的。第五,实现农业增长方式的集约化。由传统农业向现代农业的方向进化,一个基本的同步条件是农业增长方式要从粗放向集约转变,摒弃传统的粗耕简作,推广现代的精耕细作,在化肥、农药、灌溉等方面的投入边际效益递减,外延扩大生产余地变小的情况下,把增产的基点转到挖掘内部潜力,降低生产成本,提升产品档次,提高综合效益,提高劳动者素质的轨道上来。

2. 以信息化为特征的工业

我国正处于工业化和城市化发展的中期,从第二产业来看,与世界其他国家第二产业相比,技术密集型的制造业的比重偏低,有色金属、钢铁工业、非金属材料等行业的比重较高。消费品制造业的比重比较接近世界平均水平,但就其内部而言,纺织印染业的比重较高,食品工业比重较低。印染业、塑料业所占比重低于世界平均水平。高能耗、高污染的资源型产业所占比重较大,而"三废"排放又主要集中在高耗能部门。目前我国8个主要耗能行业的单位产品耗能平均比世界先进水平高47%,而这8个行业的能源消费占工业部门能源消费总量的73%。按此推算,与国际先进水平相比,中国的工业部门每年多用能源约2.3亿吨标准煤。[①] 我国在工业化的进程中,必须以信息化为支撑,大力采用信息技术和装备,充分应用信息手段,促进产业技术水平的全面提高。与此同时要通过信息化带动经济结构调整,提高物质和能量资源的利用效率,促使我国经济增长方式从高投入、高消耗、低效益、低质量的粗放型增长转变为高速度、高效益、低投入、低消耗的集约型增长。以信息化带动工业化要求加快制度创新和加强技术创新。

3. 比重不断增加的服务业

近年来,我国服务业增长保持较高态势,但是我国服务业与国外相比,仍然显得比重低、速度慢,导致整体水平相对滞后,不能充分满足农业、工业的发展需求。服务业增长值占GDP比重较低。在经济比较发达的国家,现代产业体系主要指现代服务业发展比较充分的产业构成,一般情况下现代服务业要

---

① 王丙毅:《面向循环经济的产业结构调整》,《理论学刊》2005年第5期。

占其 GDP 的 70% 左右,其现代性主要体现在现代服务业发展比较充分的方面。而在发展中国家,现代产业体系主要是指工业化进程比较健康的产业构成,一般指工业增加值占 GDP50% 左右、第三产业所占比重稳定上升的产业构成,其现代性主要体现在科技进步对经济社会发展作用越来越大。

产业结构从以农业为主的阶段过渡到以工业为主的阶段,再进入以服务业为主的阶段,是人类社会发展的必然规律。目前,我国正处于工业化的中期阶段,纵观全球工业化的进程和产业格局的变迁,一个基本规律是,工业化中后期服务业的迅速发展。先行工业化国家的经验表明,现代经济增长中效率提高的一个重要源泉,是服务业的发展。这对国民经济的结构调整、经济发展成本降低,特别是交易成本降低起了重要的作用。我国经济在发展的过程中要运用现代化经营方式和服务技术对传统服务业进行改造,加快服务与制造业的融合,大力发展信息服务、金融保险、资讯等现代服务业,不断提高服务业水平和技术含量,以此带动服务业整体水平的提高,使服务业上升至国民经济中的主导地位。

(二)现代产业体系的特点

1.创新性

江泽民 1995 年在全国科学技术大会上指出:"创新是一个民族进步的灵魂,是国家兴旺发达的不竭动力。如果自主创新能力上不去,一味靠技术引进,就永远难以摆脱技术落后的局面。一个没有创新能力的民族,难以屹立于世界先进民族之林。"创新性是现代产业体系的动力特征,创新是发展现代产业体系的第一推动力。面对未来激烈的竞争环境和日趋严峻的资源约束,发展现代产业体系必须通过多方面的创新去化解产业发展中的瓶颈问题。这种创新性包括制度创新、技术创新和知识创新。制度创新是通过社会政治、经济等制度的革新,促使支配人们行为和相互关系的规则变更,促使其组织与外部环境相互关系的变更,制度创新的直接结果是激发人们的创造性和积极性。技术创新包括新产品和新工艺,以及原有产品和工艺的显著技术变化,技术创新的目的是将新技术应用于生产过程,并实现产业化。技术创新能够改造传统产业、淘汰落后产业,推动产业结构的调整和升级。知识创新是指通过科学研究,包括基础研究和应用研究,获得新的基础科学和技术科学知识的过程。知识创新为现代产业体系提供新理论和新方法,它是技术创新的基础,是新技术和新发明的源泉,是促进科技进步和经济增长的革命性力量。当然,除了以上的制度创新、技术创新和知识创新以外,还包含理念创新、管理创新等对维度的创新性。

2. 可持续性

可持续性是现代产业体系的基本特征,可持续性是指一种可以长久维持的过程或状态。在资源环境约束强化的条件下,高质量、高效益和低消耗、低污染是现代产业体系可持续性发展的必然要求。现代产业体系要求产业发展必须强调生态和环境的协调发展,以制造业为主的第二产业做到所提供的产品少污染、无污染、低能耗及可回收与循环利用,与此同时,加快发展第三产业。现代产业体系强调知识、智力、信息的作用,信息技术被广泛地应用在农业、工业、服务业中,不仅提高了劳动力生产率,降低了资源消耗,减少了环境污染,而且成为提升产业层次,推动产业升级的重要推动力。现代产业体系中的主导产业——服务业以及新兴产业形态如信息产业、创意产业,均有利于减少自然资源的消耗量,降低人均废物排放量,有效缓解人口膨胀所带来的能源紧缺、资源枯竭与生态环境危机。据计算,互联网使全球劳动生产率提高300%,信息的自由交流和更大范围内的共享,提高了政府企业公众获取信息的能力,从而达到经济繁荣、社会平等的目的,由此节约能源接近50%。[①] 因此可持续性是现代产业体系的基本特征。

3. 开放性

开放性是现代产业体系的效能特征。开放性是经济全球化和经济一体化的内在要求。开放性是发展现代产业应具备的国际视野。产业的开放便于一国的经济资源与世界各国的经济资源进行转换。在各种资源转化当中,不断发生竞争、激励、对比、择优过程,对国家的宏观经济效益与企业的微观经济都有促进作用,同时产业开放会促进生产要素流动和产业的培育和发展。在经济全球化的大背景下,现代产业体系必须更深、更广地参与国际产业分工。产业开放的内容有:将该产业的各种产品市场对外开放;将该产业的各个企业产权市场对外开放;本国企业跨出国门到国外开展跨国经营;已经在产业中起作用的人才允许跨国流动。现代产业体系的开放性使之具有重要的意义:通过

---

① 陶长琪、陈文华:《新概念经济》,江西人民出版社2005年版,第11页。

与外国资本分享市场,吸引国际上的高位资源输入到本国,促进本国产业发展;扩大国际分工,从而扩大了资源利用、选择的空间,使本国闲置或半闲置的资源,可以得到比较充分的利用;在一国条件下只能低效利用的资源,可以取得功能放大的效果,实现高效利用。产业开放使不同国家的经济资源以一产业为载体,进行优势互补、有机结合,产生新的优势。

4. 融合性

十七大报告提出:"发展现代产业体系,大力推进信息化与工业化融合,促进工业由大变强,振兴装备制造业,淘汰落后生产能力。"[①]产业间融合互动是现代产业体系发展的结构特征。技术创新与竞争的压力是产业融合的动因。跨国公司的发展是产业融合的巨大推动力。产业融合的主要方式有四种:第一,高新技术的渗透融合。即高新技术及其相关产业向其他产业渗透、融合,并形成新的产业。这种融合首先表现在信息技术对包括工业、农业和服务业在内的所有产业的渗透与嵌入。第二,产业间的延伸融合。即通过产业间的互补和延伸,实现产业间的融合,往往发生在高科技产业的产业链自然延伸的部分。如服务业对工业、农业的融合与渗透。这类融合通过赋予原有产业新的附加功能和更强的竞争力,形成融合型的产业新体系。第三,产业内部的重组融合。重组融合主要发生在具有紧密联系的产业或同一产业内部不同行业之间,是指原本各自独立的产品或服务在同一标准元件束或集合下通过重组完全结为一体的整合过程。第四,文化对产业的投入和渗透融合。当产业发展到一定阶段后,由文化为基本元素的软资源的投入将成为创新的主要源泉与产业发展的主要动力。随着技术不断进步和信息化的发展,现代产业间的融合互动将会程度更深,范围更广,层次更高,产业更有生命力。

5. 动态适应性

动态适应性是现代产业体系的状态特征。不同产业在经济发展过程中的地位跟随需求层次的升级规律表现出发展的阶段性和动态性。传统产业体系的基本特征之一是标准化和大批量。在现代经济发展过程中,随着技术进步速率的加快,消费者需求个性化与多样化,个性化与多样化趋势的不断增强,市场需求也表现出越来越明显的多变性和动态性,现代产业体系必须不断适

---

① 胡锦涛:《十七次全国代表大会上的报告》,新华每日电讯1版2007年10月15日。

应消费结构和市场需求结构的上述发展趋势,使生产方式和生产组织形式更具有灵活性和动态适应性。现代产业体系的动态适应性使其能够按照经济发展阶段的新要求,在满足市场需求的新潮流中占据有利地位,从而实现经济发展的高效益与高增长。

6. 集聚性

集聚性是现代产业体系的空间特征。产业集聚是指同一产业在某个特定地理区域内高度集中,产业资本要素在空间范围内不断汇聚的一个过程。现代产业体系的形成过程就是产业的空间结构不断调整、产业集聚化、最终形成产业集群的过程。1990 年迈克·波特在《国家竞争优势》一书中首先提出用产业集群(Industrial Cluster)一词并对集群现象进行分析。产业集群是指在特定区域中,具有竞争与合作关系,且在地理上集中,有交互关联性的企业、专业化供应商、服务供应商、金融机构、相关产业的厂商及其他相关机构等组成的群体。产业集群的概念提供了一个思考、分析国家和区域经济发展并制定相应政策的新视角。它从整体出发挖掘特定区域的竞争优势,要求政府重新思考自己的角色定位。由产业的集聚性所形成的产业集群能够提高产业的整体竞争能力,加强集群内企业间的有效合作,增加企业的创新能力和促进企业增长。同时,基于产业链的联系,运输成本的节约,公共设施成本的分摊,信息沟通的便捷和包括技术扩散效应和学习效应在内的多种形式的正的外部性,产业的集群发展已经成为获得竞争优势的基本途径之一。①

(三)现代产业体系与传统产业体系的区别

1. 不同的经济发展目标

现代产业体系强调三次产业的协调发展。协调发展,就是不能出现产业"短腿",要把稳定第一产业、强化第二产业、扩展第三产业有机结合起来,整体谋划,整体提升,促进经济增长由主要依靠第二产业带动向依靠第一、第二、第三产业协同带动转变,在更高的发展水平上实现协调发展。现代产业体系的三大产业协调发展并没有放弃工业化道路,但是它强调的是走出一条新型工业化道路,即以工业化带动信息化,以信息化促进工业化,要求走出一条科

---

① 张明哲:《现代产业体系的特征与发展趋势研究》2010 年第 32 卷第 1 期。

技含量高,经济效益好,资源消耗低,环境污染少,人力资源优势得到充分发挥的工业化道路。新型工业化道路也是一条对传统工业化予以扬弃的道路,即对传统工业化批判与继承相统一的道路。但是,这种产业体系所追求的工业化,是在农业、工业和服务业三大产业、城乡区域经济协调发展中实现工业化任务,追求国民经济的协调发展。由现代产业体系所形成的产业结构,会根据市场供求状况调节社会资源配置,使基础产业适应国民经济发展的要求,轻工业、服务业能满足人们日益增长的物质文化生活的需求。现代产业体系注重创新性,在积极发展高新技术产业的同时,用技术改造传统产业。在遵循客观经济规律的基础上,发挥政府的作用,实行有效的宏观调控,并强调劳动密集型、资本密集型和技术密集型产业协调发展。

而传统产业体系是与传统产业活动相适应的产业体系,也可以说传统产业体系是传统工业化道路的产物,这种产业体系将农业、工业、第三产业对立起来。传统产业体系发端于从农业向工业转变的初期,其最基本的特征是技术变动相对缓慢,由此导致了企业间和产业间的生产、技术连接相对固定的基本特性。这一时期,过分强调城市的工业化,忽视农业工业化的发展,造成城乡经济的非均衡发展和二元经济结构。由于存在着社会分工,传统产业体系也包含农业、工业、服务业,但却片面强调优先发展重化工业,以牺牲农业、轻工业、服务业为代价。这种工业化道路造成了原材料、燃料高度紧张,生态环境的破坏与资源的浪费。新中国成立之初曾一度推行优先发展重工业化道路,形成了畸形的经济结构,制约了三次产业的协调发展。

2. 不同的经济增长驱动力

在传统产业体系中各产业经济增长的方式主要是以粗放型为主,其驱动力主要依靠增加生产要素的投入,即增加投资、扩大厂房、增加劳动投入,来增加产量,这种经济增长方式又称外延型增长方式。外延型增长方式的基本特征是依靠增加生产要素量的投入来扩大生产规模,实现经济增长。这种增长方式有诸多弊端:资源消耗较高,经济效益低下,投入多、产出少,影响综合国力迅速增长;一度投资需求膨胀,经常造成总量失衡;不能生产出高质量的新产品,旧产品在国内市场上、国际市场上销售越来越困难;资源浪费严重,生态环境问题突出,将经济最终置于与经济环境对立的矛盾冲突之中。随着资本和劳动力的投入达到一定界限后,要素投入的边际产出率趋于下降,这必然影响到经济增长的速度和质量。

而现代产业体系主张走出一条集约型经济增长的道路。集约型经济增长方式是指在生产规模不变的基础上,采用新技术、新工艺,改进机器设备、加大科技含量的方式来增加产量,这种经济增长方式又称内涵型增长方式。其基本特征是依靠提高生产要素的质量和利用效率,来实现经济增长。以这种方式实现经济增长,消耗较低,成本较低,产品质量能不断提高,经济效益较高。粗放型靠的是多投入来实现多产出,而集约型靠的是科技来实现多产出。现代产业体系重视技术、人力资本的开发利用,它注重提高综合要素生产率,转变经济增长方式,协调经济发展与资源、环境承载力之间的关系,实现经济又好又快发展。因此知识与文化成为现代产业体系的最突出的特征,成为最重要的生产要素和经济增长的源泉。在知识经济时代,天然的资源优势大大削弱,知识逐步成为经济增长、社会发展和国际竞争力的第一推动力和决定性因素,出现了所谓的知识经济化趋势。正是由于知识和经济的一体化,"科学技术是第一生产力"、"信息就是金钱"、"知识就是力量"等理念才可能得以充分展示,经济也才能可持续发展。

3. 不同的经济结构调整对象

传统产业体系背景下的经济结构调整是局部适应性的调整。新中国成立以来中国经济结构经历了三次调整,第一次发生在 20 世纪 60 年代,通过调整、巩固、充实、提高来纠正"大跃进"带来的比例失调。从 1958 年开始的"大跃进"和"人民公社化运动"忽视了经济发展的内在规律,过高估计了自身能力,盲目追求"三高",对一些重要产品如钢产量、煤产量等提出了不切实际的高增长指标,严重损害了农业的基础地位,加大了一、二、三次产业和行业内部的结构性矛盾,国民经济及工业内部主要比例关系失调的情况日益恶化,经济运行质量很差,经济总量和综合国力的水平下降。1961 年中共中央召开的八届九中全会决定,国民经济开始实行"调整、巩固、充实、提高"的方针,提出着重调整国民经济各部门的比例关系,要优先安排农业的发展,在工业方面,要优先安排轻工业的发展和农业生产资料的生产,在重工业内部,要加强采掘工业的生产。[①]

---

① 江小涓:建国以来产业结构与产业组织理论研究的回顾[EB/OL]. http://www. usc. cuhk. edu. hk/PaperCollection/Details. aspx? id＝2360。

通过三年的调整,工业和农业之间、重工业和轻工业之间、积累与消费之间的比例趋于协调,使国家建设和人民生活得到统筹兼顾,全面安排。第二次是20世纪70年代末期到80年代初期,重点在于支持农业和轻工业的发展。70年代末期,我国国民经济比例严重失调,具体体现为国民经济的基础农业不稳固,农业与工业之间比例失调,原材料、能源、交通运输等基础产业和基础设施的发展严重滞后,轻工业短腿,轻重工业比例失调等。1979年,在北京召开中央工作会议,中央提出了"调整、改革、整顿、提高"的方针,指出在经济建设中要集中主要精力把农业搞上去,加快轻纺工业的发展,切实加强煤炭、石油、电力、交通运输和建筑材料工业,缩短基本建设战线。经过3年多的努力,国民经济的重大比例关系趋于协调,但是能源、原材料供应紧张以及基础设施严重滞后的问题没有明显改观。第三次是20世纪80年代末90年代初,重点是支持能源、交通、通信等基础工业和基础设施的发展。80年代中期以后,由于一些消费品工业已经出现大量库存、企业开工不足等问题,政府已经感到不必再强调消费类工业品的发展,产业结构调整的重点转向加速发展基础产业和第三产业,特别是其中基础设施建设,并开始强调产业结构的升级。① 三次经济结构调整都是在短缺经济条件下进行的,调整的主要思路是"裁长补短",加快短线产业的发展。

而现代产业体系下的经济结构调整是以增加科技含量提高经济效益来替代传统的数量扩张。"十二五"规划中的一条主线就是要加快实施"结构调整",我国发展的内外因素都需要在需求结构、产业结构、城乡结构、区域结构等方面进行全面系统的调整和优化,而技术、体制、社会保障三个方面的创新和改革则是系统性调整的基本推力。我国经济结构的调整是包含产业结构、地区结构、城乡结构等的全面调整,是以提高经济整体素质和竞争能力为目标的调整。其中产业结构的调整是调整经济结构的关键。调整产业结构,最关键的就是面向市场需求。在后国际金融危机时期,市场需求可能是最稀缺的资源之一,产业发展最终要接受市场的考验与检验。我们应及时调整产业结构、产品结构,努力使供给结构更好地适应市场需求变化。要进一步加强农业

---

① 江小涓:建国以来产业结构与产业组织理论研究的回顾[EB/OL]. http://www.usc.cuhk.edu.hk/PaperCollection/Details.aspx? id=2360。

基础地位,培育壮大现代产业体系,促进三次产业协同发展。

(四)"深绿色"理念指导下的产业与现代产业体系

现代产业体系既包括产业的升级换代、产业结构的演变、产业调整和整合,还包括产业的集聚发展、相互渗透和整合及产业的持续发展。"深绿色"理念指导下的产业从可持续发展的角度与现代产业体系的要求是一致的。因为它与现代产业体系有共同的发展目的。

1. 确保国民经济持续稳定地发展

"深绿色"产业体系与现代产业体系在宏观上都追求和确保国民经济持续稳定地发展。任何国家的经济发展都存在一个速度问题。经济发展速度过高和过低都不行,如果速度过低,经济发展太慢就会影响到综合国力和人民生活水平的提高;如果速度过高,经济发展太快就会造成经济大起大落,出现许多不稳定因素。所以无论是"深绿色"产业体系还是现代产业体系在追求经济效益方面都把握两条原则。一是经济总量平衡。保持总供给与总需求的基本平衡,防止通货膨胀,实现宏观经济的稳定。保持总供给与总需求的平衡,是保持国民经济按比例协调发展的最重要的平衡,是实现国民经济持续较快发展的必要条件,它有利于社会再生产的顺利进行和创造良好的经济环境,从而促进经济效益的提高,有利于发挥市场机制的功能,实现资源的优化配置,更好地满足人民群众的需要。二是经济结构优化。调整和优化经济结构要把握这样几条原则:以市场为导向,使社会生产适应国内外市场需求的变化;依靠科技进步,促进产业结构优化;发挥各地优势,推动区域经济协调发展。结构优化还意味着转变经济增长方式,改变高投入、低产出,高消耗、低效益的状况,要提高生产要素的利用效率,实现较快的经济增长速度。兼顾速度与效益。不能单纯追求快速增长,忽视质量、效益、结构和发展的可持续性,必须把握发展的节奏和步伐,不断增强经济实力,使较快的经济速度长期坚持下去。

2. 实现良好的社会效益

"深绿色"产业体系与现代产业体系都努力去实现良好的社会效益。社会效益是指最大限度地利用有限的资源满足人们日益增长的物质文化需求。"深绿色"产业体系与现代产业体系都是从中国人口基数大、劳动力过剩、就业压力过大这一基本国情出发的,它们都注重把发展资金技术密集型产业与劳动密集型产业有机结合起来,在促进产业结构不断优化升级的同时,改善就业环境,降低失业率。

另外,政府积极引导和干预,调整城乡产业结构,按照比较优势原则进行产业分工并积极推进城市化,发展农村小城镇,加快农村剩余劳动力的转移。通过调整城乡产业结构和实现城市化,不断提高农民的收入水平,尽快缩小城乡收入差距。在不断提高城乡居民收入,逐步缩小城乡之间、区域之间差距的同时,通过产业结构调整提供基本公共服务体系。基本公共服务体系是我国在经济社会发展进程中,根据我国国情及经济社会发展目标所制定的,以政府投资为主导,以公共财政为支撑,以公共服务均等化和社会效益最大化为宗旨,以保障公民最基本的公共服务权益及全体公民共同受益为原则,为公民提供快捷、方便、价廉或免费的公共产品与服务的综合性政策的总和。十七届五中全会提出,"必须逐步完善符合国情、比较完整、覆盖城乡、可持续的基本公共服务体系,提高政府保障能力,推进基本公共服务均等化"。通过这一体系的建立改善民生,解决公民的切身利益问题,做到发展成果由人民共享。

3. 追求良好的生态环境效益

"深绿色"产业体系与现代产业体系都追求良好的生态环境效益。生态环境效益是指人们在生产中根据生态平衡规律,使自然界的生物系统对人类的生产、生活条件和环境条件产生的有益影响和有利效果,它关系到人类生存发展的根本利益和长远利益。长期以来,人们在社会生产活动中,由于只追求经济效益,没有遵循生态规律,不重视生态环境效益,致使生态系统失去平衡,各种资源遭受破坏,给人类社会带来很多灾难,经济发展也受到阻碍。这种客观现实要求人们树立生态环境效益的观点。生态环境效益的基础是生态平衡和生态系统的良性、高效循环。中共十七大报告在十六大确立的全面建设小康社会目标的基础上,对我国发展提出新的更高要求:"转变发展方式取得重大进展,在优化结构、提高效益、降低消耗、保护环境的基础上,实现人均国内生产总值到2020年比2000年翻两番。"在充分考虑经济总量增长的前提下,把国内生产总值翻两番改为人均国内生产总值翻两番,体现了贯彻落实科学发展观、实现国民经济又好又快发展、重视生态环境效益的要求。无论是"深绿色"产业体系还是现代产业体系都坚持从产业体系的调整上去寻找实现生态与环境共赢的路径。"十一五"规划明确了节能减排的硬性指标。"十二五"规划中指出要按照减量化、再利用、资源化的原则,减量化优先,以提高资源产出效率为目标,推进生产、流通、消费各环节循环经济发展,加快构建覆盖全社会的资源循环利用体系。通过这种体系的建立实现资源节约与良好的生态环境效益。

三、"深绿色"产业

(一)发展"深绿色"产业的背景

1. 经济全球化趋势深入发展

经济全球化(Economic Globalization)是指世界经济活动超越一国范围,通过对外贸易、资本流动、技术转移、提供服务使相互联系、相互依存的世界各国成为紧密联系的一个有机整体。具体表现在:商品、服务、生产要素及信息跨国界流动的规模与形式不断增加,通过国际分工,在世界市场范围内使资源高效率地配置,各国经济相互依赖的程度日益加深。20世纪90年代以来,世界经济加快了由集团化、区域化朝着全球化发展的趋势。全球化广泛而深刻地影响了世界各国的经济社会生活。各个国家和民族都被纳入一个统一的经济一体化体系中并参与全球化的竞争。这种竞争对世界各国产业的发展提出了更高的要求。在经济全球化、信息化、市场化的背景下,世界产业体系的演进呈现出新的特征。产业的升级换代、结构演变、集聚发展、调整和整合、相互渗透及可持续发展,成为当今世界产业发展的主要趋势。

2. 不可再生资源出现匮乏

自然资源的永续利用包括两个方面:一是对可再生资源(如生物资源、气候资源、水资源、土地资源等)利用时,要对其保护和促进再生,使后续资源的数量和质量至少达到目前的水平。二是对不可再生的矿产资源在实现合理开发的同时,要找到能够代替它们的新资源。不可再生资源是指人类开发利用后,在相当长的时间内,不可能再生的自然资源。主要指自然界的各种矿物、岩石和化石燃料,例如泥炭、煤、石油、天然气、金属矿产、非金属矿产等。资源供给是产业发展的基础。由于一直以来全世界各国为了获得短期利益追求更快的经济增长速度,不惜过度开发自然资源生产产品,从而导致了不可再生资源的匮乏。为了合理使用稀缺的自然资源,产业的"深绿"发展势在必行。

3. 企业与政府的"绿化"行为逐步增多

企业迫于各方压力,同时也由于种种利益的引导开始进行绿色生产,采用绿色营销策略,并且进行整个企业的绿化。各国政府皆注重本国经济的可持续发展。为了实现这一目标,政府也采用倾斜的产业政策大力扶植绿色产业,包括法律、税收、财政等方面。这大大促进了绿色产业的发展。各国纷纷推出一系列的经济发展计划,这些计划不约而同地带有明显的绿色经济的印记,比如,美国奥巴马政府提出的"绿色新政"计划,日本出台了主打绿色牌的经济发展战略,韩国政府提出的低碳绿色增长的战略等。企业与政府的"绿化"行为越来越多,这种绿色发展已经成为世界越来越多国家克服金融危机,抢占未来发展制高点的重要战略取向,而在这种绿色发展中我们进行进一步的"深绿色"的思考,如何以生态和知识经济为基础,在促进经济可持续发展和人类进步的同时,消除人与自然的对立,消除人类发展的生态制约。追求人的发展与自然的发展相互和谐,社会进步和生态平衡的结合,将成为新一轮国际竞争的焦点。①

(二)"深绿色"产业的内涵与特征

1. "深绿色"产业的内涵

"深绿色"产业具有如下性质:首先,"深绿色"产业具有公益性。发展"深绿色"产业是为了防治污染,改善生活环境,保护自然资源,实现以社会经济可持续性发展为目的的经济产业,所以"深绿色"产业具有很强的公益性特点。其次,"深绿色"产业具有政策引导性。"深绿色"产业是一种政策引导型产业,即需要通过环境政策和法规规范企业行为,并加强监督管理,严格执法,督促甚至是强制生产企业使用环保设施来防治污染。再次,"深绿色"产业具有广泛性。"深绿色"产业涵盖"深绿色"农业、"深绿色"工业、"深绿色"服务业与"深绿色"信息业。所涉及的内容非常广泛,所以它具有广泛性的特点。最后,"深绿色"产业具有经济效益性。"深绿色"产品的使用可以减少污染和环境破坏,从而减少因污染造成的经济损失。随着环保政策和人们消费观念的变化以及环保技术的发展,人们对"深绿色"产品的需求不断增长。对于

---

① 夏德仁:《绿色产业将成经济复苏新引擎》,《IT时代周刊》2009年第13期。

"深绿色"产品的消费者来说,随着环保技术的提高,生产企业使用污染物控制回收技术回收利用废弃物,既能创造社会环境效益,也能带来可观的经济效益。①

　　2."深绿色"理念指导下的产业结构特征

　　服务业比重不断增加的体系。自新中国成立以来,我国 GDP 生产结构中的三次产业结构变化,反映了以下几个特点:第一,我国第一产业比重下降,而第二产业、第三产业比重上升。从增加值的比重变化上看,国民经济总量增长从主要由第一、二产业带动转为主要由第二、三产业带动。第二,第二产业特别是工业的增长成为中国经济快速增长的主要动力之一。按可比价计算,在1979 年至 2005 年 GDP 增长的 9.6% 中,有 5.3 个百分点来自第二产业的贡献,3.1 个百分点来自第三产业,1.2 个百分点来自第一产业。目前我国产业结构中第一、第二产业比重偏高,第三产业比重明显偏低,而且内部结构不合理、效益偏低。与世界大部分国家相比,我国第三产业增加值在 GDP 中所占比重偏低,我国 2005 年这一比重仅为 39.9% 。我们要努力增加服务业的比重。推动服务业加快发展。一是要努力提高服务业的比重。二是要调整和优化服务业结构,提高服务业水平和层次。三是要加快服务领域的改革步伐。

　　产业结构更加环保节能的体系。一个地区产业结构的好坏不仅影响到当地经济发展速度、规模,而且对当地的生态环境有一定的影响。一种合理的产业结构可以使经济、资源、环境持续协调发展,而不合理的产业结构不仅会造成人力、物力、财力的巨大浪费,而且会使生态环境恶化,从而危害人们的身心健康。改革开放之后,我国经济经历了一个长期的快速发展的时期。经济总量不断增加,人民生活水平不断提高。但不合理的产业结构对自然资源和生态环境的影响也日益显现,导致资源枯竭、环境退化、珍稀物种灭绝等一系列问题。这一粗放型的经济增长方式所带来的资源与环境问题已经成为制约我国经济实现可持续发展的严重障碍。在现代经济—环境大系统中,只有与区域生态环境的综合特征相适应,并发挥自然资源与生态环境优势的产业结构才能具有较强的生命力与市场竞争力。如果拥有良好的生态环境,那么产业

---

① 韩利琳:《发展环保产业中的政府责任研究》,《企业经济》2009 年第 12 期。

结构的优化调整和产业经济的持续发展就拥有优越的环境条件和自然资源的物质基础。从而使产业结构得到不断优化升级,并对经济的可持续发展带来有利的影响。如果生态环境遭到破坏,并且不断恶化,那么产业结构调整将缺乏生态环境的生存支持,产业结构也将难以被优化升级,并对区域经济的发展产生不利的影响。"深绿色"理念要求我们在发展经济的同时不要破坏生态环境。只有在调整产业结构的同时就考虑与生态环境保护相结合,才能有效地控制环境污染,更好地实现可持续发展。

主要包括"深绿色"农业、"深绿色"工业、"深绿色"服务业、"深绿色"信息产业。"深绿色"农业主要是指高产、优质、高效、生态、安全的现代农业,它是包括农、林、牧、副、渔和农业龙头企业在内的多成分、多层次、多部门相结合的复合农业系统。实行粮、豆轮作,混种牧草,混合放牧,增施有机肥,采用生物防治,实行少免耕,减少化肥、农药、机械的投入等。通过食物链网络化、农业废弃物资源化,充分发挥资源潜力和物种多样性优势,建立良性物质循环体系,促进农业持续稳定地发展,实现经济、社会、生态效益的统一。"深绿色"农业的未来发展主要有以下几个特点:首先是从"平面式"向"立体式"发展。其次是从纯农业向综合农业产业发展。再次是从手工操作、简单机械化向电脑自控化、数字化方向发展。最后是从土地向工厂、海洋、沙漠、太空发展。"深绿色"工业就是以"深绿色"理念为指导,从生态系统的承载能力出发,模拟自然生态系统各个组成部分(生产者、消费者、还原者)的功能,充分利用不同企业、产业、项目或工艺流程等之间,资源、主副产品或废弃物的横向耦合、纵向闭合、上下衔接、协同共生的相互关系,依据生产链加环增值、增效或减耗和生产链延长增值原理,运用现代化的工业技术、信息技术和经济措施优化配置组合,建立一个物质和能量多层利用、良性循环且转化效率高、经济效益与生态效益双赢的工业链网结构,从而实现可持续发展的产业。"深绿色"工业的基本原则是减少资源的用量、循环使用资源、废弃资源重新利用。"深绿色"工业的特点:首先,企业实行清洁生产。不断采取改进设计、使用清洁的能源和原料、采用先进的工艺技术与设备、改善管理、综合利用等措施,从源头削减污染,提高资源利用效率,减少或者避免生产、服务和产品使用过程中污染物的产生和排放,以减轻或者消除对人类健康和环境的危害。其次,区域上实行生态工业园区建设。按照生态系统的"食物链"原则组织生产,实现物料的闭合循环和能量的梯级使用。① "深绿色"服务业是指在服务设施、服务手段、服务渠道等方面充分体现生态理念,在服务过程中无害于生态环境,使消费者在接受服务的过程中树立和强化生态意识。计算机和通信设备行业为主体的 IT 产业,我们通常称之为信息产业,又称为第四产业。从提升工业产品价值来说,信息技术已经成为提升产品价值的重要手段,促进了工业产品的智能化和低能耗,为传统产业提供了广阔的增值空间。以信息产业为代表的新兴产业将逐渐替代传统能源产业地位,成为发展"深绿色"经济的中坚力量。最后,针对我国传统产业的能源消耗及污染物排放问题,通过对信息技术的利用,实现降低能耗,节约资源,对发展"深绿色"经济有重要作用。

(三)"深绿色"产业在国民经济中的地位

在整个国民经济结构中,"深绿色"产业的地位是至关重要的:它不仅是优化生存环境、规范经济发展的重要保障,而且也是关系全球化时代人类文明健康发展的必然要求。总体说来,"深绿色"产业在国民经济结构中的作用有以下几点。

1. 保证国民经济的可持续发展

产业革命以来,人类经济经历了几个快速发展的时期。特别是在国际合作与交流日趋加强的当今时代,世界经济的发展速度异常惊人。高度发达的现代经济大大改善了人类生活水准,使得第二次世界大战后世界人口总数激增,在短短的 50 年时间内,地球上的人口总量翻了一番,达到了 20 世纪末的60 亿。随着人类活动领地的扩张,大量的原始森林和草原遭受彻底破坏,在世界范围内,土壤、水体、大气的污染十分严重。所有这一切都为世界经济的可持续发展带来了障碍:环境平稳被打破,局部地区的环境质量急剧下降。为了保障经济的可持续发展,"深绿色"产业指出经济发展不能以破坏环境为代价。这一产业体系的建立是非常重要的,它能够保证国民经济的可持续发展。

2. "深绿色"产业是经济发展的重要物质基础

严峻的环境形势导致了以城市为中心的环境污染不断加剧,生态破坏的范围逐渐扩大。要想从根本上解决污染问题,就必须加大发展"深绿色"产业

---

① 沈满洪:《生态经济学》,中国环境出版社 2008 年版,第 113 页。

的力度,制定可行的产业发展目标。可喜的是,随着这一目标的制定和实施,一系列配套技术和设施逐渐得到推广,这样就为"深绿色"产业的市场化提供了发展的动力。在整个国民经济体系中,"深绿色"产业将会成为全球经济健康发展的重要物质基础。

3. 发展"深绿色"产业可以创造更多的就业机会

"深绿色"产业的全面崛起是吸纳社会劳动力的良好契机。目前"深绿色"产业成为世界性的朝阳产业,具有广阔的市场前景,可以为社会创造大量的就业机会。另外,环保产业的迅猛发展,也极大地带动了周边产业的发展。[①]

(四)发展"深绿色"产业要处理好的几个关系

1. "深绿色"产业与传统产业的关系

"深绿色"产业是以可持续发展为宗旨,坚持环境、经济和社会协调发展,尊重自然规律,科学合理地保护、开发、利用自然资源和环境容量,生产少污染甚至无污染的,有益于人类健康的清洁产品,加强环境保护,促进人与自然和谐发展,达到生态和经济两个系统的良性循环和经济效益、生态效益、社会效益相统一的经济模式。传统产业以经济效益为企业生产追求的唯一目标,其特征为高开采、低利用、高排放。这种由"资源—产品—污染排放"单向流动的粗放型线性发展模式追求物理的实效而忽视生态的过程,使全球出现了极其严重的环境污染、生态破坏、人口爆炸、资源短缺等危机,严重影响着人类社会的可持续发展。"深绿色"产业与传统产业的区别主要体现在以下两个方面:一是在环境保护方面,绿色产业在发展生产的同时,非常重视对环境的保护,既注重产品无毒、无污染、安全、环保,又注重生产过程不对环境构成污染。而传统产业无论是其产品还是生产过程,对环保都没有特殊要求。二是对资源的利用方面,"深绿色"产业非常重视对资源的保护和永续利用,以低开采、高利用、低排放(所谓"两低一高")为特征,寻求资源利用的最大化、持续化,环境污染的最小化。绝不因发展经济而过度开采或牺牲资源,而传统产业为了经济的快速发展,是以高开采、低利用、高排放(所谓"两高一低")为特征

---

① 任赟:《环保产业对国民经济的影响》,《商业文化》(学术版)2008 年第 11 期。

的。"深绿色"产业与传统产业的联系主要在于,绿色产业是通过采用现代高新技术对传统产业进行嫁接、改造、提升,使其达到绿色、环保的标准,生产的产品达到无公害和绿色、有机食品的标准。

2. 速度与效益的关系

一般而言,产业发展越快,其经济效益增长也就越快,反之越慢。但对"深绿色"产业而言,就要具体情况具体对待了。"深绿色"产业的发展是一个长期的过程,在今后的发展中,应该既要注重发展的速度,又要注重发展的内在质量和经济效益,以减少不必要的伤害和损失。我们在发展的过程中应该以单位产出取代经济总量,以效益上升取代 GDP 增长,以无形资源取代有形资源。

3. 政府与企业的关系

在我国经济体制改革转轨时期,"政企分开"要求我们对政府和企业之间的关系构建一个新的模式,使政府和企业在国民经济运行中都能找到最佳位置,从而进一步促进国民经济持续、快速、健康的发展。在市场经济中,企业从事生产、流通等经济活动,通过满足社会需要获取利益,实行自主经营、自负盈亏、自我发展、自我约束制度的法人实体和市场竞争主体。政府职能与企业职能的区别在于它主要表现在宏观层面上,主要负有战略性、全局性、方向性、社会性的义务。具体看,政府职能包括:保证社会总需求与总供给的平衡,制定战略目标与实施步骤;根据社会水平调整产业方向与结构,制定产业规划与产业改革;制定、实施税收与金融政策,并调节个人、地区等经济间形成的非有机性结构;建立健全社会保障体系,维护国家安全和提供社会服务设施,配合有关部门制定和维护法律尊严。但是在实际工作中一方面个别基层政府越俎代庖,在产业发展上,代企业做主的现象时有发生,结果往往事与愿违;另一方面,企业在产业发展上,对政府的期望和要求又过高,超越了政府职能。以上现象虽不具有普遍性,但其产生的负面影响是不可忽视的。

(五)促进"深绿色"产业发展的思路与对策

1. 对不可再生资源厉行节约,并开发可再生资源

把实行节约资源放在首位,变高消耗为低消耗型,变粗放经营为集约经营,提高矿产资源的综合利用、重复利用率和回收率,变废为宝,变害为利,一

物多用,尽可能延长其耗竭时间,实现资源最优耗竭。从我国实际出发,应加大投资和政策扶持力度,加快研发利用太阳能、风能、地热能、生物质能等可再生能源的先进技术和设备,降低利用成本,推进第四代核能技术研发和产业化进程;逐步提高新能源和可再生能源的比例,使之成为控制温室气体排放、保障能源安全的重要补充。

2. 构建"深绿色"国民经济核算体系

"深绿色"国民经济核算体系是在绿色国民经济体系的基础上进行的更深层次的思考,是在一个国家或地区现有的国民经济核算的基础上,考虑自然资源与环境因素,考虑到经济效益、社会效益与环境效益的结合,将经济活动中自然资源的耗减成本与环境污染代价予以扣除,进行资源、环境、经济综合核算,形成一套能够描述资源环境与经济活动之间的关系,能够提供资源环境核算数据的核算体系。

3. 合理运用经济、法律、行政手段,建立健全发展"深绿色"产业的制度体系

我们应该注重发挥市场机制作用,综合运用价格、财税、信贷等经济手段,促进"深绿色"产业的发展。要完善资源税制度,调整重要资源性产品价格,健全矿产资源有偿使用制度;要制定环境标准,对违反标准的单位和个人依据其情节的轻重予以适当的处罚,包括追究其法律责任;要针对经济主体就其所产生并排放于大自然环境的废物,按其数量予以征收排污税;要依据环境的承受能力,决定"污染权"的发售数量,然后将它售给出价最高的污染性企业;政府对企业防止和治理环境污染的行为要以投资税收抵免的间接方式给予一种正面的税收鼓励,或以货币的直接方式给予财政援助。

4. 加快"深绿色"产业技术进步

在中长期科技发展规划中将加快"深绿色"产业技术进步作为科技攻关专项,支持污染治理技术、废物利用技术和清洁生产技术的研究。可通过降低法人税率、实行重要技术研究开发费补助金制度等财税调节以及允许企业采用快速固定资产折旧的会计手段,加快技术设备更新的政策支持;积极推进以节能减排为主要目标的设备更新和技术改造,引导企业采用有利于节能环保的新设备、新工艺、新技术。加强资源综合利用和清洁生产,大力发展循环经济和节能减排的"深绿色"产业,通过科技创新改造传统产业,推进产业结构

升级换代,尽快淘汰高能耗、高物耗、高污染的工艺技术,开发废物再生利用技术。真正使科学技术在发展绿色产业中,为节约资源、保护环境、消除污染、提高经济效益发挥重要作用。

5. 转变企业的管理理念,树立"深绿色"形象

企业要树立"深绿色"管理理念。"深绿色"管理是一种全新的管理思想的体现,强调了人与自然的协调发展。它实际上是现代社会生产和生活方式变化在企业经营管理上的反映,"深绿色"管理必将作为一种全新的管理理论和方式,成为未来企业经营管理的主要模式。"深绿色"管理的内容包括:深入研究,把环境保护纳入企业决策要素之中,重视研究本企业的环境对策;消减排放,采用一定的新技术、新工艺、新方法减少或消除生产流通过程中废物的排放;循环利用,对废旧产品进行回收处理,循环利用;深度开发,通过改进产品原理、结构,采用新材料等方法变普通商品为绿色商品;保护,积极参与社区内的环境整治,推动对员工和公众的环保宣传,树立"绿色企业"的良好形象。[①]

6. 积极进行国际交流与合作

"深绿色"产业是新的增长点,绿色经济领域发展和合作的潜力巨大,国际社会应共同努力,把生态环保良好的愿景转化为清洁发展实在的好处。发展"深绿色"产业光凭本国的力量是不够的,我们应积极争取外援,引进国外先进技术、管理和产品。同时应把我国的环保产品推入国际市场,参与竞争。我们应该以开放和建设性的态度促进绿色产业发展和应对气候变化方面的国际合作,推动贸易投资和技术合作与转让,继续引进国际先进技术和装备,增加各国有竞争力产品的进口,共享市场机遇,实现互利共赢,与各国政府和国际组织一起,促进绿色发展。

---

① 盛正国:《发展绿色产业是实现新型工业化的必由之路》,《企业经济》2008 年第 1 期。

第七章 "深绿色"消费模式

消费是联结经济与文化的社会活动,而消费模式是反映消费行为的一个重要方面。[1] 胡锦涛同志在十七大报告中指出,要"建设生态文明,基本形成节约能源资源和保护生态环境的产业结构、增长方式、消费模式"。这要求我们不仅要把经济增长和产业结构打造成生态文明型,而且要把我国的消费模式构建成生态文明型。"深绿色"消费是以自然、和谐、环保以及健康为宗旨,包含多项内容的综合的现代新型消费模式,也是我国可持续发展战略的必然要求。本章首先对消费作了简单概述,研究了消费的涵义、地位和作用、与生产的辩证关系及影响消费的因素;接着阐述了我国传统消费模式的现状及其对环境和社会造成的危害;最后在此基础上构建了一套有益于经济发展的"深绿色"消费模式。

一、消　费

消费是人类生存与发展的基本条件和极其重要的内容。"一条铁路,如果没有通车,不被磨损、不被消费,它只能是可能性的铁路";"一件衣服由于穿的行为才实现它成为衣服;一间房屋无人住,事实上就不能成其为现实的房屋"。[2] 马克思强调了消费在社会生产总循环过程中的重要作用。正如"人从出现在地球舞台上的第一天起,每天都要消费,不管在他开始生产以前和在生产期间都是一样"。[3] 本节就对消费作一下概述。

---

[1] 斯满红:《我国消费模式的现状及其问题浅析》,《中国城市经济》2010 年第 11 期。

[2] 《马克思恩格斯全集》第 2 卷,人民出版社 1972 年版,第 94 页。

[3] 《马克思恩格斯全集》第 23 卷,人民出版社 1972 年版,第 191 页。

（一）消费

1.消费的定义

消费是人类通过消费品满足自身欲望的一种经济行为。它有狭义和广义之分，狭义上的消费一般指生活消费，是人们消耗消费资料（包括劳务）来满足自己的物质文化需要的行为。马克思称之为"原来意义上的消费"。广义上的消费是指人类一切消耗生产资料和消费资料的行为。具体来说，一种是生产消费，是指物质资料生产过程中的生产资料和活劳动的使用和消耗，其结果是生产出一定的社会物质产品；另一种是生活消费，是指人们把生产出来的物质资料和精神产品用于满足个人生活需要的行为和过程，它是恢复人们劳动力和劳动力再生产必不可少的条件。因此不论是生产消费还是生活消费，其本质都是人类与大自然之间进行能量转化、物质变换的过程，都必然会对自然环境产生一定的影响。

2.消费的地位和作用

消费是整个生产过程中不可缺少的重要环节。社会再生产包括生产、分配、交换和消费四个环节，其中生产是起决定作用的环节。分配和交换是连接生产与消费的桥梁和纽带，对生产和消费有着重要的影响。消费是物质资料生产的总过程和最终的目的和动力。社会再生产的四个环节，构成一个统一的相互协调的总体。具体来说，首先生产对分配、交换和消费起着决定作用。表现为：生产决定着分配、交换和消费；生产决定分配、交换和消费的水平与结构；生产决定分配、交换和消费的具体形式；生产的社会性质决定着分配、交换和消费的社会性质。其次，分配、交换和消费对生产的反作用。表现在：适合生产力发展的分配方式，能够调动生产者的积极性，促进生产的发展，反之则起阻碍作用；交换的发展能促进生产的发展，反之则阻碍生产的发展；消费使生产出来的产品最终得到实现，消费为生产的发展创造出动力，反之则阻碍生产力的发展。

消费是生产、流通环节了解产品科技含量和市场需求的重要平台。马克思早就指出："消费在观念上提出生产的对象，作为需要、作为动力和目的。……没有需要，就没有生产。而消费则把需要再生产出来。"又说："消费的需要决定着生产。"①生产环节虽然有众多产品研发机构，但产品（商品）是

①　《马克思恩格斯选集》第2卷，人民出版社1972年版，第94、102页。

否先进、是否具有较高的使用价值,可以在消费过程中得到验证。产品(商品)使用价值如何,消费者最清楚,并能对产品的升级换代提出建议。对流通环节来说,要繁荣市场、壮大自己,必须依据消费的需求来组织商品流通。如果生产不适应消费者的需求,或者对消费需求了解不深透,就会产生商品脱销或滞销,增加流通成本。有学者认为我国目前的产销率为95%,意味着GDP中有4%～5%产值不能实现价值。如果产品适应消费需求,流通环节又能科学地组织商品流通,勤进快销,那么,不能实现价值的4%～5%GDP就可以产生巨大的财富,增加生产、流通环节的盈利,加速扩大再生产的进程。

消费是体现人们生产和生活水平的重要方面,也是社会进步的重要体现。在生产环节上,如果能使用性能高的设施和高品质的原材料,就能降低物质消耗,节约能源,减少污染,提高生产效率,生产出更多的产品供应市场;在生活环节上,如果能得到高品质的物质文化消费,不仅能得到高雅的文化娱乐享受,而且能解除疲劳、满足生理上的需求,有益于身心健康。因此当人们的消费得到合理的提高,消费结构得到升级和优化,享受资料、发展资料在消费中的比重不断提高,消费中的文化含量不断提高,就会大大促进消费质量的提高,进而促进人的素质的提高。消费质量提高了,消费者的素质提高了,科学消费,文明消费,就能移风易俗,培育优良的社会机体,促进两个文明建设协调发展,从而提高社会文明程度,促进社会全面进步。

3. 消费与生产的辩证关系

没有消费,就没有人类的生存,也就不需要人类进行生产,从这一意义上说,消费是生产的动力。当然,人类的消费水平受着生产力的限制。有什么样的生产力水平,就有什么样的消费水平,从而也就有什么样的消费方式。

生产决定消费。当前中央领导人都十分重视发展生产对消费的决定作用。邓小平提出社会主义初级阶段的根本任务就是要大力发展生产力,并在此基础上不断改善人民的物质文化生活。他曾深刻地揭示:"中国一定要发展,改革开放一定要继续,生产力要以适当的速度持续增长,人民生活要在生产力发展基础上一步步改善。"[①]江泽民在党的十四大报告中指出:"加快改革开放和经济发展,目的都是为了满足人民日益增长的物质文化需要。随着生

---

① 《邓小平文选》第三卷,人民出版社1993年版,第10页。

产发展和社会财富的增加,城乡居民的实际收入、消费水平和生活质量要有明显提高。"①他还提出了发展是党执政兴国的第一要务的重要论断。胡锦涛在继承前人的基础上进一步提出了科学发展观,其中第一要务就是发展,可见在生产和消费的辩证关系中,生产是第一位的,只有生产发展了才能提高人民的生活水平和消费水平。首先,生产为消费提供对象。生产为消费提供对象是指生产什么才能够消费什么,如果生产不了,就无法消费,又如,现在有汽车的生产,我们才能购买汽车。其次,生产决定消费水平、消费方式。在封建社会,由于生产的落后,因而人们只能过着自给自足的生活,消费方式上采取的是自产自销,而到了资本主义社会,由于商品经济的发展,生产迅速发展,因而消费方式上发生了改变,我们所消费的内容并不完全是自己生产的。

消费反作用于生产。中央领导人不仅看到了生产对消费的决定作用,而且也看到了消费对生产巨大的促进作用。邓小平提出:"发展经济,工人要增加收入,这样反过来才能促进经济发展。农业也是一样,增加农民收入,反过来也会刺激农业发展。"②进入20世纪90年代,江泽民对生产与消费的新情况作出新调整,指出:"目前,我国经济发展越来越受到市场约束。消费需求是最终需求。如果消费上不去,投资也难以发挥效益。要把促进消费的增长作为拉动经济增长的一项重大措施,使投资和消费双向启动。"③随着社会主义市场经济的发展、供给导向型经济逐步转变为需求导向型经济,消费在社会经济活动中的地位和作用越来越突出。④ 胡锦涛针对新形势,在中共十六届六中全会上指出:"要逐步理顺投资和消费的关系,把增加消费作为扩大内需的重要着力点。"⑤而且还在十七大报告中指出,要"坚持扩大国内需求特别是消费需求的方针,促进经济增长由主要依靠投资、出口拉动向依靠消费、投资、出口协调拉动转变"。这样才能最大限度地满足人民群众日益增长的物质和文化需要,为生产建设找到出路和开拓新的空间,真正提高经济增长的质量和

---

① 《江泽民文选》第一卷,人民出版社2006年版,第239页。
② 《邓小平文选》第二卷,人民出版社1994年版,第130页。
③ 《江泽民论有中国特色社会主义》(专题摘编),中央文献出版社2002年版,第108页。
④ 黄娟:《生态经济协调发展思想研究》,中国社会科学出版社2008年版。
⑤ 《十六大以来重要文献选编》(下),中央文献出版社2008年版,第680页。

效益,使人民群众享受更多的发展成果,为经济社会发展提供强大动力。[1] 消费对生产的反作用是指消费是生产的目的和动力,消费的发展促进生产的发展。其具体表现为:消费使产品的生产过程真正完成;消费带动新的产业的出现和发展;消费为生产创造出新的劳动力,并提高劳动力的质量,提高劳动者的生产积极性。例如:一个企业生产的产品如果不能通过交换到达消费者手里,也就意味着这个企业的产品卖不出去,它也就无法再继续生产下去,甚至难于在市场上生存;如果某个时期社会对某种新产品需求很大,消费很旺盛,就会促使其他企业也来生产这种产品,这就带动了生产的发展。

(二)影响消费的因素

1. 政治因素

政治制度。它是指一个国家或地区所奉行的社会政治制度,它对消费者的消费方式、内容、行为具有很大的影响。如我国是社会主义国家,我们的商品生产和商品交换都要符合社会主义的政治、文化和道德的原则。许多资本主义国家泛滥的东西,在我国既不允许生产,也不允许销售。所以,政治制度对消费者行为的影响是客观存在的,对消费者的购买行为有着不可忽视的影响。

国家政策。国家政策对消费者的影响表现在当时国家提倡什么、反对什么,以政策形式对消费行为进行规范。如党的十一届三中全会以后,党中央实行改革开放,在消费方面,除掉了束缚消费者的"紧箍咒"。人们的消费内容越来越丰富多彩。人们的购买行为呈现出多样性、复杂性。特别是社会主义市场经济的繁荣、商品的丰富对消费者的购买行为产生了意义深远的影响。

2. 经济因素

社会生产力。社会生产力是各种经济关系形成的前提和物质基础,是社会发展的最终决定力量。任何消费都是在一定的社会生产力水平下进行的,社会生产力的水平直接决定了消费的水平。[2] 因此消费者消费的商品都是由

---

① 胡敏:研究消费理论扩大消费需求[EB/OL].http://www.sdpc.gov.cn/mtbd/t20060623_74095.html。

② 诸大建:《生态文明与绿色发展》,上海人民出版社2008年版,第264页。

生产提供的,生产不仅制约着消费的品种、规格、数量,而且还制约着消费结构。例如,在中国几千年的历史长河中,无论哪个封建帝王不管怎样富有,也不可能有汽车、飞机、电冰箱等物质消费。另外,社会生产力发展水平也制约着人们的消费方式。例如,从原始人茹毛饮血的消费方式到现代人刀叉进餐的消费方式,不能说不是生产力发展的必然结果。

消费者经济收入。消费者收入是指消费者个人从各种来源所得到的货币收入,消费者收入主要形成消费资料购买力,这是社会购买力的重要组成部分。由于消费者收入是有差异的,又是不断变化的,它必然会影响消费者的消费数量、质量、结构及消费方式。当消费者收入水平较低时,迫于生计,不得不消费较多的劣等品或者不去购买某些产品;当消费者收入提高时,会增加层次较高、品质较好或对生态环境有益的生活必需品的消费。

商品价格。由于消费者在一定时间内的收入是有限的,同时,可供人们消费的商品也总是以一定的价格形式出现在市场上。因此,消费者为了满足消费需要,必须根据自己的收入状况,根据不同商品的价格水平,在各种商品中进行选择。例如,收入高、负担轻的消费者,由于经济条件较宽松,可能多选择高档商品;而收入少或负担重的消费者,则可能较多地选择中低档商品。但这种现象并不是绝对的,在现实生活中,有的消费者出于某种偏好或消费心理,不顾价格的昂贵,反而以购买高价商品为荣,这就要作更深刻的分析。

3. 文化因素

文化是人类创造出来的所有物质和精神财富的总和。其中既包括世界观、人生观、价值观等具有意识形态性质的部分,又包括自然科学和技术、语言和文字等非意识形态的部分。文化是人类社会特有的现象。文化是人们在社会实践中形成的,是一种历史现象的沉淀;同时,文化又是动态的,处于不断的变化之中。因此价值观念、物质文化、审美标准、亚文化群等变化都会影响到消费的选择。

物质文化。物质文化是为了满足人类生存和发展需要所创造的物质产品及其所表现的文化,包括饮食、服饰、建筑、交通、生产工具以及乡村、城市等,是文化要素或者文化景观的物质表现方面。它影响消费的需求水平,产品的质量、种类、款式,也影响着这些产品的生产与销售方式。因此一个地方和国家的物质文化对企业的市场营销具有重要的意义。物质文化生活水平越逐步提高,人们越易摆脱基本生活条件的约束,消费的层次越不断提高。比如十年前手机还是高档消费品,很少有人问津。但随着技术水平的提高,现在普通手机的价格已经降到几百元,与过去相比手机的普及率也大大提高。

价值观。价值观是一个人对周围的客观事物的意义、重要性的总评价和总看法。价值观是人们对社会存在的反映,通过人们的行为取向及对事物的评价、态度反映出来,是世界观的核心,是驱使人们行为的内部动力。它支配和调节一切社会行为,涉及社会生活的各个领域。因此企业在制定促销策略时应该将产品与目标市场的文化传统尤其是价值观念联系起来。例如,美国人喜欢追求超前消费,而我国民众往往在购买商品时局限于货币支付能力的范围内。

亚文化群。营销学上称一个社会及其文化是由该社会内部的民族群、宗教群、种族群、地理区域群等因素相互作用而形成的,这些因素称为"亚文化群"。每种文化之间有巨大的差异,在同一种文化的内部,也会因民族、宗教等诸多因素的影响,使人们的价值观念、风俗习惯和审美标准表现出不同的特征。因此处于不同亚文化群的消费者的消费选择也是不同的。

审美标准。审美文化是具有审美属性和审美价值的人类文化形态,是在审美实践中形成的观念体系及其对象化产物,[1]审美标准通常指人们对事物好坏、美丑、善恶的评价标准。企业在经营、管理、形象、品牌、服务等各个方面都要把握和重视审美标准,使得企业审美文化建设成为企业经营管理的自觉追求。

4. 个人因素

影响消费者购买的自身因素包括消费者的经济状况、消费者的职业和地位、消费者的年龄与性别、消费者的性格与自我观念。这些因素通常是企业不能控制的。

消费者的经济状况。消费者的经济状况会强烈影响消费者的消费水平和消费范围,并决定着消费者的需求层次和购买能力。消费者经济状况较好,就可能产生较高层次的需求,购买较高档次的商品,享受较为高级的消费。相反,消费者经济状况较差,通常只能优先满足衣食住行等基本生活需求。

---

[1] 齐卫华、纪光欣:《审美文化:当代企业文化新的发展趋向》,《经济经纬》2004 年第 6 期。

消费者的职业和地位。不同职业的消费者,对于商品的需求与爱好往往不尽一致。蓝领工人一般购买较多的工作服,而白领工人则购买西装和领带。营销人员试图确认那些对他们的产品和服务有相当兴趣的职业群体,甚至专门制造既定职业群体所需的产品。消费者的地位不同也影响着其对商品的购买。身在高位的消费者,将会购买能够显示其身份与地位的较高级的商品。

消费者的年龄与性别。消费者对产品的需求会随着年龄的增长而变化,在生命周期的不同阶段,相应需要各种不同的商品。如对食品、服装、家具与休闲活动的兴趣与年龄关系很大,不同性别的消费者,其购买行为也有很大差异。烟酒类产品较多为男性消费者购买,而女性消费者则喜欢购买时装、首饰和化妆品等。

消费者的性格与自我观念。每个人独特的性格将影响其购买行为。性格是指一个人特有的心理素质,常用形象言辞来描绘,比如自信、权威、爱社交、自主、自我保护、适应性和野心等。不同性格的消费者具有不同的消费选择。刚强的消费者在购买中表现出大胆自信,而懦弱的消费者在挑选商品时往往缩手缩脚。

5. 社会因素

从社会因素的角度出发,主要有三个方面影响消费,即消费者的文化背景、消费者所处的社会阶层及相关群体。

消费者的文化背景。现实社会中,人们所受教育的程度和层次是存在差异的,这些差异也影响到人们的消费行为。如珠宝首饰是一种具有很深文化内涵的饰物,消费者的受教育程度和背景必然会影响到其购买行为。又如教育层次较低的群体在选择购买食品时,易流于对某一食物的盲目倾向性消费并较多地受到味觉的驱使,而教育层次较高的群体则依据科学、合理的营养组合原则来选购食品。

消费者所处的社会阶层。现代社会中,消费者所处的社会阶层不同使得他们的生活方式、消费习惯和价值观念都有很大的差别。人们常选择代表社会地位的产品。

相关群体。相关群体的作用主要有三种形式:一是为每个人提供多种不同的消费行为模式;二是能引起人们的效仿欲望;三是促使人们的购买行为趋于一致化。当然,群体影响的重要程度对不同产品和品牌来说是不一样的。

如果是看得见的产品,并且拥有产品的人又是购买者敬重的人,这时群体影响是最强的;如果是某些私人用品,产品和品牌都不会被他人看见,群体影响是极其微弱的。

二、传统消费模式

一般认为,消费模式是人们消费关系和行为规范的综合表现,是从总体上反映人们消费行为的主要内容、基本态势和质的规定性,是指导人们进行消费活动、并对人们的消费行为进行社会价值判断的理论概括和依据。[①] 消费模式对一个国家的资源环境有着重大影响,是建设生态文明必须关注的重要方面。因此,十七大报告指出要基本形成节约资源能源和保护生态环境的消费模式,即消费模式一定要从本国、本地区的生态状况出发,根据资源和环境承受能力确立消费度。因此认识我国传统消费方式的演变过程、内涵表现及危害,有助于我们制定新型"深绿色"消费模式。

(一)我国传统消费模式

1.计划经济社会:节俭主义

节俭主义就是主张以节约的方式进行生产、生活的思想观念和理论体系,尤其是人们在物质资料贫乏的年代关于生活上省吃俭用的主张。它是中国传统农业社会到新中国成立后实行的计划经济时代国家一直弘扬的一种主张。

节俭主义有如下特点:第一,节俭主义的目的就是为了维持人们生存。物质稀缺,使得传统社会中生产与消费的矛盾集中体现在落后的生产无法满足人们正常的消费需求,这个矛盾一方面要求人们增加生产;另一方面要求人们克制需求。然而,在漫长的传统社会里,生产力水平极少提高,人们虽然没有忽视发展生产,但生产的艰巨性和产品的有限性,却让人们更注意抑制消费需求。传统社会里生存需求几乎是人们唯一的需求,物质产品代表生命,为了维持生存,传统社会视欲望为恶,要求人们安于贫困。第二,节俭主义强调节约产品。这是生产能力无法充分满足人们生存需求的必然反映,因此要努力提

---

① 张晓宏:《再论中国传统消费模式的弊端》,《经济科学》2001年第2期。

高产品的利用率。第三,节俭主义的出发点和落脚点是以物为中心。① 这是由传统物质产品极度匮乏的现实条件决定的。短缺使得物的重要性远远超过了人的重要性,所以,传统社会靠抑制人们的需求来维持少部分人的温饱与小康,以及绝大多数人的最低生存需求。第四,节俭主义主张抑制消费。中国传统社会消费思想一直以"黜奢崇俭"为核心,西方传统社会亦如此,这严重压制和减少了人们的消费欲望。②

从理论上讲,节俭是个人积累财富最常用的方式。从微观上分析,某个家庭勤俭持家,减少浪费,增加储蓄,往往可以致富。然而根据凯恩斯的总需求决定国民收入的理论,节俭对于经济增长并没有什么好处。因为节俭主义主张抑制消费,而公众越节俭,越降低消费,往往会导致社会收入的减少。因为在既定的收入中,消费与储蓄成反方向变动,即消费增加储蓄就会减少,消费减少储蓄就会增加。根据这种看法,增加消费减少储蓄会通过增加总需求而引起国民收入增加,就会促进经济繁荣;反之,就会导致经济萧条。由此可以得出一个蕴涵逻辑矛盾的推论:节制消费增加储蓄会增加个人财富,对个人是件好事,但由于会减少国民可支配收入引起萧条,对国民经济却是件坏事。18世纪荷兰的曼德维尔博士在《蜜蜂的寓言》一书中就讲过这样一个有趣的故事。一群蜜蜂为了追求豪华的生活,大肆挥霍,结果这个蜂群很快兴旺发达起来。而后来,由于这群蜜蜂改变了习惯,放弃了奢侈的生活,崇尚节俭,结果却导致了整个蜜蜂社会的衰败。其实这就是节俭悖论的一个有趣的故事。

在以匮乏经济为特征的社会中,节俭主义强调先苦后甜,滞后享受;在资源的使用上,主张量入为出、精打细算、居安思危、细水长流。与节俭相对的奢侈浪费则被判定为不道德。由此可见,传统社会的节俭主义伴随的是一种生产社会或生产者社会。③

2. 市场经济社会:消费主义

消费主义(consumerism)是20世纪初产生于美国的一种社会文化现象。

---

① 王宁:节俭主义和消费主义关联性分析[EB/OL]. http://www. lunwenworld. com/Article/jiaoyuxue/201011/3541. html。

② 罗建平:《节约:可持续发展的必要选择》,《福建日报》(理论版)2009年4月14日。

③ 王宁:节俭主义和消费主义关联性分析[EB/OL]. http://www. lunwenworld. com/Article/jiaoyuxue/201011/3541. html。

它是指人们一种毫无顾忌、毫无节制的消耗物质财富和自然资源,并把消费看做是人生最高目的的消费观和价值观。① 在这种界定之下,消费主义的实质是拜物主义,通过对物的消费和占有体现他们的生活方式、身份地位和优越感,他们无所节制的消费污染了环境,过量地消耗了资源,带来了极大的危害。改革开放之后,随着我国经济水平的提高,居民的个人财富也得到了一定程度的积累,商品的种类逐渐丰富,同时为促进经济发展,国家采取了鼓励消费的政策,消费主义逐步扩大在我国的影响力。②

《消费社会》的作者鲍德里亚(Jean Baudrillard)所认为的消费包括如下特征:第一,商品消费面前人人平等。把人的全部需要都建立在对物质的追求和渴望之上,表现为享乐主义和对物质的无限追求。特别重视对物的占有和消费。第二,突出的象征符号特征。"消费主义是指这样一种生活方式:消费的目的不是为了实际需求的满足,而是不断追求被制造出来、被刺激起来的欲望的满足。"它把物质消费看做是自我表达和社会认同的主要形式,看做是高质量生活标志和幸福生活的象征。第三,极强的感染特性。通过有形物质消费达到心理上的满足,这种外显行为很容易引起人模仿,且一旦接受了消费主义的生活方式,人们就难以摆脱,容易失去理性判断力和批判力,无法辨别什么是人类的真正利益,什么是个人真正的需求(need)。就会把物质消费这种虚假的需求(desire)当做人类和个人的生存本质。③

消费主义有三大表现形式:感性消费、浪费性消费和炫耀性消费。感性消费是基于消费者个人的情绪情感体验而产生的消费行为,它以个人的喜好作为购买决策标准,以个人心理满足、个性实现、精神愉悦为主要消费目标,对商品"情绪价值"的重视胜过对"机能价值"的重视;浪费性消费主要不是看商品是否具有使用价值,而是看它是否还具有符号和交往价值,因此它倡导的是一种"物用过就扔"的"一次性消费"、"快速消费",除此之外还表现在对消费品的过度包装,甚至包装的成本要大于消费品自身的价值;炫耀性消费则是通过对物品的超出实用和生存所必需的浪费性、奢侈性和铺张消费,向他人炫耀和

① 雷安定、金平:《消费主义批判》,《西北师范大学学报》1994 年第 5 期。
② 荆钰婷、李程程:《消费主义产生的根源分析》,《社会纵横》2010 年第 10 期。
③ 陈建华、张园、赵志平:《消费主义及其超越》,《广西社会科学》2009 年第 7 期。

展示自己的经济实力和社会地位,①以及这种地位所带来的荣耀、声望和名誉。

因此消费主义不是一种单纯的价值观念,也不是一种单纯的行为实践,而是二者的结合,它所坚持的观点为:一是消费是促进经济增长最有效的活动和手段;二是消费是自我精神满足和物质满足的根本途径;三是消费是人生的根本目的,人生意义体现在消费的质和量上,物欲的满足、感官的享受乃是人生追求的最高价值。②

西方消费主义的兴起伴随着从农业社会到工业社会的转型,跨越了一个多世纪的时间;而当代中国消费主义的兴起则伴随着从计划经济向市场经济的转型,只用了不到三十年的时间。经过理论界多方面的研究和分析,当代中国消费主义既有与西方相同的市场经济基础和社会攀比心理,也有完全不同于西方的特点。第一,中国消费者的消费体验常常是建立在对改革开放以前的贫困生活的集体记忆基础上的;③第二,对交换性消费过分倚重,过分重视"面子"消费;第三,职位消费盛行;第四,集团性或公款性消费泛滥。④ 显然,中国的特殊国情如传统文化、权力腐败及其衍生的各种"潜规则"等都是造成消费主义"中国化"的因素。具体说来有:

国家政策的转变。改革开放以前,为了在一个极度贫穷的农业国实现工业化和现代化的目标,国家制定和实行了优先发展重工业,抑制消费、加大积累,"统购统销"的政策,并大力宣传艰苦奋斗、勤俭节约的精神。在这样的社会背景下,为了避免妒忌和批评,人们倾向于保持与大众一致的消费生活方式,任何个人的超越平均水平的消费水平和消费风格,往往会招致他人妒忌,并招致单位领导和同事的批评。很显然,在这样一个"大锅饭式"平均主义的社会,消费主义的兴起缺乏必要的动力机制。改革开放以后,为了迅速摆脱国民经济停滞不前、人民生活困苦不堪的状况,国家改变了战略和路径,采取

---

①　肖显静:《环境与社会——人文视野中的环境问题》,高等教育出版社 2006 年版。

②　陈建华、张园、赵志平:《消费主义及其超越》,《广西社会科学》2009 年第 7 期。

③　王宁:《"国家让渡论":有关中国消费主义成因的新命题》,《中山大学学报》2007 年第 4 期。

④　郑红娥:《发展主义与消费主义:发展中国家社会发展的困厄与出路》,《华中科技大学学报》(社会科学版)2004 年第 4 期。

了一系列措施来调动人们的生产劳动积极性,如:提高人们的收入和生活水平,促进消费品产业的发展;发展商品经济,走市场化道路;国家逐步退出对私人生活方式的干预,并逐渐放松对消费生活的话语控制和制裁;在收入分配方面采取打破"大锅饭"(平均主义)的政策,强调"按劳分配,多劳多得"。在此条件下,人们之间相互攀比的社会土壤得以形成,消费主义获得了提升的社会动力。显然,国家在改革开放进程中所采取的一系列宏观政策和制度安排,不但在客观上为消费主义在中国的兴起逐渐扫清了障碍,而且从 20 世纪 90 年代后期起,通过经济政策为消费主义的兴起与蔓延提供了直接的动力。正是伴随这个过程,消费主义成为"经济主义"的一个"副产品"而在中国登陆。所以,消费主义的兴起是中国社会结构转型的一个组成部分。①

中国市场经济体制的推行。消费主义从本质上说是由资本的内在逻辑决定的,资本的本性是追逐利润,追求经济的增长,生产愈来愈多的产品。② 因此消费主义适应了资本增值的需要,是资本增值的一种必然结果,这是消费主义得以产生和传播的一般性的经济基础。改革开放后的中国,在经济全球化浪潮的席卷之下,推行市场经济体制,销售和消费也成为中国市场经济发展和社会生产扩大的至关重要的环节。与此同时,互联网、广告、电视等大众传播媒介建构一种社会意义系统,对人们的价值观念起到控制和重塑作用,把所有人都卷入其中的一种高消费的生活方式。

社会攀比心理。从社会学上来讲,人的消费欲望和需求水平,不但受可支配收入的影响,而且也受社会因素的影响。其中,人与人之间的相互攀比和竞赛,可以简称为"社会攀比论",是促成欲望起飞的一个重要的社会动因。因此一旦出现比消费者现在所使用的更高级的产品,消费者往往倾向于用后者来替换现有产品。而与更高级产品的接触,构成对消费者现有消费模式的威胁,因为它使得消费者对这些产品的潜在偏好被激活起来。因此,一旦提高和

---

① 王宁:《"国家让渡论":有关中国消费主义成因的新命题》,《中山大学学报》2007 年第 4 期。

② 程秀波:《消费主义及其伦理困境》,《河南师范大学学报》(哲学社会科学版)2004 年第 5 期。

改进生活水平成为社会目标,那么生活水平就成为维持自尊的一种手段,而购买和获取更高级的产品就成为生活水平提高的证明;一旦消费模式成为职业成功的标志,那么为了获取更高的社会地位,就必须满足高地位群体所"示范"的行为标准和消费标准。换言之,高标准的消费成为高地位的标准。消费主义的欲望形态就通过这样的社会攀比心理机制得到不断的生产、复制和提升。同样,社会攀比心理也是当今中国消费主义兴起的一个重要动因。在中国的消费主义表现中,比较特殊的例如对交换性消费过分倚重,过分重视"面子"消费,又如职位消费的盛行,以及集团性或公款性消费的泛滥等"中国化"现象,都表明人们之间凭借各种正当或不正当的手段进行相互的攀比。①

价值观的变化。在我国由计划经济向市场经济转型的过程中,国家的意识形态遭遇了空前的挑战。人们出现了价值缺失和迷茫,勤俭节约这个传统美德被很多人抛弃,这一方面导致了人们对国家未来走向的巨大不确定性,使得人们的行为开始变得越来越急功近利,有时甚至不择手段。另一方面,对个人而言,空虚感和失落感的增加也得不到有效地化解。于是有些人认为,消费行为及物质性享受必然会给自己带来快乐,并把消费量作为人生竞争和衡量成功的标准。这样,一些人便把消费作为一种最直观、最具可比性的竞争指标而予以疯狂追求。这种追求目标的转变就是消费主义的产生。

(二)传统消费模式对环境和社会造成的危害

1. 生态危机

生态危机是指生态环境遭受到严重破坏,人类的生存与发展受到威胁的现象。生态危机是生态失调的恶性发展结果,主要由人类盲目和过度的生产活动所引起。其主要表现有全球变暖、臭氧层破坏、酸雨、淡水资源危机、能源短缺、土地荒漠、物种加速灭绝、温室效应、赤潮、生态失衡、热带雨林消失、森林资源锐减、垃圾成灾等。中国的生态危机目前相当严重,从东北的第二松花江到南方的珠江,许多河流、湖泊都不同程度地受到污染;由于森林或草原破

---

① 黄涛:《试析消费主义及其在中国的兴起》,《特区实践与理论》2010 年第 6 期。

坏,中国历史上形成的沙漠化土地达12万平方公里,近数十年来又有所增加;全国水土流失面积已达9亿亩。

消费主义为消费而消费的特征,使得人均消耗资源量急剧增加,再加上人口的增加,这就使得资源总消费量按几何级数增长,产生出大量的工业和生活垃圾,加速了环境污染;同时消费行为会引导生产行为,消费者的需求刺激了对珍稀动植物的猎杀、采集,会导致更多的动植物灭绝或处于濒危状态,破坏自然景观和生物多样性。

2. 价值观危机

牛津大学心理学家迈克尔·阿吉尔在其《幸福心理学》一书中指出:真正的幸福是被掩盖了的社会关系、工作和闲暇。而在消费主义社会中,尽管消费者能够得到充裕的物质满足,他们也并不感到特别快乐。这说明消费主义的消费方式产生了人类的价值观危机,破坏了人类的全面发展。这表现在:第一,消费主义把人生的根本目的及人的价值都归结为物质消费,这必然导致人们对精神文化和政治的忽视,丧失辩证思维能力,限制人的全面发展。第二,消费主义将物质消费作为衡量人生价值的标准,自我价值只是体现于自我的消费和享受之中,否定人的内在价值,使人成为被动、贪婪的消费者,丧失了道德信仰和能动创造性。[1] 第三,消费主义加剧了"人为物役"的异化倾向。人们越来越重视赚钱和物质享受,而忽视德性、品格以及指导人全面发展的哲学智慧的培养。第四,消费主义导致人的道德水准逐步降低,人的综合素质也变得越来越差。[2]

3. 对公平和平等的破坏

公平既有当代人之间的代内公平,又有当代人与后代人之间的代际公平。平等既有人与人之间的平等,又有国家与国家之间的平等。传统消费模式大量生产—大量消费—大量抛弃的原则造成了资源的大量破坏及环境的严重污染,给后代人的发展造成威胁。消费主义虽然宣扬消费面前人人平等,然而消费并不能得到平等。就一个国家来说,在生产力发展的一定水平上,社会所创

---

① 来自MBA智库百科。
② 刁志平:《消费主义价值观与可持续消费方式的建构》,《北京交通大学学报》2007年第3期。

造的物质财富总量是有限的,因此,富人过多的消费必然意味着穷人的消费不足;地球资源的有限性决定了全球性总供给也必然是有限的,因此,富国的过度消费意味着穷国人民的消费不足。而在当前世界各国的消费模式下,这种情况非常明显。

三、"深绿色"消费模式

诸大建在《生态文明与绿色发展》一书中指出,只有"深绿色"的思考才是生态文明的真正内涵。因此本节构建的"深绿色"消费模式本质上是生态文明型的。"深绿色"消费模式是人类在追求社会可持续发展过程中探索出来的一种消费模式,是一种有益于人类健康和社会环境保护的新型消费模式,它既强调消费的重要作用,又强调消费和再生产其他环节与环境的动态平衡,有利于取得人类社会和自然的协调发展。[①] 因此在构建"深绿色"经济发展模式、"深绿色"经济产业体系的同时,构建现代工业社会的"深绿色"消费模式,对于提升和培养公众的"深绿色"消费观念,促进经济、社会、生态的可持续发展具有重要意义。

(一)构建"深绿色"消费模式的背景

1. 历史背景:消除传统消费模式弊端的必然选择

消费模式经历了原始生态消费、线性消费、循环消费、可持续消费等模式的更替。目前我国的消费模式大多处于线性消费和循环消费两个阶段,而且线性消费还占大多数。传统消费模式的"线性过程"使得经济系统致力于把自然资源转化成产品和货物以满足人们提高生活质量的需求,用过的物品则被当做废物而抛弃。随着地球上人口越来越多,人们生活水平的不断提高,消费量日益增多,废物也在增多,这就造成了资源的消耗和环境的退化。线性消费本质上是一种耗竭型消费。如果全球人口都按以往这种方式消费,即按照消费的数量,而不是通过适宜的手段去满足人类需求来衡量经济财富和生活

---

① 菲悦:传统消费模式和现代消费模式的比较[EB/OL]. http://www.feiyuelove.com/Article/lunwen/xueshixuewei/200904/3_2.html。

水平,那将严重威胁资源耗竭及自身发展。①"循环消费"本身也存在缺陷,这都使得我们有必要建立一种可持续消费的"深绿色"消费模式。

线性消费模式在我国现实生活中表现为不合理消费和过度消费。这两种消费方式不仅体现在生产消费中而且也体现在生活消费中,这严重制约着我国的可持续发展。传统的生产消费模式,以大量消耗资源、能源和原材料,并大量向环境排放废弃物,造成严重污染为主要特征,注重产品的生产、忽视产品进入流通和消费领域后的回收利用,在产品设计、生产制造时较少考虑采用有利于综合利用的原材料等;在生活消费方式方面,一些畸形的不合理的消费方式比比皆是,如奢侈型、挥霍型、炫耀型、浪费型、迷信型以及荒淫型消费正在给社会造成损害。生活废弃物大量丢弃,随处乱扔,垃圾随处填埋,回收利用观念淡薄。目前,人们消费中浪费最大的是土地资源,农民建房、城市用地等大量占用土地,有的甚至圈地后闲置在那里,形成极大的浪费。此外,"消费攀比症"和"公费消费"几乎成为公害,处处比阔气、比派头、比谁的消费档次高;用公家的钱不心痛,甚至利用手中掌握的权力挥金如土,奢侈浪费,由此造成的资源浪费数量惊人。所以,建立先进的"深绿色"消费模式势在必行,而且具有相当的紧迫性。②

"深绿色"消费模式既能从社会长期的角度强化对消费总量的增长,又能突出对消费质量的改善和消费结构的升级换代,进而在此基础上形成真正意义上的有效消费需求,因而是替代传统消费模式的必然选择。

2. 环境背景:解决资源短缺矛盾的现实要求

改革开放以来,我国GDP年均增长率达9.4%。但必须清醒地认识到,我国经济的高速增长是建立在过度消耗资源和破坏环境基础上的。首先是资源消耗大、利用水平低。主要表现在资源利用效率低、效益差,与国际先进水平相比仍存在很大差距。我国矿产品消耗强度高于发达国家,从矿产资源的消耗强度看,在现行汇率下,我国每万元GDP消耗的钢材、铜、铝、铅、锌分别是世界平均水平的5.6、4.8、4.9、4.9、4.4倍,即使按购买力评价计算,也高出许

---

① 白雅琴:《影响传统消费模式向可持续消费模式发展的因素》,《内蒙古科技与经济》2006年第1期。

② 陈启杰、楼尊:《论绿色消费模式》,《财经研究》2001年第27卷第9期。

多。其次是资源浪费惊人。我国矿产资源总回收率仅为30%,小型煤矿的煤炭资源回收率只有10%～15%;资源浪费现象比比皆是,如公共场所长流水、长明灯现象,过度包装愈演愈烈,浪费粮食问题屡见不鲜,开发区等非农业用地侵占和浪费耕地、破坏土地资源现象十分严重。最后是再生资源的资源化水平低,大量可利用的资源作为废弃物白白浪费掉,没有得到充分利用。

分析存在问题的原因,一是对资源节约的重要性缺乏足够的认识,资源开发与节约并举、节约优先的方针没有落到实处。在发展思路上重开发、轻节约,重外延、轻内涵,重速度、轻效益;把资源节约仅仅作为缓解资源供需矛盾的权宜之计,供应紧张时重视节约,供应缓和时放松节约;资源节约在实现经济增长方式转变和实施可持续发展战略中的重要地位没有得到充分体现;资源节约还没有成为广大企业和全体公民的自觉行动等。二是不符合可持续发展的生产方式、消费方式和生活方式还没有得到根本改变,存在着"高投入、高消耗、高排放、不协调、难循环、低效率"等突出问题,全面、协调、可持续的发展观还没有深入人心。三是资源节约法规、标准不完善,执法不力。虽然有《节约能源法》《水法》等,但可操作性差,配套法规不完善,有法不依,执法不严,标准制定工作滞后。四是缺乏有效的资源节约激励政策,工作难度越来越大。五是技术装备水平落后。六是尚未建立适应市场经济体制要求的资源节约机制。①

因此全社会必须加深对资源节约有利因素和不利因素的认识,增强资源节约的紧迫感和责任感。建立"深绿色"消费模式在一定程度上可以实现资源的有效配置,提高资源的利用效率,从而实现经济可持续发展。

3.政策背景:促进两型社会建设的主流趋势

两型社会指的是"资源节约型与环境友好型社会"。建设资源节约型、环境友好型社会,是从我国国情出发提出的一项重大的战略决策,是贯彻落实科学发展观和构建和谐社会的必然要求。党的十六届五中全会明确提出"建设资源节约型、环境友好型社会"(以下简称建设"两型"社会),并首次把建设资源节约型和环境友好型社会确定为国民经济与社会发展中长期规划的一项

---

① 我国资源开发利用中存在的主要问题及原因[EB/OL]. http://www.gov.cn/ztzl/2005 - 12/29/content_141081. html。

战略任务。十七大报告再次强调:"坚持节约资源和保护环境的基本国策,关系人民群众切身利益和中华民族生存发展。必须把建设资源节约型、环境友好型社会放在工业化、现代化发展战略的突出位置,落实到每个单位、每个家庭。要完善有利于节约能源资源和保护生态环境的法律和政策,加快形成可持续发展体制机制。"

"深绿色"消费模式有三项基本原则,即消费要有益于节约资源保护环境,有益于人的身心健康,有益于社会的和谐发展。它体现可持续发展思想,反映了人类消费方式变化发展的要求和趋势。① 两型社会的突出特点就是兼顾资源节约型和环境友好型。"深绿色"消费模式在基本内涵与具体措施上可以保持与这两点的内在均衡。因为资源节约型是"深绿色"消费模式的题中应有之义,既是此消费模式的特点,又是此消费模式的要求和原则;而环境友好型是实现"深绿色"消费模式的必经路径,同时也是发展"深绿色"消费模式的目标和趋势。"深绿色"消费模式的构建既有利于节约资源又有利于保护环境,是实现两型社会建设的重要加速器。②

(二)"深绿色"消费模式内涵与特征

1."深绿色"消费模式

针对人们对环境问题思考的不同深度或绿色程度,对环境的认识经历了由"浅绿色"理念到"深绿色"理念的发展,相应地必然有"浅绿色"消费到"深绿色"消费的转变。20世纪60～70年代兴起的"浅绿色"环境运动下的绿色消费是指消费者消费时选择对环境友好的商品,避免使用某些对环境有危害的产品的消费行为。这种"浅绿色"消费可以说仅仅停留在狭义的绿色购买阶段。20世纪90年代以来第二次环境运动或环境革命运动则要求将环境与发展进行整合性思考,联合国环境署在1994年发表了《可持续消费的政策因素》报告,对可持续消费作了如下界定:"提供服务以及相关的产品以满足人类的基本需求,提高生活质量,同时使自然资源和有毒材料的使用量最少,使服务或产品的生命周期中所产生的废物和污染物最小,从而不危及后代的需

① 潘家耕:《论绿色消费方式的形成》,《合肥工业大学学报》2003年第17卷第6期。
② 陶开宇:《以节约型消费模式扩大两型社会需求》,《湖南商学院学报》2009年第4期。

要。"这种可持续消费已经远远超出了"浅绿色"消费的范畴,从而实现了由"浅绿色"消费到"深绿色"消费的转变。中央财经大学研究院的研究员刘倩在《支撑低碳经济发展的可持续消费——基于消费行为视角的研究》一书中又将可持续消费划分为广义的可持续消费和狭义的可持续消费。广义的可持续消费包括可持续的自然资源消费(如水、土地、森林、矿藏等)、可持续的生产资料消费(主要指劳动资料消费和经过加工的劳动对象的消费)、可持续的商品消费(主要指衣、食、住、行等生活资料的消费)和可持续的劳务消费(主要指衣、食、住、行等服务性消费)。狭义的可持续消费主要指可持续的商品消费和服务消费,并在一定范围内涉及自然资源消费。本章所提到的"深绿色"消费本质上就是可持续消费。

"深绿色"消费模式则是"深绿色"消费内容、结构和方式的总称,是一定社会形态和生产关系下"深绿色"消费者(包含生产性消费者和生活消费者)与"深绿色"消费资料的结合方式,是消费者在消费过程中注意保护生态环境、减少资源浪费和防止污染,主动承担社会责任的前提下,考虑保护自身健康和群体利益,对绿色产品和服务进行的一种理性消费方式,是一种体现绿色文明、遵循可持续发展原则的消费模式。[1]"深绿色"消费涉及消费者(包含生产性消费者和生活消费者)对"深绿色"产品的崇尚、选购、使用与对剩余物有良化处理四个环节,即:倡导消费者在消费时选择未被污染或有助于公众健康的绿色产品;在消费过程中注重对垃圾的处置,不造成环境污染;引导消费者转变消费观念,崇尚自然、追求健康,在追求生活舒适的同时,注重环保、节约资源和能源,实现可持续消费。因此"深绿色"消费模式要求在消费观念、消费内容、消费过程和消费结果四个方面都做到"深绿色"。

消费观念是"深绿色"的。消费观念是人们对待其可支配收入的指导思想和态度以及对商品价值追求的取向,是消费者主体在进行或准备进行消费活动时对消费对象、消费行为方式、消费过程、消费趋势的总体认识评价与价值判断。消费观念是"深绿色"的,就是要提倡人与自然和谐发展,以尽可能少的索取和尽可能大的回报来维持自然生态的平衡,是人类谋求与大自然和

---

① 张巍、郭中强:《以绿色消费模式促进西安生态文明建设的探讨》,《商业时代》2010年第25期。

谐相处而产生的新的消费价值观。这种新的消费价值观涉及科学消费、适度消费、合理消费、经济消费等健康的消费方式,此"深绿色"消费观更新了人们以往只关心个人消费,很少关心社会生活环境利益的传统消费观,将消费利益和保护人类生存环境利益结合在一起,认为以牺牲环境为代价换取消费利益是不可取的,从而抵制购买和消费那种在生产和消费过程中产生环境污染的商品。一般来说,有什么样的消费价值观,就将产生什么样的生产供给,也就会引导出什么样的社会发展模式。① 因此,"深绿色"消费观念的提出有利于社会的可持续发展,是保护资源和生态环境的重大举措,同时也有利于我国人民生活质量和民族素质的提高。因此"深绿色"消费观念的形成对"深绿色"消费模式的构建有很重要的意义。

消费内容是"深绿色"的。按消费内容区分,消费可分为物质生活消费、精神文化生活消费和劳务消费。物质生活消费主要是指吃、穿、住、用、行的消费。人们在吃、穿、住、用、行等消费过程中要消耗一定的物质,因而称为物质生活消费。精神文化生活消费主要是用于娱乐身心,发展提高自身的各种消费。劳务消费是家庭花钱购买的各种服务,如修理、旅游、请家庭教师、请保姆等。消费内容"深绿色"是指消费的产品为"深绿色"。"深绿色"产品是指在生产过程中和产品自身没有或较少有环境污染,以及比传统的竞争产品更符合保护生态环境或社会环境要求的产品及服务。"深绿色"产品的范围极广,包括食品、洗涤用品、机动车、照明、家电、服装、建筑材料、化妆品、染料等无污染、无危害、可循环使用的各种产品。因此"深绿色"产品要求其在设计、生产、包装、使用、处置的全过程注重环境行为:设计时考虑资源和能源的保护和利用;在生产中采用无废少废的技术和清洁生产的工艺;在使用过程中要有益公众健康;在废弃阶段应考虑产品易于回收和处置。同时"深绿色"产品要求在保证质量和安全性能的基础上,其生命全过程中的环境行为与同类产品相比有明显的改善,因而是质量和环境双优产品。因此,"深绿色"产品应当有严格的认证程序和产品生产要求,它的产地必须具有优良的生态环境,即土壤、天气、水质都符合有关要求,生产过程严格执行有关生产技术标准,感官、理化和微生物指标及产品包装都符合标准。当今市场上很多标明"深绿色"

---

① 朱建荣:《树立绿色消费观 培育新型消费需求》,《商业研究》2002 年第 10 期。

的产品,实质上是伪"深绿色"产品。绿色,乃大自然的本色,是生命的象征。绿色,饱含着人们的希望,因此"深绿色"消费者要坚决的反对伪绿色产品,做到绿色产品,环保选购,这也正是"深绿色"消费的重点所在。

消费过程是"深绿色"的。消费过程是对产品的使用过程。消费过程是"深绿色"的,是指消费品的使用过程中不会对其他社会成员和周围环境造成伤害,因此"深绿色"消费不是消费"绿色",而是保护"绿色",即消费行为中要考虑到对环境的影响并尽量减少负面影响。[①] 人活着,就一定会消费。消费一旦发生,环境就会受到影响,因为,所有消费品最终都是从环境中来的。消费者在购买产品的同时也伴随着对其他产品的消费,其消费过程涉及消费者何时购买、到哪里购买及购买产品后如何消费的问题。何时购买要求了解淡季、旺季;到哪里购买要求消费者了解消费地点并选择合适的交通工具;购买产品后如何消费要求消费者注重对垃圾的处置,不造成环境污染。为了节约资源和减少污染,应当多使用耐用品,提倡对物品进行多次利用。

消费结果是"深绿色"的。消费结果就是产品消费后对个人和环境等所产生的后果。消费结果"深绿色",即消费品使用后,不会产生过量的垃圾、噪声、废水、污气等难以处理的、对环境造成破坏的消费残存物。这要求消费者具备"深绿色"的消费观念,消费"深绿色"的产品,消费过程要注重对产品的重复使用,多次利用,及对垃圾的分类回收,这不仅可以变废为宝,减少环境污染,而且还可以增加经济资源。各个方面综合配合,"深绿色"消费结果才能出现。

2."深绿色"消费模式的特征

它是一种公平的消费模式。可持续发展的原则之一就是公平性原则。这种公平性具有三方面含义:一是指代际公平性。二是指同代人之间的横向公平性。可持续发展不仅要实现当代人之间的公平,而且也要实现当代人与未来各代人之间的公平。三是指人与自然,与其他生物之间的公平性。传统消费模式的着眼点是眼前的代内消费公平,这种公平是以国家甚至是群体为单位的。传统消费形式下,由于经济发展水平的差异,人与人之间、国与国之间的消费常常是不公平的。这种不公平表现在穷人与富人之间,发达国家与不

---

① 陆川:《关于消费者"绿色消费"的几点意见》,《山东工商学院学报》2009 年第 2 期。

发达国家之间,当代人与后代人之间。发达国家的人口仅占世界人口的1/4,却消耗了世界资源的4/5。它们对资源的奢侈消费,不仅造成资源短缺、导致世界3/4的穷人消费不足,①而且对地球的环境造成了更大的压力。不仅如此,当代人为了满足眼前的需要,大量开采有限的自然资源,特别是不可再生资源,破坏了人与自然,与其他生物之间的公平性。因此,改变目前不合理的生产和消费模式,倡导人类进行"深绿色"消费,是实现人类社会可持续发展的重要步骤。绿色消费着眼于公平消费,这种公平既包括人际消费公平,又包括国际消费公平;既包括代内消费公平,也包括代际消费公平,还包括人与自然,与其他生物之间的公平。虽然这些公平不是短时间内能实现的,但消费公平却是"深绿色"消费的基本准则。

它是一种多角度思考的消费模式。传统的消费模式是一个线性过程,即把自然资源转化成产品供人们消费,用过的物品则被当成废弃物抛弃,在这种消费模式下,消费水平的提高和资源消耗、废弃物排放是正比关系。随着消费水平的提高,消费量日益增多,资源存量逐渐减少,废弃物逐渐增多,整个地球将会成为巨大的垃圾场。人类赖以生存并支持经济与社会发展的生态系统,是三个变量的函数:人口、技术水平与消费水平。许多国家的政府都把环境破坏与生态恶化的主要原因归于人口的过快增长,而刺激消费却一直被作为国家拉动经济的手段之一。② "深绿色"消费模式则将人类消费置于社会—经济—自然空间中来考察,要求三者的协调发展。首先,突出强调的是经济发展,把消除贫困当做是实施可持续消费的一项不可缺少的条件。特别是对发展中国家来说,经济发展尤为重要,只有发展,才能为解决生态危机提供必要的物质基础,也才能最终摆脱贫困、愚昧和肮脏。其次,经济发展与环境保护密不可分,强调把环境保护作为衡量消费质量、消费水平、消费程度的客观标准之一,今天"一流的环境政策就是一流的经济政策"的主张或认识已被越来越多的国家和人士所接受。③ 因此"深绿色"消费模式追求的是人类消费行为

① 王文学:《走向未来的路》,山西经济出版社1996年版,第53~59页。
② 武永春、许联峰:《对绿色消费模式推进路径的思考》,《生态经济学术版》2009年第1期。
③ 菲悦:传统消费模式与现代消费模式的比较[EB/OL]. http://www.feiyuelove.com/Article/lunwen/xueshixuewei/200904/3_2.html.

与自然环境的和谐,与人类社会的可持续发展的统一,与经济的可持续发展的适应。

它是一种文明健康科学的消费模式。20世纪60年代兴起于美国等西方发达资本主义国家的消费主义崇尚的是一种"消费导向型"经济,讲求不断地、极大地刺激消费。消费主义这种过度消费、身份消费、高碳消费、奢侈消费的消费方式近年来在国内长势很快,尤其在高收入人群中相当盛行。据《商业蓝皮书:中国商业发展报告(2009～2010)》,去年中国奢侈品消费总额首次超过美国,成为世界第二大奢侈品消费国,预计未来5年中国奢侈品消费额将居全球首位。消费主义的危害使得我们要构建一种科学文明健康的消费方式,①以利于推进我国经济持续健康稳定发展,深入贯彻落实科学发展观,全面建设小康社会。我们提倡的"深绿色"消费模式,要求逐步消除消费主义和传统消费模式中的纵欲无度以及由此产生的人类精神世界空虚、生态平衡的破坏和环境的污染。它讲究的是消费观念、消费结构、消费质量的优化,同时又要求人们用科学的知识来规范和指导消费活动。既满足节约能源和环境保护的要求,又能够使人们在消费中体质、智力和心理性格全面发展。②

它是一种共同富裕型的消费模式。共同富裕是全体人民通过辛勤劳动和相互帮助最终达到丰衣足食的生活水平,是邓小平建设有中国特色社会主义理论的重要内容之一。中国人多地广,共同富裕不是同时富裕,而是一部分人一部分地区先富起来,先富的帮助后富的,逐步实现共同富裕。共同富裕是社会主义的本质规定和奋斗目标。"深绿色"消费模式从整个社会看追求的是贫富差距的缩小,同时又兼顾众性消费、多层次消费,它能够实现在创造更多的社会总福利时,减少资源的消耗,同时又促进广大社会成员的全面发展。当然共同富裕型消费模式的实现很大一方面取决于制度,需要完善现代产权制度、分配制度和社会保障制度等。

它是一种协调性"深绿色"消费模式。"深绿色"消费模式的协调性不仅仅指经济发展与人口、资源、环境的协调,还指各方利益的协调,即国家(政府)、企业和个人的利益要协调一致。个人的消费行为以情绪化为主,由于受

---

①　王小锡:消费是道德问题　如何科学文明健康消费[EB/OL],和谐中国网。
②　岳洪竹:《关于绿色消费的分析》,《中外企业家》2010年第2期。

个人知识水平、认识程度和社会角色的局限,很难做到充分考虑可持续发展问题;作为商品生产者的企业,从谋求经济利益的角度出发,会充分利用消费者的情绪行为,争取市场份额,实现利益的最大化;政府作为社会生产的组织者和管理者,要从全社会的角度,考虑社会利益和经济效益的一致性。只有使个人、企业、国家三者利益相互协调,实现各自的利益,才能推动深绿色消费模式的实现。①

(三)"深绿色"消费模式的构建

合理适度的消费方式不仅有利于经济的可持续发展,而且使人们赖以生存的环境也得到保护和改善。因此我们必须根据我国的国情,逐步形成一种低消耗的生产和消费体系,使人民以一种积极、合理的消费模式步入小康富裕阶段。在这个过程中,构建"深绿色"消费模式成为重要的一环。

1. 首要环节:公众"深绿色"消费理念的强化

马克思在《资本论》中作过形象而又深刻的阐述:"蜜蜂建造蜂房的本领使人间的许多建筑师感到惭愧。但最蹩脚的建筑师从一开始就比最灵巧的蜜蜂高明的地方,是他在用蜂蜡建筑蜂房以前,已经在自己的头脑中把它建成了。劳动过程结束时得到的结果,在这个过程开始时就已经在劳动者的表象中存在着,即已经观念地存在着。"②由此可见,强化一个人的意识对行动会起很大的作用,所以在构建"深绿色"消费模式过程中,强化消费者的"深绿色"消费意识非常重要。

消费者是"深绿色"消费的主体,他们是否采取"深绿色"消费方式直接决定着绿色消费的社会化程度。通过"深绿色"消费选择向生产领域发出需求的激励信号,带动资源节约与环境友好产品的生产和服务,形成"深绿色"消费与绿色生产之间的良性互动。因此,加强"深绿色"消费理念宣传,传递"深绿色"消费信息,向广大消费者普及绿色消费知识,通过制度化、系统化、大众化的教育,提高消费者的环境保护意识,培养"深绿色"消费者,是两型社会背

---

① 任建红:《浅析绿色消费模式》,《甘肃农业》2009 年第 1 期。
② 《马克思恩格斯全集》,人民出版社 1971 年版,第 202 页。

景下构建绿色消费模式的首要环节。① 这需要政府、企业、消费者和社会各界的协调合作。

广泛持久的良好舆论导向。首先是媒体宣传。政府应该充分利用国家广播台、有线电视台、报纸、网络等广泛深入宣传实施"深绿色"消费的重要性、紧迫性和"深绿色"消费的基本知识。具体方案:第一,宣传应从大处着眼,细处着手。泛泛空谈只会造成公众的默然心态,感觉这些冠冕堂皇的大道理跟实际生活相差很远。国家要做的就是把那种遥不可及的虚幻的东西转化为实际的、相关的东西,②让公众认识到平时消费生活中的节能减排小事关系到国家经济建设的大局。因此国家可通过各种传播媒介开辟专题栏目《"深绿色"消费基本知识》,就"深绿色"消费的内涵及如何实施"深绿色"消费等知识进行专题介绍。第二,宣传要产生视觉冲击。国家鼓励多创作与环境保护、与"深绿色"消费有关的电影和电视剧,并在国家影院或各大电视台免费播放。触目惊心的画面,惊人的数字,真切的案例将对公众造成猛烈的视觉冲击,告诉人们为什么需要改变,以及"改变后的生活"将是什么样,从而促成其由感性认识到理性认识的转变。第三,其他媒介也应该关注环境问题,关注人类命运,传播"深绿色"的环境观念,制造"深绿色"的媒介话语,努力从"浅绿"走向"深绿"。③

加强"深绿色"消费教育。具体方案:第一,要加强环保教育,逐步普及生态环境保护知识。第二,要加强基础教育,适当开展专业教育,分级开展生态环境保护的培训,特别强调绿色消费的发展趋势和重大意义,宣传绿色消费理念,传播绿色消费知识,培养人们的生态消费价值观。第三,北京市消费者协会等单位已联合举办绿色课堂,开讲了第一堂有关工薪阶层如何进行绿色家装的讲座,这是良好的开端,经验值得推广。消费者增强了"深绿色"消费知识,就会自觉进行"深绿色"消费,通过自己的消费行为和消费取向,来参与生态环境的保护、培育,促进生态平衡,让绿色笼罩大地,把我们的家园建设得更

---

① 梁辉煌:《两型社会背景下我国绿色消费模式的构建》,《消费导刊》2008 年第 18 期。

② 李娜:《对环保宣传的思考》,《环境科学与管理》2006 年第 31 卷第 2 期。

③ 刘文霞:《"深绿色"理念对我国经济社会可持续发展的启示》,《经济导刊》2009 年第 12 期。

加美好。①

营造真实的情景氛围。这就要首先培育绿化的生态环境。优美的生态环境是绿色消费赖以存在发展的根基。我国大气污染、水污染、荒漠化等环境问题很严重，已成为危害人们健康，制约经济发展和社会稳定的重要因素。培育一个绿化的生态环境势在必行，同时，这也有利于培养公众的"深绿色"消费意识。具体方案：第一，必须大搞植树造林，大搞绿化，提高森林覆盖率。这可从源头上保护好空气、水、土。第二，要转变粗放型经济发展方式。粗放型经济发展方式是造成我国生态环境恶化的主要原因，为此，我们应从科技创新上找出路，发展方式向集约型转变。第三，加强法制建设，要制定和完善保护生态环境的各项法规，并坚决贯彻实施，做到有法可依，执法必严，违法必究。②第四，坚持预防为主，防治结合和谁污染，谁治理的原则。随着经济社会的高速发展，政府采购的范围和采购规模日益扩大，政府采购已经成为当前各国及地区甚至全球贸易的最大消费者。各国政府采购消费占到其 GDP 的 10% 左右，发达国家的比例更高。近年来，我国经济持续高速增长，公共事业不断增强，政府采购不仅金额大，数量多，而且涉及的产品范围也很广，③是我国建立可持续消费模式的突破口。政府将环境要求和资源限制纳入其采购模式，增加对绿色产品的购买力度，对市场中环境友好型的产品和服务的供给必然产生重大影响。因此政府绿色采购能够促进供应商绿色清洁技术的发展，降低绿色产品成本，倡导绿色消费观念，促进"深绿色"产业形成，同时，培养了公众绿色消费习惯，从而极大地保护了环境，降低了社会成本。④ 因此，要强化地方政府的责任意识，继续发挥各级政府的示范作用。

2. 第二环节：政府法律制度的制定——"有心不为"变"有心而为"

国外有学者根据消费者的环境意识水平对其进行分类，将消费者（包括生产性消费者和生活性消费者）大致分为浅绿色消费者、中绿色消费者、"深

① 尹世杰：《论绿色消费》，《江海学刊》2001 年第 3 期。

② 王启云：《绿色消费是建设"两型社会"的必然选择》，《长沙晚报》2008 年 10 月 30 日。

③ 环保部官员：以政府令或立法形式推动政府绿色采购［EB/OL］. http://www.chinabidding. com. cn/zbw/zxzx/zxzx_show. jsp? record_id=5853661。

④ 马海涛、程岚：《构建和完善我国绿色政府采购制度的思考》，《中国政府采购》2007 年第 9 期。

绿色"消费者。浅绿色消费者只有模糊的绿色意识,他们的绿色消费行为大多是无意识的和随机的,是潜在的、不稳定的绿色消费者。中绿色消费者具有较强的环保意识,但对绿色消费还缺乏全面的认识,比如只认识到产品的无害性或包装的可循环使用性,而没有认识到生产过程的无污性。"深绿色"消费者绿色意识已经深深扎根,对绿色消费有全面和深刻的认识,表现为自觉、积极、主动地参与绿色消费,会提出新的绿色消费需求。经过第一环节,公众的消费意识已经得到强化,部分消费者已具备"深绿色"消费意识,但是"深绿色"消费的实现需要理性、需要道德觉悟,这并不是每个人都具有的。对于部分消费者来说,他们的消费行为常常以情绪化为主,并由于受个人知识水平、认识程度和社会角色的局限,很难做到充分考虑可持续发展问题;企业则从谋求经济利益的角度出发而充分利用消费者的情绪化行为,争取市场份额,实现利益的最大化;因此政府作为社会生产的组织者和管理者,应通过制定政策、税收、补偿等机制,引导公众选择绿色的消费行为,①成为"深绿色"消费模式构建中的保驾护航者。

建立人口制度和脱贫制度。消费者始终是促进企业实施绿色生产和营销的主导力量,他们的要求和呼声是对企业生产营销行为最为根本性的引导和节制量。要使这一力量现实地发挥出来,必须使消费者的需要层次普遍提高,②而其提高则依赖于社会经济发展水平及居民收入水平的提高,因为在贫困居民的温饱问题还没有根本解决的情况下,他们首先考虑的是生存,而环境问题、生态平衡问题、可持续发展问题对他们来说是第二位的。③ 而"深绿色"消费模式是一种共同富裕型的消费模式,因此国家首先必须采取一系列措施来增加居民收入,为该模式的构建奠定物质基础。具体方案:第一,贯彻计划生育科教兴国战略,坚持优生优育,提高人口素质。第二,通过普及义务教育和推进农村职业教育,提高劳动者素质。第三,倡导贫困人口自立,支持贫困人口脱贫致富,并通过财政政策、收入政策和社会保障政策等,增加对贫困人

---

① 梁辉煌:《两型社会背景下我国绿色消费模式的构建》,《消费导刊》2008 年第 18 期。

② 武永春、许联峰:《对绿色消费模式推进路径的思考》,《生态经济学术版》2009 年第 1 期。

③ 董彦龙:《绿色消费模式的构建与制度安排》,《商场现代化》2005 年第 11 期。

口的救助与补贴。此制度安排的重点是农村地区和贫困落后地区。① 第四，合理调整居民收入分配关系。国家应坚持和完善按劳分配为主体、多种分配方式并存的分配制度，初次分配和再分配都要处理好效率和公平的关系，再分配更加注重公平，加快形成合理有序的收入分配格局，努力提高居民收入在国民收入分配中的比重，提高劳动报酬在初次分配中的比重，尽快扭转收入差距扩大趋势。

建立绿色押金制度。绿色押金制度，是指按照规定向购买具有潜在污染性产品的人收取一定的附加费用，当他们把潜在污染物送回回收系统时即退还所收附加费的制度。这项制度是在城市化快速发展和人民生活水平迅速提高，垃圾产生量迅速增加和环境污染日趋严重的情况下产生的。该制度有三个特点：（1）适用于防治固体废物污染环境的领域；（2）通过经济激励手段，从源头上减少固体废物对环境的污染；（3）实现了对固体废物实行充分回收综合利用的循环经济的思想。② 近些年来，绿色押金制度在韩国、德国和瑞典等发达国家作为一种固体废弃物污染控制的手段，应用极为广泛。2004 年，我国修订的《固体废物污染环境防治法》中规定了"国家对固体废物污染环境的防治，实行减少固体废物的产生量和危害性、充分合理利用固体废物和无害化处置固体废物的原则，促进清洁生产和循环经济发展"，"国家采取有利于固体废物综合利用活动的经济、技术政策和措施，对固体废物实行充分回收和合理利用"。此新法律虽然没有直接提出建立绿色押金制度，但它包含的思想与绿色押金制度的特点是完全相吻合的。我国曾实行过绿色押金制度，如啤酒瓶的回收。但目前这种制度在我国已几乎不见踪影，其主要原因是运行成本过高以及同一产品的生产商数量越来越多、批发和进货的渠道无法控制等，这就使本来就不是出于环保考虑的厂商失去了实行绿色押金制度的动力。③ 因此，在考虑倡导和推行绿色押金制度时，要综合我国国情等多方面的因素加以制度创新。具体方案：第一，推行经济激励制度；第二，培育再生材料的市场；第三，对零售商返还押金，实行资格认证制度的指导；第四，健全法律保障

---

① 董彦龙：《绿色消费模式的构建与制度安排》，《商场现代化》2005 年第 11 期。

② 张桦：论绿色押金制度［EB/OL］．http://www.cn-hw.net/html/34/200901/8581.html。

③ 嵇欣：《建立押金返还制度述评》，《探索与争鸣》2007 年第 4 期。

制度。

完善绿色产品环境标志制度。绿色产品环境标志,是对产品的环境性能的一种带有公证性质的鉴定,是对产品的全面的环境质量的评价。在促进环境标志的国际标准化方面,ISO 将其定义为:印在或贴在产品或其包装物上合法环境品质或持证用语和(或)象征符号。环境标志又称"环境标签"、"绿色标志",对企业而言,绿色标志可谓产品的绿色身份证,是企业获得政府支持,获得消费者信任,顺利开展绿色营销的主要保证。企业获得绿色标志即表明该产品的生产、使用及处理过程均符合环境保护的要求,不危害人体健康,其垃圾无害或危害极小,有利于资源再生和回收利用。① 我国于 1993 年 5 月成立了"中国环境标志产品认证委员会"并实行绿色标志认证制度。我国环境标志认证委员会对符合要求的绿色产品已在认证,并在部分绿色产品上贴有绿色产品标志。如我国的绿色环保产品标志:绿色十环标志。虽然绿色标志认证在我国起步较晚,但发展较快。目前我国获得认证的企业有 200 多家,涉及家用电器、建筑材料、儿童玩具、纺织品、食品饮料、办公用品、汽车等方面,如绿色食品标准是由农业部发布的推荐性农业行业标准(NY/T),是绿色食品生产企业必须遵照执行的标准。绿色食品标准分为两个技术等级,即 AA 级绿色食品标准和 A 级绿色食品标准。尽管如此,但与市场需求相差仍然很远,仍需完善各种绿色产品环境标志。

绿色税收制度。我国现行的环境保护政策措施主要以行政管理手段为主,也采用了一些必要的经济手段如环境保护收费、环保投资、综合利用税收优惠政策等,但其力度和系统性远远不够,不足以形成对环境污染破坏的保护体系,生态环境污染恶化趋势尚未根本扭转。在我国现行税制中,并没有设置专门的环境保护税种。基于此,也有必要向别国借鉴成功经验,用"绿色税收"制度来促进生态保护。"绿色税收"一词的广泛使用大约在 1988 年以后,《国际税收辞汇》第二版对"绿色税收"是这样定义的:绿色税收又称环境税收,指对投资于防治污染或环境保护的纳税人给予的税收减免,或对污染行业和污染物的使用所征收的税。从绿色税收的内容看,不仅包括为环保而特定

---

① 中国绿色环保产品 [EB/OL]. http://www.chachaba.com/news/zhuanti/huanjing/chanye/20100804_7504.html。

征收的各种税,还包括为环境保护而采取的各种税收措施。本着以国情为本,公平与效率相协调,依法征收,专款专用等原则,政府建立绿色税收制度的具体方案:第一,变排污费为环境保护税;第二,改革消费税,开征燃油税;第三,以多种税收优惠政策引导企业注重环境保护;第四,税收政策的制定要致力于促进再生资源业的发展;第五,适当拓宽资源税的征收范围;第六,税率的确定要有助于扶持企业的成长。[①] 通过调整完善废旧物资的税收政策,进一步调节消费者的消费行为,鼓励广大消费者进行健康消费、理性消费和绿色消费,使人类的消费不影响大自然的环境与物种生存,达到统筹人与自然和谐发展的目标,实现人类社会的和谐发展和全面进步。

鼓励和扶持"深绿色"产业。关于绿色产业的定义,国际绿色产业联合会(INTERNATIONAL GREEN INDUSTRY UNION)发表了如下声明:"如果产业在生产过程中,基于环保考虑,借助科技,以绿色生产机制力求在资源使用上节约以及污染减少(节能减排)的产业,我们即可称其为绿色产业。"中国的环保产业开创于20世纪80年代初期,经过二十几年的发展,现已初具规模。但是,总体而言,我国的环保产业尚处于发展初期,基础薄弱,存在着许多问题,包括:没有统一的产业发展规划和目标,国家对环保产业发展缺乏宏观调控手段;重复建设,盲目生产,产品结构不合理;环保产业企业实力不强,缺资金,设备落后,技术力量不够,没有形成骨干生产力量;缺乏产业发展的良好环境及相关扶植政策,市场秩序混乱,存在地区保护和行业保护倾向;许多产品和工程质量较差,管理不善。因此国家有必要进一步鼓励和扶持"深绿色"产业的发展。具体方案:第一,建立市场机制,调整产业产品结构;第二,制定和完善环保产业政策,尤其在经济政策方面,采取扶持和奖励政策;第三,理顺关系,分工合作;第四,加强管理,提高产品质量;第五,利用科技进步,提高产品水平;第六,积极进行国际交流与合作。

制定必要的法律法规。市场经济是法制经济,企业的绿色行为还需要通过制定和实施相应的"绿色"法规来调节和保证。为了促进生态和经济的协调发展,我国目前已经颁布了《中华人民共和国环境保护法》、《海洋环境保护

---

① 王月华、马海阳:《基于完善我国绿色税收制度的思考》,《河北能源职业技术学院学报》2007年第4期。

法》、《水污染防治法》等专门的环保法律,1994 年又制定了《中国 21 世纪议程》。根据经济发展需要,这些与绿色消费的要求还远远不够,还需要进一步完善。具体方案:第一,加强检查和监督工作,规范生产及消费行为。当前,市场上经常出现伪劣假冒商品,以假乱真。绿色产品中必然有很多质量差的甚至伪劣假冒产品,除生产经营部门严格把关外,有关行政管理部门要加强对产品质量的检测和监督。对生产假冒伪劣产品的企业进行严厉制裁。第二,要搞好环境标志,它是经国家工商行政管理部门注册的证明性商标,受法律保护。但必须是经环保部门严格审查检验、符合环境标志产品技术要求的,才能予以认证。

企业和消费者的"深绿色"消费行为。首先,"深绿色"经营要求企业在生产经营的全过程始终以保持生态平衡、有利于提高环境质量为前提,使企业生产的绿色产品能满足消费者的需要。为此,企业要着重抓好以下几个环节:建立绿色产品生产体系;建立绿色营销体系;积极争取有关机构的环境标志认证和绿色产品认证,特别要争取通过 ISO14020 国际标准认证;①重视对绿色生活方式和绿色产品的宣传;抓住旗帜消费者,通过他们影响其他消费者对"深绿色"消费态度的转变。其次,消费者要真正做到"深绿色"消费,仅仅了解"深绿色"消费是远远不够的,重要的是学会如何进行"深绿色"消费。具体做法如下:从身边每件小事做起,如尽量购买散装的物品,不购买或少购买一次性产品,多选择可充电的电池,合理购买二手的或者翻新的物品;在选购产品时,尽量选择贴有中国环境标志图标的产品,购买简洁的节能灯等。其实还有上百种消费方法可以帮助减少污染、节约能源和抵抗全球气候变化。这就需要大家一起把"深绿色"消费进行到底,形成一种消费时尚,那么"深绿色"消费模式才能构建起来。最后,全社会的共同努力。积极反对消费主义。马克思在《1844 年经济学哲学手稿》中所说:"有意识的生命活动把人同动物的生命活动直接区别开来。正是由于这一点,人才是类存在物。或者说,正因为人是类存在物,他才是有意识的存在物,就是说,他自己的生活对他来说是对象。"因此在地球资源日益紧张、环境生态严重恶化的时代背景下,从生态环境来说,人类在价值取向上,应完成一次根本性的转变,超越消费主义理念,不

---

① 冯瑛:《以绿色消费推动我国生态城市建设》,《陕西教育学院学报》2010 年第 2 期。

再以无限追求物质财富方式追求人生价值,而应以精神世界的丰富和道德修养提高为价值取向,使人的品质、能力和生活意义尽可能地完整和丰富,实现自我生命价值的提升和个性的全面发展,才能从本质上体现人类超越于其他动物之上的品性,也才表明人类在精神上走向成熟。① 反对攀比和炫耀、反对过度消费、反对危害人和环境的消费方式,树立以"公平、适度、生态、理性、主体自觉性"等为内涵的可持续发展观,建立人与自然和谐共生的"深绿色"消费观。当公众看到企业对产品的过度包装、某些消费者使用一次性产品而感到愤怒时,消费主义衰落的时代就到来了。

积极反对伪绿色消费。首先,超市或商贸市场里的许多地方土特产在产品包装上印有"绿色食品"字样,以示其产品"无污染"。有的超市销售的蔬菜、水果、食用油、榨菜等包装上虽印有"天然绿色"字样,但无认证标志,更无"经中国绿色食品发展中心许可使用绿色食品标志"字样。其实,自称是"绿色食品"的并不一定都是真正的绿色食品。因为绿色食品必须经过企业申报,对产地调查后经国家认证方称之为"绿色"。因此,消费者在购买绿色食品时一定要擦亮眼睛,以免被"伪绿色"产品忽悠。其次,绿色消费并非"消费绿色",而是保护绿色。很多消费者一听到绿色消费这个名词的时候,很容易把它与"天然"联系起来,这样就形成了一个误区——绿色消费变成了"消费绿色"。有的人非绿色食品不吃,但珍稀动物也照吃不误;非绿色产品不用,但是塑料袋却随手乱丢;家居装修时非绿色建材不用,却热衷于相互攀比。他们所谓的绿色消费行为,只是从自身的利益和健康出发,而并不去考虑对环境的保护,违背了绿色消费的初衷。真正意义上的绿色消费,是指在消费活动中,不仅要保证人类的消费需求和安全、健康,还要满足后人的消费需求和安全、健康。"绿色"不意味着"天然"、"绿色"。绿色的涵义是给人民身体健康提供更大更好的保护,舒适度有更大的提高,对环境影响有更多的改善。因此消费行为要考虑到对环境的影响并且尽量减少负面影响。如果沿着"天然就是绿色"的路走下去的话,结果将是非常可怕的。比如:羊绒衫的大肆流行,掀起了山羊养殖热,而山羊对植被的破坏力惊人,会给生态造成巨大的破坏。因此,"深绿色"消费必须以保护"绿色"为出发点。

---

① 陈建华、张园、赵志平:《消费主义及其超越》,《广西社会科学》2009年第9期。

　　积极进行"租"消费。"租"消费是最近在社会上兴起的一种时尚、新潮的消费方式,"哈租族"们以租为乐,信奉"买不如租"的租用主义,高唱"不求一生拥有,只求曾经享有"、"我租,我换,我就不买"等口号,他们花着手里有限的钱,享受着无限的租用乐趣。这种"租—用—还"的消费方式代替了之前"买—用—扔"的生活方式,杜绝了浪费的可能,具有省钱、环保的特点,而且还可以促进企业思维模式与经营模式的转变。"租"生活是一种在新的环境下产生的一种新的消费方式,从某种意义上说,它也是一种低碳节能的行动。这种方式在满足需求的基础上减少了制造量,降低了耗能,减少了碳足迹,是一种低碳与环保的方式。因此"租"消费的生活方式对于保护环境来说也是一个不错的选择。

　　3. 让"深绿色"消费变成每一个消费者的自觉行动

　　当公众有了"深绿色"意识并积极进行"深绿色"消费时,为了使这种状态发展并维持下去,公众们自然需要相互监督、共同进步。该消费模式的目的不是只要部分公众进行"深绿色"消费,而是要让所有人都参与其中。各地区要积极推行"深绿色"消费的活动,包括:进行"五好文明家庭"评选;以环保节约为主旨的绿色办公、绿色出行、绿色消费"三绿行动";推行家庭绿色消费档案活动等。

　　该消费模式的设计思路可概括为:公众从无"深绿色"消费意识到具备"深绿色"消费意识,从有意识到去做,从去做到将其作为一种自觉行动。该消费模式的设计就是在前后两个阶段之间进行巧妙地设计,完美地让公众自然而然地经历"质"的飞跃,这为整个模式的切实可行性提供了保障。这种设计思路是站在马克思主义的立场、观点,用辩证唯物主义和历史唯物主义的方法进行科学探讨。

第八章 "深绿色"发展的实践与展望

——以德州市为例

"深绿色"发展是科学发展观的基本内涵之一,它坚持人与自然的和谐发展、追求经济发展与环境保护的双赢,社会发展成果人人共享,公众幸福指数逐步提升。实现"深绿色"发展对我国全面建设小康社会和经济社会可持续发展具有重大的理论意义和现实意义,也是区域经济实现可持续发展的迫切需要。德州市是我国比较典型的内陆中小型发展城市,本章以德州市为例,在分析德州市资源与环境和德州市"深绿色"发展存在问题的基础上,对"深绿色"发展的实践进行了探索与展望。

一、德州市资源与环境

改革开放30多年来,德州结合实际和基础优势,全面落实科学发展观,按照"坚持以人为本、发展生态经济、建设和谐德州"的总体要求,以建设区域经济文化高地为目标,坚持经济与环境、经济与文化共赢原则,经过多年的开发与保护,我市经济社会发展取得巨大成就,生态建设和环境保护成效显著,已具备发展"深绿色"经济的良好基础,具有在新的起点上进一步实现科学发展、建设生态文明的优势条件。

(一)自然概况

1.地理位置

德州市位于黄河下游北岸,山东省西北部,东经115°45′~117°36′,北纬36°24′~38°00′。北与河北省接壤,是山东省的北大门;西临河北省石家庄市和山西煤炭基地;南邻省会济南;东连胜利油田及胶东半岛,处于华北、华东两大经济区联结带和环渤海经济圈、黄河三角洲以及"大京九"经济开发带交汇区内,兼具沿海与内陆双重优势。津浦、德石铁路在此交汇,京福高速公路、104、308 等多条国道、省道穿越境内,京杭大运河贯通南北,为华东、华北重要交通枢纽,故有"九达天衢"、"神京门户"之称。东西宽 200 公里,南北长 175 公里,辖一区两市八县和两个经济开发区,总面积 10356 平方公里,约占全省总面积的 7.55%。①

2. 地形地貌

德州市地处黄河冲积平原,地势总体上自西南向东北缓慢倾斜,地面高程最高处,位于夏津陈公堤高地,海拔 32.6 米(黄海基面,以下同);最低处位于庆云东北,海拔 5.3 米。地面坡降在七千分之一左右。由于河流泛滥、改道和流速所致,加之受风力堆积的影响,形成了平原之中有起伏,岗、坡、洼相间分布的微地形特点。全市的地形地貌大体可分为三类:一是高地类,由河流、河床沉积所成,占土地总面积的 34.3%;二是坡地类,由河泛漫流沉积所成,占土地总面积的 52.1%;三是洼地类,占土地总面积的 13.6%。②

3. 气候条件

德州市具有显著的大陆性气候特征,属暖温带半湿润季风气候区,春季干旱多风回暖快,夏季炎热多雨,秋季凉爽多晴天,冬季寒冷少雪多干燥。德州市四季分明,光照充足,干湿冷暖界限明显并且日照时间长,光照强度大,多集中在作物生长发育的前中期,有利于作物的光合作用。本市年均降水量585.2 毫米,东部多于西部,南部多于北部。

4. 资源状况

德州市地处黄河冲积平原,土层深厚肥沃,地势平坦,适宜各种农作物和树木生长。2010 年德州市耕地面积 56.1 万公顷,③占市域面积的 54.2%,园地 4.5 万公顷,林地 2.4 万公顷,内陆水域 11 万公顷,非农业用地 29.6 万公顷,另有占市域土地总面积 6.1%的后备土地资源可供垦殖。德州地表水资源贫乏,天然降水留蓄能力不高,工农业用水主要依靠每年引入的大约 16.32 亿立方米的黄河水。德州市境内的植物基本为栽培植物。德州市的森林资源

---

① 本数据来源于百度地图。
② 来自德州年鉴。
③ 《德州市创建吨粮市经验》,《农业知识》2010 年第 7 期。

低于全省水平。德州市湿地类型主要有两种:一是永久性淡水湖湿地,主要有
丁庄水库、丁东水库、严务水库、小店水库、新湖、恩县洼水库;二是永久性河流
湿地,有徒骇河、马颊河、德惠新河、漳卫新河、卫运河。德州市属于平原地区,
湿地自然植被少,主要是人工植被。

德州市已查明的矿产资源有石油、天然气、煤、黏土、地热、矿泉水、卤水
等。石油和天然气主要分布在临邑、平原、陵县、禹城等县市,已探明油气田3
处,即临盘油气田、临南油田和商河油气田(一部分);煤田主要分布在齐河、
禹城等县市,储量11亿吨,邱集煤矿年可产优质煤45万吨;德州市域的深层
地下水均为含碘矿泉水(碘含量在0.35~0.45毫克/升),合理允许开采量为
500万吨/年;卤水资源主要分布于庆云县境内,储量比较丰富,可开发利用;
再生资源粉煤灰已被德州大坝集团和凯瑞特新型建材集团等企业开发利用;
德州黏土资源储量巨大,居全省首位;地热资源分布广泛,处于地下1500~
1800米,水温可达56℃~60℃,属华北坳陷区单一型中低温热水类型。目前
德城、齐河、宁津、乐陵、夏津等县市(区)均已开发利用,主要用于采暖、洗浴、
文化娱乐、医疗等方面。

德州市拥有苏禄王墓(德城区)、大成殿(乐陵)、唐平原郡故城(陵县)等
历史遗迹,具有一定的旅游观赏价值。德城区新湖风景区、陵县丁庄仙人湖、
齐河黄河游览区、临邑红坛寺森林公园、夏津万亩植物园、平原森林公园、乐陵
十万亩枣林等均已具备了开发旅游的条件。

(二)区域经济发展的特点

改革开放以来,德州市人民在德州市委、市政府的领导下开拓进取、不断
创新,经济和社会发展取得了较大成就,城乡居民人民生活水平稳步提高。
2009年德州市地区总产值1545亿元,同比增长12.7%。城镇居民人均可支
配收入与农民人均纯收入分别为15706元与6138元,分别增长8%和
8.5%。[①] 2010年,德州完成地区生产总值1700亿元,增长13%左右。实现
地方财政收入72.9亿元,增长31.9%,高于全省6.9个百分点。固定资产投

---

① 数据来自2009年德州市国民经济和社会发展统计公报,山东统计信息网。

资突破千亿元,达到1140.6亿元,增长22.6%。① 德州市经济增长和经济发展有以下特点。

1.区域特色产业发展迅速

德州虽是一个小城市,但由于其优越的地理位置,催生了德州市区域特色产业的迅速发展。目前德州市新能源产业形成了太阳能光热、太阳能光伏、风能、生物质能、地源热泵五大板块,企业达到120家,实现销售收入220亿元;生物企业发展到300家,产品有400多种,实现销售收入330亿元。

在太阳能产业方面,德州的太阳能产业萌芽于10年前,随着市政府政策拉动、服务推动、典型带动等举措的实施,再加上财政每年投入1亿元以上,每年以20%以上速度递增,进而催生壮大了太阳能产业的发展。目前德州已发展太阳能以及相关企业100余家,从业人员3万多人,固定资产总值近20多亿元,年销售收入约50多亿元,每年所创利税超过了2亿元。且已经形成了以太阳能热水器为主,真空集热管、太阳能电池组件、太阳能照明系统、太阳能交通灯、温屏节能玻璃、太阳能一体化建筑等综合开发、较为完善的产业链,在开发应用太阳能热水器、节能建筑技术、太阳能光电等方面走在了世界前列。目前德州市已经成为全国最大的太阳能清洁能源研发、生产基地,其中太阳能热水器产量占到山东省的70%以上,产值占全国太阳能行业总产值的10%左右。德州市太阳能产业的龙头皇明集团目前是世界上最大的太阳能热水器制造基地,是我国太阳能行业唯一集"中国驰名商标"、"中国名牌"、"国家免检产品"于一身的"三冠王"。2005年德州市被中国太阳能学会等组织授予"中国太阳城"称号。紧接着,德州市委召开会议,提出打造"中国太阳城"、"中国太阳谷"的战略构想。

风能利用方面,风电装备制造产业的也初具规模,形成了风力发电机主轴、风电叶片、塔筒、电机等多品种规模化生产能力,技术含量及配套能力逐步增强。现有风电装备制造企业10余家。其中,禹城市通裕集团自主研发生产的1.5兆瓦以上风力发电机主轴,拥有全部自主知识产权,达到国际先进水平。陵县世纪威能风电设备公司生产出全国最大的风电叶片,填补了省内空白。

---

① 数据来自德州市代市长陈先运所作的2010年德州市政府工作报告,中国德州网。

生物质能包括自然界可用作能源用途的各种植物、城乡有机废物转化成的能源,如薪柴、沼气、生物柴油、燃料乙醇、林业加工废弃物、农作物秸秆、城市有机垃圾、工农业有机废水和其他野生植物等。生物技术产业是德州的又一绿色新兴产业。发展生物技术产业的重点区域是禹城和德州经济开发区,形成了以生物制造、生物能源、生物医药为主的特色产业。其中,作为全国最大的以玉米及玉米芯为原料的功能糖生产基地的禹城,聚集了福田保龄宝、龙力等几大龙头为代表的32家企业。陵县生物科技产业形成了年产50万吨低温脱酚棉蛋白、40万吨变性蛋白、4万吨分离蛋白、7.2万吨味精、6万吨谷氨酸的规模。① 新能源汽车也成为经济的新增长点,德州富路车业等5家重点企业发展相当迅速,2009年实现主营业务收入18亿元,利税2.9亿元。

地热能是储存在地下岩石和流体中的热能,它可以用来发电,也可以为建筑物供热和制冷。根据测算,全球潜在地热资源总量相当于每年493亿吨标准煤。地源热泵已成为德州市新能源产业发展的主导产业之一,产品发展迅速,市场潜力巨大。2009年,其主营业务收入达到36亿元,利税3.96亿元。以中大贝莱特、亚太、格瑞德、奇威特等为代表的地源热泵机组生产企业市场占有率位居全国前三位,全省第一位。

2.股份制经济与国有经济是德州市经济发展的重要推动力

从企业注册类型来看,股份制经济是德州市规模以上工业企业增长的重要拉动因素。2010年股份制经济实现规模以上工业企业增加值588.56亿元,占全部规模以上工业企业增加值的57.52%;国有企业占德州市全部规模以上工业企业增加值的4.65%。仅2011年的前两个月股份制经济实现的主营业务收入在德州市全部规模以上工业企业中所占比例高达58.68%;国有经济实现主营业务收入30.87亿元,占全部规模以上工业企业的5.32%,比全市全部规模以上工业企业高出33.05个百分点,比2010年全年高出30.48个百分点。虽然从经济总量看,国有经济占德州市规模以上经济总量的比重不大,但是,从户均企业指标看,它依旧是推动德州市经济持续发展的重要动力。按行政区划分类的各经济类型的机构频数分析统计显示,私营经济在山

① 王金虎、潘全柱、杨峰:《新能源和生物技术成为山东德州经济发展新引擎》,《经济日报》2009年9月16日。

东省各行政区划的所占机构比率基本上都超出其他的经济类型,但是德州市私营经济低于国有经济和集体经济,所占比率仅为 10.2%,而股份制经济在德州市的机构总数中所占比率为 36.8%,是全省最高的,远远超过其他的经济类型。[①]

从轻重工业来看,2010 年轻工业实现规模以上工业企业增加值 492.28 亿元,占全市规模以上工业企业的 48.11%,重工业实现 530.90 亿元,占全市规模以上工业企业的 51.81%。2011 年 1~2 月,轻工业实现利润 19.86 亿元,重工业为 20.1 亿元;轻工业实现利税 34.42 亿元,重工业为 35.05 亿元。从以上指标看,德州市轻重工业总体发展均衡。

从企业规模来看,2010 年大中型工业企业的规模以上工业企业增加值为 353.62 亿元,占全市规模以上工业企业的 34.56%。2011 年的 1~2 月,全市规模以上大中型工业企业实现利润 12.53 亿元,占全市规模以上工业企业利润的 31.42%。从这一指标来看,大中型工业企业是拉动德州市经济增长的主要力量。总之,近几年德州市经济呈现出收入稳步增长、轻重工业结构总体合理、综合经济效益稳步提高的发展状态。尤其是 2011 年工业经济效益平稳的开局,为德州市以后工业经济发展奠定了良好的基础。

3. 农业发展向纵深推进

德州市是全国重要的粮棉生产基地,耕地面积 56.19 万公顷,人口 543.6 万,其中农业人口就有 424.85 万,是典型的农业大市。德州市从 2003~2010 年粮食种植面积和总产持续增加,连创历史新高,并且连续八年居全省第一,2007 年被授予"全国粮食生产先进市"称号。近年来,在农业结构不断调整的背景下,德州市在生产能力稳步提升的同时,农业结构趋于合理,逐步走上了区域化、市场化、优质化的发展轨道。德州市农业农村经济呈现良好发展态势。

结构趋于合理。近年来,德州农业突破了"以粮为纲"这一农业发展理念的束缚,实现了由以粮为主的小农业向农业内部协调发展的大农业的转变,市委、市政府在始终把粮棉生产摆在农业农村工作突出位置的同时,致力于农业

---

① 李继宏、李延海:《山东省组织机构代码的应用及其数据分析》,《世界标准化与质量管理》2005 年第 4 期。

结构的调整,努力提高林牧渔在农村经济中的比重。通过政策扶持、行政推动、科技支撑和产业引导等因素的综合作用,推动蔬菜、畜牧养殖、淡水渔业和林果花卉产业的形成和壮大,各类农产品的种植面积和养殖数量稳步增加,全市农业结构和种植业内部结构得到进一步优化。农、林、牧、渔业产值比由1992 年的69.2∶2.4∶27.1∶1.3 转变为2008 年的58.1∶2.8∶37.0∶2.1。2010 年全年,粮食实现连续8 年稳定增产,单产537 公斤,总产高达753 万吨,占到全省的1/6 强,成为全国首个"整建制亩产过吨粮",实现农业增加值210亿元;全市森林覆盖率由2000 年的12.4% 提高并稳定在30% 以上,林业总产值达到100 亿元,林产工业产值达到100 亿元以上;畜牧业产值占农业总产值比重达到43% ,新增蔬菜面积48.5 万亩,建设品质渔业示范基地2 万余亩,新增无公害、绿色、有机农产品认证126 个。[①] 农业大市的地位得到进一步巩固。

优势区域和特色乡镇逐步形成。根据国家优势农产品区域布局规划,近年来德州市按照发挥优势、突出特色、区域布局、规模生产的原则,积极调整区域经济结构,使得农业生产的区域化、规模化、产业化、特色化特点更加突出。在产量稳步增长的同时,德州市建立起了一大批规模大、起点高的特色种养基地。主要有夏津、武城棉花,德城区、武城西瓜,乐陵、庆云、宁津小枣,齐河、临邑蔬菜、水产,乐陵、宁津生猪,禹城、陵县黄牛,平原、陵县、禹城养鸡,德城区、陵县、平原奶牛生产,夏津小杂果等11 个特色农产品生产基地。形成了德州市"南菜、中牧、东枣、西棉"的区域经济格局,实现了农业农村各类资源以计划调配为主向以市场调配为基础的市场化发展道路的转变,有效促进了全市农业农村经济结构的调整优化。到2010 年年初,全市已经发展种植基地460万亩,标准化养殖小区741 个,饲养大户3000 多个。从根本上改变了德州市农产品基地面广量散、缺乏竞争力的局面。

农业产业化和市场化水平不断提高。自20 世纪90 年代中后期,德州市就开始进行农业产业化经营探索与实践,逐步形成了一批有特色的优势产品和行业。为进一步推进农业产业化进程,实现农业增效、农民增收的目标,全市着重把龙头企业建设作为推进农业产业化经营的关键环节。通过落实各项

---

① 数据来自2010 年全市经济社会发展情况和2011 年计划安排,中国德州网。

鼓励扶植政策,重点培植"农字号"龙头企业,大力发展订单农业,形成了"龙头企业+基地+农户"运作模式。2010年,德州市新增省级龙头企业17家,市级龙头35家,截至目前,全市龙头企业达到740家,其中国家级5家、省级43家、市级215家。到2010年年底,440家规模以上龙头企业资产总额达800亿元,固定资产320亿元,销售收入1200亿元,固定从业人员达13万人。① 经营领域涵盖了粮棉油、肉蛋奶、林果菜等农业产业。除此之外,还鼓励发展合作经济组织和农民专业协会,走"龙头企业+合作组织+基地+农户"的农业产业化之路,引导龙头企业与基地、农户建立稳定的产销协作关系,结成"风险共担、利益共享"的利益共同体,从而实现农企双赢。

农产品品质明显改善。为确保农产品质量,德州市按照国际标准和市场需求,建设了农产品标准体系和覆盖所有生产加工销售环节的检验检测体系,形成了符合标准要求的种养模式。同时,还开展了农产品质量安全专项整治行动,严厉查处违法生产不合格农产品行为。除此之外,不断加强对农民的教育培训,加大良种良法推广力度,着力提高农产品质量安全水平。希森中联马铃薯产业集团通过加强科技创新,建立起了企业与农业科研、教学机构的紧密结合模式,加强马铃薯脱毒育种技术攻关,实现了马铃薯生产的高技术化、规模化和集约化,成为世界上最大的优质脱毒马铃薯快速繁育中心。永盛斋扒鸡集团的有机扒鸡;馨秋种苗公司的有机梨、桃、樱桃、草莓、椹莓;德惠养殖有限公司的无公害罗非鱼、草鱼、鲤鱼;中粮面业公司的无公害小麦通用粉、专用粉等都分别通过了"三品"认证。到2010年为止,德州共建立品质蔬菜示范区12个,面积8.6万亩。截至目前,全市已有60个无公害农产品、80个绿色食品、16个有机农产品获得国家认证。全市主要农产品质量合格率达到98%以上。②

农产品品牌创建迅速发展。只有"品质"没有"品牌",农产品就不能产生最大效益。因此,德州市坚持优品质与叫响品牌的双赢政策,鼓励农产品种植大户、农民专业经济合作组织和农业龙头企业创立品牌,把绿色、无公害和有机"三品"作为品牌农业发展的重点,加大了认证和品牌的创建。同时为了增

---

① 去年德州农民人均纯收入6875元[EB/OL].德州新闻网,2011年1月10日。

② 崔光宇:《山东德州着力提高农业科技支撑能力》,《德州日报》2011年1月3日。

强农民的品牌意识,对获得"中国驰名商标"或"中国名牌产品"、"山东省著名商标"或"山东名牌产品"、绿色食品认证和有机食品认证的产品给予奖励。由此德州市近几年涌现出了一大批农产品品牌,成为德州农业发展品质的标志。目前,德州市已有60个无公害农产品,80个绿色食品,16个有机农产品获得国家认证,全市共获得"三品"认证256个,认证面积180万亩,带动面积420万亩,全市地理标志达到5件,7家农业产业化龙头企业拥有了中国驰名商标,45家企业拥有了山东省著名商标。① "德州"西瓜、"德州"扒鸡、"陵县"西葫芦、"乐陵"金丝小枣、宁津"东崔"韭菜、"时集"葡萄、"齐欧"番茄、"保店"驴肉等产品的市场知名度和影响力逐渐提高,已经形成名牌效应和规模效应。

4."循环经济"发展方兴未艾

德州市是一个资源相对短缺的城市,生态环境较为脆弱,所以德州市较早就把发展循环经济作为重点,加大节能执法力度,建立了对重点耗能单位用能情况进行定期监督检查的长效机制,建立了能源定效管理体系,考核与分析重点产品能耗定额的完成情况,提高用能水平,以此来推动经济的可持续发展。自2007年德州市在全省率先提出了坚持以人为本、发展生态经济、建设和谐德州的总体要求,并确立了生态立市的发展战略以来,德州市循环经济发展更是取得了长足进步,初步形成了"低消耗、高产出,低排放、高效益,大循环、可持续"的生态集约型工业模式。

禹城已成功走出了一条工农链接、循环增值的玉米芯深加工产业链,即玉米(芯)—功能糖—功能糖废渣—生物质发电—养殖食用菌—废渣还田。后来又进一步延伸了产业链条,使功能糖废渣转化为纤维乙醇,将植物纤维变废为宝,这不仅在非粮转化乙醇技术方面取得突破,而且还拉动了纤维乙醇产业的快速发展。借力于生态产业链,该地区大力推广玉米标准化种植,发展周边优质玉米标准化种植500余万亩,拉动该地区玉米年单产超过1100公斤,粮食总产超过8.7亿公斤。② 除此之外,该地区还有大豆深加工、木材深加工等

---

① 管凤波:德州市农产品质量水平显著提升[EB/OL].山东农业信息网,2011年2月18日。

② 禹城循环经济再添一"环"[EB/OL].德州新闻网,2010年4月19日。

生态产业链。当然发展循环经济的企业还有很多,像希森三和集团以鲁西黄牛养殖屠宰加工为基础,逐步发展建立的环保型农业循环经济产业链;陵县同兴酒业有限公司先后创立了"粮食—酒精—饲料"、"粮食—酒糟液—沼渣及沼液—高效有机肥"等多种生态模式,使得昔日的污染源变成了增收点,废弃物变成了好资源;武城县创出的"秸秆—畜—沼—果(菜)"种养循环模式等。

　　德州市的循环经济发展取得了很多成绩:禹城现已成为全国最大的以农副产品为原料的功能糖生产基地,晶华集团大坝公司成为全国最大的粉煤灰综合利用基地,山东贺友集团成为全国最大的环保密度板基地,山东皇明太阳能集团是全国最大的太阳能产品生产企业等。德州市循环经济的发展产生了显著的社会效益和经济效益,不仅减少了固体、气体废弃物对环境的污染,节省了存废用地,还增加了人们的收入。

(三)德州市"深绿色"发展的优势

1.地理位置优越,区域优势明显

　　农业优势。德州市的农业优势表现在充足的土地资源、丰富的农副产品及迅速发展的农业龙头企业。首先,德州市地处鲁西北平原,耕地面积56.1万公顷,人均耕地1.7亩,居山东省第二位,是全省平均水平的1.2倍,全国的1.3倍,还有几十万亩荒洼地和存量土地,丰富的土地资源不仅有利于农业生产,也有利于各种产业的规划和布局,且征地成本较低。其次,德州市属于黄河冲积平原,土壤肥沃,土层深厚,大部分的耕地都能用黄河水灌溉,排灌方便,非常适宜小麦、玉米、棉花、蔬菜、林果生长,德州市的4个县是全国粮食大县,4个县是全国棉花大县,是全国重要的粮棉主产区,自2004年以来连续六年持续增长、连续六年全省第一。除此之外,农业产业化龙头企业发展迅速,德州扒鸡集团、中澳农工商集团(庆云)两家公司进入国家级重点龙头企业行列,省级龙头企业29家,市级龙头企业170家。同时,产业链条不断得到加宽和延伸,一些龙头企业在生产经营过程中按照"资源—产品—再生资源"反馈式流程,充分运用生态环保、循环增效的经济发展模式,这为发展代表农业未来走向的高科技农业和高效节能的生态农业提供了强有力的支撑,同时也积蓄了强大的发展后劲。

绿色能源优势。太阳能可说是一种取之不尽用之不竭的自然能源,世界各国政府均在积极研究制定和推行太阳能利用战略,太阳能产业和市场正以2位数的速度增长。因此太阳能成为破解能源和环境问题、实现可持续发展的最为理想的途径。我国幅员辽阔,有着十分丰富的太阳能资源。据估算,全国各地太阳年辐射总量达 $335\sim837kJ/cm^2 \cdot a$。而山东省是我国太阳能资源比较丰富的地区,全省近 2/3 的土地面积年日照小时数在 2200 小时以上,年太阳辐射总量大于每平方厘米 500 千焦。地处鲁西北的德州市光照资源丰富,均处全国、全省的较高值区。不仅日照时数长,而且光照强度大,全市年均日照时数 2660 小时,日照率为 61%,太阳总辐射量为 $522kJ/cm^2 \cdot a$,具有利用太阳能的良好条件,因此发展与推广应用光热光电产品具有较大优势。经过多年发展,德州太阳能产业已经形成较为完善的产业链,并成为山东省的优势支柱产业。目前德州市是世界上最大的太阳能热水器制造基地,每年向社会提供的太阳能热水器产品超过 300 万平方米,占全国产值的 10% 左右,相当于节约 54 万吨标煤、减排 134.6 万吨二氧化碳。[①] 这为可持续发展增添了新助力。

生物质能是一种源于太阳、以有机物为载体、以实物形式存在、分布最广的、唯一一种可储存和可运输的清洁可再生能源。地球上的生物质能资源较为丰富,地球每年经光合作用产生的物质有 1730 亿吨,其中蕴含的能量相当于全世界能源消耗总量的 10 倍~20 倍,但其利用率不到 3%。[②] 目前人类利用的生物质能有直接用作燃料的农作物秸秆、薪柴等和间接作为燃料的农林废弃物、动物粪便、垃圾及藻类等,他们可通过各种形式转化为常规的固态、液态和气态燃料,也可制造生物炭。目前为止,生物质能是仅次于煤炭、石油、天然气,消费量位居第四位的人类大量消费的能源。随着能源问题的日益严重和科技进步,开发利用生物能源已经成为经济发展中突破资源制约的一条重要途径,成为国内外能源发展战略的重点。突出的农业优势和气候条件使得德州市成为全国粮棉重点区。全年农作物秸秆产量常年保持在 800 万吨以

---

① 从德州的"太阳城"想到威海的"人居城"[EB/OL]. http://www. iweihai. cn/club/minihome/elite/article. asp? article_id=4245123&userid=243643。

② 来自百度百科,http://baike. baidu. com/view/40476. htm#3。

上、玉米芯废渣资源年产60万吨并逐年上升,且大部分未实现高效产业化利用,为发展生物质能及低碳型生物产业提供了丰富的原料资源。[1] 除此之外,德州市的生物产业链条相对完善、龙头企业实力比较强的优势更有利于德州市的生物质能产业向产业化道路迈进。

地热资源是指在当前技术经济和地质环境条件下能够科学、合理地开发出来的,是地壳岩石中的热能量和地热流体中的热能量及其伴生的有用组分。[2] 据估计,每年从地球内部传到地面的热能相当于100PW·h。根据热量计算公式可对所含热量进行粗略推算,地球全部地热资源基数为1.25×1031焦,折合3万亿亿吨油当量,理论上可供人类使用上百亿年。目前,地热最大可采深度为5公里,此范围内的可采地热资源为1.4×1026焦,折合3400万亿吨油当量,相当于地球全部煤炭、石油、天然气资源量的几百倍。[3] 它不仅是矿产资源的一部分,而且因储存量巨大,对环境的负面影响小,被看做是一种高清洁度的可再生能源。地热集热能、水资源为一体,可以发电,还可以直接用于供暖、洗浴、医疗保健、休闲疗养、养殖、农业种养殖、纺织印染、食品加工等产业,具有很高的利用价值。除此之外,地热能还具有储存在地下、持续稳定、不受天气影响、可全天候供应等独特优点,世界各国将其列为重点研究开发的新能源,并已在部分资源优越的国家得到较为充分的开发。因此地热能可说是全球继煤炭、石油之后又一重要的替代型能源,也是继太阳能、风能之后又一重要的绿色可再生能源。德州市的地热资源量极其丰富,是山东省地热资源富集区之一。经勘探,德州市的地热资源主要属于中低温温热型地热资源,具有储量丰富,分布范围广,易于开采的特点。在热量开发利用构成上,德州市开发利用热量占到全省的48%,在地热水资源开采量上,仅德州市就占据了山东省地下热水开采量的50%以上。德州市的11个县市区均有地热能存在,仅市区内已探明资源量为2190万方/年,热量7.7274×1017焦耳,折合标准煤2634万吨。整个城区合理分布地热井25眼,可以开采100年。[4]

---

① 杨明文:《德州市发展低碳经济的思考》,《德州通讯》2010年第12期。

② 郑敏:《全球地热资源分布与开发利用》,《国土资源》2007年第12期。

③ 满娟:《全球地热开发热流涌动》,《中国石化》2010年第3期。

④ Admin. 珠海御温泉有限公司来我市考察温泉开发[EB/OL]. http://www.365road. com/guide/readnews. aspx? newsid=124417。

从水质上看,德州市的地热水富含碘、锶、溴等多种对人体有益的微量元素,具有较高的医疗保健价值。近几年,地源热泵技术的应用又不断扩大了地热资源的开采量。2009 年,山东省鲁北地质工程勘察院又在我市城区成功钻出了一眼出水温度为 75℃的地热勘探井,首次发现了 2000 米以下地热资源。这将进一步提高地热能在能源结构中的比例。此地热资源优势为德州市综合开发利用地热能,发展"深绿色"节能环保型产业提供了良好基础。

区位交通优势。德州的区位优势是非常优越的。从地理上说,德州是省界边际城市,行政中心城市与外省直接接壤,属于典型的临边城市,同时是省会城市群经济圈、京津冀都市圈、环渤海经济圈等几大经济圈的重要节点。在区域经济学的视野之中,节点城市往往能够很好吸收不同经济体的能量。[①]因此,随着市场经济体制的确立和完善,区域经济一体化进程的不断加快,德州的区位优势会在未来区域经济发展中发挥得更加充分。从现实来看,与济南和天津滨海新区相比,德州都存在着"落差",但这也为产业梯度转移提供了可能。而且德州的交通条件得天独厚。经过多年的发展,德州已经形成了以高速公路为主轴线,以省、国道为骨架的一个县市公路相配合,城乡贯通、布局合理的公路交通基础设施网络,有 3 条铁路、5 条国道、6 条高速公路和 14 条省道在境内纵横交错,成为重要的全国公路运输枢纽和省级交通主枢纽,并与济南一起构成了经济圈内交通"双核心"。而正在建设的京沪高速铁路建成通车后,德州距离北京仅一小时车程,距离上海仅三小时车程,将成为京沪沿线重要的交通枢纽。届时,两条高速大干线(京沪高铁、太青高速客运专线)交叉成一个"十字"形,老京沪铁路和石德—德龙烟交叉、老京沪铁路和邯济—胶济铁路交叉又是两个"十字"形,形成了两纵三横的铁路网络和枢纽。区位交通优势将更加突出。利用如此优越的区位交通优势,德州市可以利用资金流、商品流、技术流、人才流、信息流等多方面、多层次的对接与融入,把德州打造成为两地产业升级的"接替站"、现代物流的"转运站"以及优质农副产品的"供应站"和劳动力的"输送站"。[②] 如在高铁新区周边发展商贸餐饮业,

---

① 杜海:《德州篇——南融北接借势借力》,《经济导报》2008 年 11 月 18 日。
② 《做好"南融北接"大文章——德州市实施南融省会济南北接滨海新区战略纪实》,《山东工人报》2007 年 8 月 7 日。

在铁路沿线发展现代物流业,利用高铁时代的快捷发展房地产业、新型服务业等,还可以发展旅游业等。还可以培育德州文化,打造一批在全国有影响力的知名品牌,比如"中国太阳城"城市品牌、"中国中央空调城"城市名片、"中国功能糖城"城市名片、"中国汽车零部件产业城"城市名片;努力发挥新材料行业蓬勃发展优势、文化体育用品产业迅速崛起优势;努力扩大机械、电子、化工、造纸等传统产业在两地的市场份额。这些品牌所带来的经济效益是巨大的,德州应该逐步树立华北地区物流商贸名城的品牌。① 因此,对德州的定位不仅仅是一般的客运中转站,山东的北大门、北京的南大门,而且还是整个华北地区的一个重要交通枢纽,在不久的将来,德州必将成为华北的区域经济文化高地。②

2. 文化底蕴深厚,人文关系和谐

文化是人类在历史发展过程中所创造的物质文明与精神文明的总和,通常包括文学艺术、教育科学、风俗习惯、传统观念、价值取向、生活方式等内容。地域文化是文化的一个分支。地域文化既是中华文化的多样绽放,也是有机整体,更是我们民族精神得以不断塑造培育的不竭源泉。③ 文化是一个民族的灵魂,是一个城市的根本,是一个企业的生命,无论是一个国家还是一个地区,文化对经济社会发展都有着巨大的统领力、渗透力和推动力。④ 因此,不同的地域文化是区域发展的比较优势,由此转化为产业优势和产品优势。重视地方特色文化的挖掘、继承、弘扬并在此基础上创新,对于促进一个地方的经济、社会发展具有重要意义。德州良好的人文底蕴和深厚的文化积淀使其具有鲜明的地方特色,可以进行不同的产业选择,合理调整产业结构,从而形成有特色产业,发展区域特色经济。

德州有着丰厚的文化底蕴与悠久的历史,拥有5000多年的人类活动史和2200多年的建城史,是龙山文化的发祥地之一。德州籍的古今名人多达200多位,广为人知的有:战国四大名将之一的廉颇、"智圣"东方朔、汉末名士祢

① 德州城市定位[EB/OL]. http://blog. sina. com. cn/s/blog_4b9d63da010009tf. html。
② 德州将驶入"高铁时代"[EB/OL].德州新闻网,2010年4月14日。
③ 田桂宝:构筑德州地域文化品牌[EB/OL]. http://www. sddzxc. gov. cn/Html/csppyj/2007-10/15/084617673_4. html。
④ 《文化与经济融合谋崛起》,《南方日报》2010年7月16日。

衡、隋末唐初农民起义领袖窦建德、中唐诗人孟郊、中国第一位状元孙伏伽、明代书法家邢侗、清代户部侍郎田雯、抗日名将宋哲元、原国家图书馆馆长任继愈、现代著名作家郭澄清、当代劳模时传祥、感动中国十大人物孟祥斌、"铁人式的好工人"王为民等。德州文化源远流长，还孕育了很多的名胜古迹和文化遗产，如禹城市的"禹王亭"，陵县的"神头墓群"和"东方朔画赞碑"，德州市北区的苏禄国东王墓、董子读书台、平原千佛塔、乐陵文庙、宁津碧霞祠、临邑石家清真寺、庆云石佛寺九达天衢牌坊、柳湖书院、时传祥纪念馆等。德州也有着丰富的民间文化和现代文化资源。德州黑陶、金丝彩贴、德州杂技走出国门，临邑"一勾勾"剧种入选首批国家级非物质文化遗产保护名录；德州扒鸡、乐陵小枣、保店驴肉等地方名吃历史悠久、驰名中外，太阳能科技馆展现现代科技魅力。这些众多古代原始的名胜古迹建筑群和灿烂的文化资源，构成了德州地区特有的人类文明史，是德州打造区域经济文化高地，进行文化建设所独有的基础性、战略性资源。

德州人民具有"守信、包容、勤奋、务实、创新"的优良传统和精神品格。"德州"因水得名。先秦时代，黄河从中原大地昂首北上，流经德州。黄河自强不息，运河绵延兼得，德州段的黄河被称为"德水"。德州之"德"即来源于黄河。德州人历来温和、淳朴又慷慨仗义，厚重、诚实又宽以待人，体现了深厚的黄河文化意蕴。齐鲁大地上产生的儒家文化非常讲究人的诚。燕赵人历史上有很多慷慨悲歌之士，德州临近燕赵大地，自然这种文化对德州人也有很大的影响。德州地处山东的北大门，既有齐鲁文化之风又兼容燕赵文化的传承，运河之水广纳百川，多样文化的冲撞、交融，形成了德州文化的特色，形成了德州人独有的包容品格。时至现代，改革开放以来，德州人又开创了多项令人称道的创新。作为目前全球最大的集产、学、研、游于一体的太阳能产业平台，德州的"中国太阳谷"已成为德州的形象品牌。每年有500多项新技术就地转化为生产力，是全球领先的节能科技、产品高科技孵化器。①

3.政府高度重视，生态效果显著

随着德州经济的迅猛发展，环保问题也日益成为市委、市政府和广大干部

---

① 山东德州市委书记:5年打造新能源产业创新基地[EB/OL].中国新闻网,2011年3月7日。

群众关注的焦点问题。近年来,德州市各级环保部门大力开展整治违法排污、水环境综合治理等日常监管和专项行动,有效提升了区域环境质量,并为经济发展开辟绿色通道,群众环境权益保障有力,精神文明建设成效显著。

党委、人大、政府对环保工作高度重视。德州市委、市政府坚持以科学发展观为统领,发挥环保职能,高度重视经济发展与环境保护协调发展,把保护生态环境作为可持续发展的"生命工程"来抓。将环境保护纳入了经济社会发展的总体规划。2004 年出台了《关于进一步搞好环保世纪行宣传报道活动的意见》,要求县市区人大、环保行组委会成员单位和新闻部门,组织更多的人从事环境保护、循环经济、生态建设方面的采访和报道;2005 年通过了《关于建设生态市的决议》;2007 年通过了《关于加快实施碧水蓝天行动规划的决议》。建立健全了各项减排工作机制,制定完善了考核制度,实行"问责制"和"一票否决制"。同时,环保部门推进数字环保工程建设步伐,建成市、县两级环境监控中心和自动监测网络,并对全市排污重点企业安装"电子眼",实行污染物排放 24 小时远程监控。政府还积极为重点项目和投资额较大的项目开辟"绿色通道",专人跟踪服务;对项目比较集中的各类工业园区,实行上门服务、现场指导。在创新措施服务企业的同时,政府积极转换与企业的关系,变监督为合作,引导企业"变身"为节能减排的环保主体,积极担当社会责任投身环保,[1]形成了具有德州特色的"市、县、企业,防控、预警、处置、保障、问责"三级管理五大防控体系。

治污减排成效显著。在城市化水平不断提高的情况下,德州市通过结构减排、工程减排、管理减排"三大减排"措施,使主要污染物大幅下降,超额完成了十一五规定的减排任务,获得山东省"以奖代补"总量减排奖。截至目前,德州列入 2010 年度减排计划的 29 个减排工程已完成 28 个,累计完成减排项目 193 个。与"十一五"初期相比,德州市污染物排放大大降低。德州市共淘汰落后产能 3120 台(套)、落后生产线 81 条,大部分企业的设备更新率达到 80% 以上,部分企业的装备水平达到国际先进水平。先后关停取缔高耗能、重污染企业 164 家,德州市低污染行业工业增加值占 GDP 的比重由 2005

---

① 《天蓝水清气象新——我市环境保护与企业发展双赢纪实》,《德州日报》2010 年 6 月 18 日。

年的 19.3% 提高到目前的 65.1% ;①建筑节能标准执行率设计阶段达到 100% ,施工阶段达到 97% 以上,均超过了国家规定的任务。

环境质量明显改善。德州市按照"治、用、保"并举的理念,建立"点源—污水处理—湿地—河流"递进式治理模式。"十一五"以来,德州市先后关闭 164 家高耗能、高污染企业,大大减少了污染排放。德州市积极实施了百家节水型企业创建和百家用水大户用水平衡测试工程,形成再生水回用能力 3000 万立方米/年。目前德州市 107 家企业已配套建设了水循环设施,工业水重复利用率达 91.3% 。在减河、徒骇河、德惠新河、马颊河等河道上建设了 5 座橡胶坝、16 座节制闸和溢流坝,每年可为工农业生产供水 1.1 亿立方米,科学利用水资源。还积极整治河道,清淤治理马颊河河道 88.7 公里,建成南运河截污导流工程,建设了 8 座人工湿地水质净化工程。还利用低洼地、河滩地、湖滨带建设了 17 个湿地公园,新增水面 6180 亩,1 亿多立方米河流库容水体得到休养生息。有效改善了城市水环境质量。② 全市 26 家燃煤电厂建成了脱硫设施,9 家燃煤电厂共计 15 万千瓦的机组被关停;对城市 10 吨以下燃煤锅炉进行了全面集中整治,拆除 361 台,生活烟尘排放量比 2005 年下降 5.1% ;抓好秸秆禁烧工作,德州市农作物秸秆综合利用率达到了 90% 以上,位居山东省前列;③建成了机动车尾气检测线。一系列措施的落实,保证了城区大气环境质量持续改善,城市空气质量良好率平均提高 5% 以上。2009 年德州市城区空气质量在山东省非沿海城市中名列第七,获得三等奖;2010 年在山东省非沿海城市中名列第三。④

为经济发展开辟绿色通道。"十一五"期间,德州市环境保护局共审批建设项目 2900 余个,拒批"两高一资"项目 100 多个,有效控制新污染源的产生。还为符合产业政策的企业及时依法补办环评手续。同时,积极支持重大项目建设,跟踪服务,不让一个项目因环评受阻,德州市新建项目环评率达到

① 周雁凌、季英德:《生态产业作支柱 生态文化作魂魄》,《中国环境报》2011 年 1 月 3 日。

② 山东德州闯出水污染防治新路子[EB/OL]. http://china. toocle. com/cbna/item/2010 - 12 - 02/5531031. html。

③ 王贺:德州市超额完成减排目标 空气良好天数达八成[EB/OL]. 德州新闻网,2010 年 12 月 13 日。

④ 德州市举行新闻发布会 通报全市环保工作情况[EB/OL]. 人民网,2011 年 6 月 2 日。

98%以上,项目"三同时"验收率达到95%以上,全部完成13个经济开发区(工业园区)区域环评。

群众环境权益保障有力。德州市委、市政府通过给企业安装自动在线监测装置,主要河流安装水质自动监测站,城区安装空气自动监测站,实现了重点污染源、河流及大气的全天候监控和无缝隙监管,加强了日常监管,开展了企业环境保护信用等级评定,制定了《德州市企业环境保护信用等级管理办法》,开展环保专项行动,如取缔了高耗能、高污染的"土小"企业,对污染严重、群众反映强烈的企业实施停产治理,对治污水平低、工艺水平落后的企业实施限期治理,对超标排污企业通报批评。高度重视人民来信来访,通过承诺热线、12369执法热线等渠道,办理人民群众来信、来电、来访,办结率和满意率都大幅度提高。同时,办理人大建议、政协提案满意率达到了100%。[①]"十一五"以来,德州市委、市政府以群众最关心的饮水安全、防洪保障、农田灌溉、生态环境为切入点,对11个县市区的30个企业、污水处理厂、人工湿地进行检查和采访,人大监督与舆论监督形成合力,推动政府加大治污力度,有效地改善了水质。至今,德州市共建成8座平原水库,总库容蓄水能力1.845亿立方米,农村自来水普及率达到92%,结束了德州人喝苦咸水的历史。此外,德州市环保局还每月对水源地水质进行地表水30项水质指标环境监测,每年进行一次109项指标监测。[②]

二、德州市"深绿色"发展存在的问题

德州市位于山东省西北部,是典型内陆中小型发展城市,改革开放以来,其生态环境治理取得了一定的成效。但是,随着经济社会的迅猛快速发展,一些矛盾和问题开始显现并日益突出,并在一定程度上制约着"深绿色"经济的发展,甚至成为经济可持续发展的"瓶颈"。

---

① 陈鹏、郭本芳、张瑞英、赵静:《为德州喝彩——纪念改革开放30年(环境与保护)专题新闻发布会》,《长河晨刊》2008年10月29日。
② 吴文群:《老百姓的贴心局长》,《中国环境报》2010年12月22日。

(一)产业结构不合理,经济基础薄弱

1.产业结构不合理,转型升级任务艰巨

第一、三产业投资比重低,第二产业比重偏高。尽管近年来,德州市经济发展迅速,农业、工业、服务业都发展很快,但产业结构仍然不合理。德州市对第一产业投资比重偏低,第二产业则比重偏高,服务业仍然发展滞后。2009年德州市三次产业比为 12.4：54.6：33.0。[1] 2010 年第一产业增加值210.51 亿元,增长 3.2%;第二产业增加值 899.55 亿元,增长 14.3%;第三产业增加值 547.76 亿元,增长 13.8%。三次产业结构比为 12.7：54.3：33.0,第三产业比重较上年提高 1 个百分点。[2] 近年来,虽然德州市对农业的投资速度加快,但所占比重较低状况仍未改变,第一产业投入明显不足不利于提高农业综合生产能力和社会主义新农村建设。第三产业投资增速虽然明显加快、比重有所上升,但由于基础弱,比起周边地区第三产业投资仍有明显差距。第二产业比重相对较高,但高度依赖高耗能工业。工业中,钢铁、化工、电力、水泥等高能耗行业比重大。能源结构上,碳排放高的煤炭消费所占比重仍高达 65%。[3]

工业基础薄弱,产业集聚效应不明显。2010 年,德州市装备制造业、化学工业、纺织服装业、食品工业投资分别完成 207.2 亿元、86.58 亿元、50.95 亿元、113.54 亿元,分别占到制造业的 33.6%、14.1%、8.3%、18.4%。[4] 这些产业虽有所发展,但整体分布仍较分散,产业的区域吸附能力较弱,形成规模优势和明显聚集效应的产业不多。产业结构不合理、集群优势不明显制约着德州经济又好又快发展。

2.经济基础薄弱,人均收入少

经济总量少,人均指标低。山东省统计局发布《山东 2010 年第六次全国人口普查主要数据公报》,全省人口为 9579.31 万人,德州为 556.82 万人,人口数量位列全省第九,[5]占全省的 5.81%。而 2010 年全省 GDP 总共

---

① 杨明文:《德州市发展低碳经济的思考》,《德州通讯》2010 年第 12 期。
② 2010 年德州市固定资产投资运行情况分析[EB/OL].德州统计网,2011 年 2 月 22 日。
③ 杨明文:《德州市发展低碳经济的思考》,《德州通讯》2010 年第 12 期。
④ 2010 年德州市固定资产投资运行情况分析[EB/OL].德州统计网,2011 年 2 月 22 日。
⑤ 王志强:德州市常住人口达 556.82 万人 位居山东省第九[EB/OL].德州新闻网,2011 年 5 月 7 日。

39416.2亿元,①德州为1700.00亿元,比去年增长13%,经济发展迅速。但是GDP只占全省的4.31%,人均指标在全省17个市中排名第14,可以说,德州市的经济总量和人均指标均居全省中下水平。

地方财政收入少,县域经济比较薄弱。2010年,德州市地方财政收入只占全省的2.65%,为72.9亿元;县域经济也比较薄弱,全国县域经济基本竞争力评价和全国百强县由中郡县域经济研究所实施,从2000年开始,至今已连续举办10届。评价对象是全国所有县(县级市),不含县级市辖区。评价采用公开的县域经济基本核心数据,主要包括地区生产总值、地方财政收入等12项总量、人均和速度指标,评价结果客观可比,评价坚持不收费、不发证、不授牌的"三不原则",为全国县域经济发展提供了一个动态的、相对的参照坐标。到目前为止德州市县域经济还没有进入全国百强。德州、滨州、聊城和菏泽等鲁西4市横向比较,德州市县域经济发展水平有明显差距。2009年,滨州市6个县中有2个全国百强县,占了三分之一,聊城市7个县(市)中也有1个全国百强县。②

近几年,虽然德州市经济综合实力大幅提升,但是,根据中国社会科学院《2011年中国城市竞争力蓝皮书:中国城市竞争力报告》,并根据《中国(山东)城市竞争力报告》对山东省17个城市进行的比较,综合竞争力德州由2009年的第七位下降到2010年十名以外。这说明德州经济实力还是相当薄弱的。

(二)自然资源供需矛盾突出

德州市自然资源供需矛盾主要体现在:水资源严重短缺,水生态平衡失调;土地垦殖率高,耕地后备资源匮乏;森林资源总量不足,综合防护效能差;矿产资源对经济和社会发展的保证程度逐步下降等。

1. 水资源严重短缺,水生态平衡失调

因地理位置、气候条件影响,德州市降水时空分布极不均匀,是一个水资

---

① 2010年山东十七地市GDP排名[EB/OL].山东统计信息网,2010年。
② 我们离全国百强县有多远(德州所作鲁西四市最强县比较)[EB/OL].德州新闻网,2010年9月8日。

源贫乏、洪涝威胁严重的农业大市。尤其近些年来伴随着人口的增长、经济的发展,水资源需求总量不断增加,每年水资源缺口约 15 亿立方米,[①]水资源供需矛盾日趋尖锐。这主要表现在以下几个方面。

地表水资源短缺。德州属暖温带季风性气候,多年平均降水量 554.8 毫米,水资源总量 11.53 亿立方米,仅占全省水资源总量 303 亿立方米的 3.8%,其中可利用量 8.34 亿立方米;人均占有量为 211 立方米,仅是全省人均占有水资源量 334 立方米的 61%、全国人均水资源量 2300 立方米的 10%,[②]大大低于世界公认的人均水资源占有量最低贫水线 1000 立方米的标准;亩均占有量 143 立方米,仅为全国平均的 8%。[③] 因此,按照国际标准,德州市的地表水资源十分有限,属于干旱缺水地区。

客水资源不稳定。黄河水是德州市最大最重要而且是唯一的客水资源,是全市工农业生产和人畜饮用的主要供水水源,承担着德州市 12 个县市区 850 万亩农业用水、61.05 万人城市生活和部分城区工业用水任务,[④]在全市国民经济和社会发展中起着举足轻重的作用。但近几年来,德州市引黄河水量日趋减少,主要原因是黄河中下游自 20 世纪 90 年代以来多次发生断流、降水量偏小、上游的小浪底水库加大了调节力度、黄河部门控制着引黄指标、沿黄工农业引黄用水迅速增加、黄河水资源开发利用严重浪费等。德州市饮用黄河水量的减少不仅影响了其的经济发展,而且在生态上危害严重,更给全市居民生活带来了不便。而随着黄河水量不断呈现减少趋势,水资源不稳定的局面将会长期存在。

地下水资源超采严重,水资源利用效率不高。近年来随着德州市经济的迅猛发展,水资源需求总量的不断增加,水资源的无序开发利用、水资源利用效率不高更加剧了水资源供需矛盾的突出。水资源的先天不足造成了地下水大量超采,据 1995～2004 年浅层地下水实际开采的调查,因为开采不均,夏津—武城、宁津两个区域的浅层地下水已经超采,其中夏—武浅层地下水超采

---

① 孙向林、刘吉贵、秦少娟:《德州严重缺水 年均水资源总量占全省的 3.8%》,《长河晨刊》2010 年 3 月 23 日。

② 同上。

③ 苗文海、王华、刘静:《德州市水资源管理问题与对策》,《山东水利》2010 年第 8 期。

④ 陈宁:黄河水滋润"太阳城"[EB/OL]. http://www.sdhh.gov.cn/tbbd/12/73402.shtml。

区面积915km²,宁津浅层地下水超采区面积809km²;深层地下水也超采严重,现已形成德州、衡水、沧州大的深层区域漏斗,尤其是德州市区地下300～500米水源的开采几近枯竭漏斗面积达3000多平方公里,①个别地方已经出现地面沉降等地质灾害。

水资源利用效率低。2010年德州市的节水灌溉率仅为12%,相对较低,灌溉水生产效率仅为1.2kg/m³,②农业用水比重偏高和农业用水效率低下,这在一定程度上加剧了水资源的紧张的状况。形成这一情况的主要原因是:水利工程设施严重老化,渠系水利用系数低;节水管理机制落后;资金投入不足;管理水平低;群众观念陈旧,缺乏节水意识等。

2.人地矛盾突出

德州市土地总面积1035632公顷,2003年耕地总面积为53.8公顷,占土地总面积的51.98%,③2010年耕地面积56万公顷,占土地总面积的54.2%,耕地面积有所增加;而此间虽实行计划生育,但每年人口也在不断增加,2003年人口总数为546.02万人,④人均耕地面积1.5亩,2010年总人口为586.19万人,人均耕地1.4亩,⑤虽然人均耕地在山东省仍然排在前列,但人均土地资源却在逐年减少。2003年未利用土地为6.4公顷,占到土地总面积的6.2%,⑥2010年未利用土地为6.3公顷,占到土地总面积的6.1%,而这些未开发的土地几乎全部集中在涝洼、盐碱区。其中在现有技术条件下可开垦用于耕地的仅占1/4左右,因此德州市的耕地后备资源十分缺乏。除此之外,农村居民点集约程度低也加剧了人地矛盾的尖锐。不合理的利用土地造成土壤

① 孙向林、刘吉贵、秦少娟:《德州严重缺水　年均水资源总量占全省的3.8%》,《长河晨刊》2010年3月23日。

② 孙小成、夏继红:《德州市真实节水型社会建设探讨》,《吉林农业》2010年第7期。

③ 付修勇:德州市土地资源态势演变分析与可持续利用建议[EB/OL].http://ly.gdcc.edu.cn/n16812c123.aspx。

④ 德州市2003年国民经济和社会发展统计公报[EB/OL].http://www.tjcn.org/tjgb/201001/1933_2.html。

⑤ 张晓松:中国人均耕地面积减少到1.4亩为世界40%[EB/OL].http://news.sina.com.cn/c/2006-04-11/20338670667s.shtml。

⑥ 付修勇:德州市土地资源态势演变分析与可持续利用建议[EB/OL].http://ly.gdcc.edu.cn/n16812c123.aspx。

污染严重,土壤质量不断恶化,这不仅对农作物及农田生态环境造成危害,还会危害人体健康。所有这些都使得德州市的土地资源严重不足。

3. 矿产资源对经济和社会发展的保证程度逐步下降

矿产资源是社会经济发展的重要物质基础,矿业是国民经济与社会发展的先行产业,德州市的矿产资源有石油、天然气、煤、黏土、地热、矿泉水、卤水等。德州市的矿产资源保障经济发展的程度较低,主要表现在:矿产资源以能源矿产为主,且埋藏较深,开发难度大;矿产资源不够丰富,矿种单一,紧缺矿种较多,属于矿种缺乏区。仅仅发现 11 种矿产资源,除能源矿产外,砖瓦用黏土储量多且分散,金属矿产尚是空白,非金属矿产种类较少。金属与非金属矿产缺口大,供需矛盾突出;矿种分布不均衡,在 22 个大中型矿产地中,能源矿产和水汽矿产为 21 处,1 处为非金属矿产(建筑用砂);矿产地储量规模以小型为主,大中型矿产地少。到目前为止,矿产资源产地 440 处,小型矿产地 418 处;煤、金属、建筑材料等矿产长期需要外部供应,供需总量失衡;石油(天然气)、地下水、陶粒用黏土、水泥用黏土后备资源紧缺;地质勘查投入不足,矿产储量增长滞缓。① 总之,德州市矿产资源不丰富,矿种较单一,矿产资源的开发利用面较窄,矿业在工业经济中比重不大,矿产品产量小、产值低,属矿产资源较紧缺地区。

(三)"深绿色"经济发展的支撑保障机制不完善

1. 缺少"深绿色"经济发展的长效政策机制

政府职能转变不到位。德州市政府在其行政执法过程中仍然部分存在用大量的人力、物力和财力来抓"经济调节"与"市场监管"的问题,这不仅没有解决好"经济调节"和"市场监管"的问题,还助长了政府对经济的直接干预和过多干预,出现了各级、各组织领导人亲自挂帅抓经济的事务型政府状态,这远远超出了政府能够履行其职责的能力,还弱化了政府的社会管理和公共服务职能,造成应当由政府完成的基础设施、社会保障、公用服务等"公共物品"部分不足,诸如宏观调控、维护公民基本权利、提供良好的公共产品等,这些使

---

① 山东省德州市矿产资源规划[EB/OL]. http://news. kms88. com/html/2010/0127/201001270000004569. shtml。

德州市经济发展受到一定程度上的削弱。

规划制度不到位,相关的法律法规制度不完善。对发展低碳经济、"深绿色"经济还是缺乏科学引导和有力支持,一般性的号召要求多,具体落实的措施少;支持"深绿色"经济发展的扶持政策和措施还不完善,如考核奖惩不到位,绿色技术支撑体系、生态管理体系和环境管理与监督完善评价体系还没建立,现行的经济核算体系有待改革等。

2. 整体科技水平落后,生态技术研发能力有限

高新技术产业规模小。2010 年德州市高新技术产业投资 176.63 亿元,增长 25.2%,高出制造业投资增幅 8.7 个百分点。同时,高新技术产业占整个制造业投资的比重也在不断提高。目前,德州形成了以皇明、亿家能、博源、腾龙等为骨干太阳能产业企业群。风电装备制造业是德州市的重要产业,通裕集团、世纪威能公司、华业公司、株丕特公司、双一集团等多家知名企业的风电装备制造业发展迅速。但是这些企业的知名品牌相对较少,经营分散,产业化程度低,市场竞争力还不是很强。

研究开发投入不足,科技水平和装备技术落后。德州市的科技与生产结合还不紧密,尚未形成多元化、多渠道的科技投资融资体系,企业还没有成为科技创新的主体;德州市在经济增长中对科技投入少,比重较低,影响了企业高新技术产品的准入和市场推广;除少数重点企业外,大部分企业规模较小,进行技术改造的意识不强,政府对"深绿色"发展的理念也不够深入,技术装备水平偏低,科技含量和技术层次较低。

科技创新体系尚不完善。德州高校、科研机构偏少、规模偏小,尚未形成以高校和科研机构为主体的知识技术创新体系和以企业为主体的技术创新体系,科技创新服务体系专业化水平低,功能不完善,服务不配套,企业自主创新动力不足,科技创新能力弱,尚未成为技术创新的主体。

3. "深绿色"发展理念不够深入,"深绿色"教育宣传力度不足

"深绿色"发展理念有待深化。生态市的建设理念已融入到德州市经济社会发展的各个领域,但取得的成效并不明显,这些成效更多地浮于表面,并没有转化为实质性的措施。"深绿色"教育宣传力度有待加强。由于对"深绿色"经济发展的舆论引导不到位,对"深绿色"经济发展理念宣传力度不足,不少市民和企业在发展"深绿色"经济上还存在一些模糊认识,导致一些地方不

能正确认识发展"深绿色"经济的重要性,市民奢侈浪费的消费模式造成了资源浪费,企业只是单纯追求经济效益,逃避社会责任,不执行环评制度,不落实环保"三同时"等。①

(四)生态环境问题依然严峻

虽然"十一五"时期,德州市的环保工作取得了一定的成绩,但是随着城市化进程的加快,改善环境质量和服务科学发展的任务还很艰巨。

1. 空气环境问题

德州市产业结构偏重、能源结构不合理的现状还未得到解决。污染物新增量大、减排空间小、潜力弱,煤烟污染、机动车排气、化工异味、扬尘污染等大气污染物依然存在超标排放;化工等重污染行业违规生产,重金属污染物超标排放以及乱倒危险废物等问题也依然存在,对环境造成威胁。2010年3月20日,德州市出现了强沙尘天气,并伴有8~9级大风,德城区天空一片昏黄,4月26日,又出现大风沙尘天气,一时间白昼变成黑夜。大部分县市阵风8~9级,平原县风力达10级(27.9米/秒)。这一系列事件造成德州市空气能见度低,浮尘急剧增加,空气质量差,对农业、交通以及空气质量造成不利影响。

2. 水资源和水环境问题

德州市水环境状况依然严峻。治污成果呈阶段性、脆弱性特点,部分河流水质波动较大、城镇污水处理厂建设和运营效率低、违规偷排漏排超排现象时有发生、部分治污工程建设进展缓慢,特别是污水支管网建设相对滞后、农业农村面临污染严重等问题仍较突出。

3. 土地盐碱化问题

德州市属于我国盐碱化土壤的典型分布区,经过几十年的努力,大量盐碱化洼地得到了整治,但是,随着生态环境的恶化,局部区域面临的土地盐碱化形势也不容乐观。首先,德州市的雨季过湿、旱季过干的气候特点,表现出鲜明的季节性积盐特点;其次,因地下水位高,排水不畅,水质差,使得土壤含盐量高,造成土壤碱化;再次,人们不合理的灌溉方式,也进一步加剧了土壤盐渍化。

---

① 吴文群:发展低碳经济　建设生态德州[EB/OL].德州生态文明网,2009年11月27日。

德州市现有盐渍化面积约 16 万公顷,占全部耕地面积的 22%。①

三、德州市"深绿色"发展战略

德州市委、市政府于 2007 年提出"坚持以人为本、发展生态经济、建设和谐德州"的总体要求,并确立了"生态立市"的发展战略。要实现这一目标,就应该积极探索以"深绿色"理念为指导、以"深绿色"产业为核心、以"深绿色"环境为依托、以"深绿色"文化为支撑、以可持续发展为目标的"深绿色"经济发展模式,努力走出一条发展中地区落实科学发展观、建设生态文明的新路子。因此,从长远来看,未来德州的"深绿色"经济发展至少需要解决三个层面的问题:产业结构转型和调整,政府政策的引导与支持,社会层面的参与和实践。这三个方面互相促进、互相监督将为德州市"深绿色"经济发展提供源动力。

(一)打造以"深绿色"理念为指导的产业体系

加快转变经济发展方式是我国"十二五"时期发展的主线。转变经济发展方式的重点就是推动产业结构的调整和优化升级,德州市应积极构建,努力加快发展现代农业,改造提升传统产业,积极发展战略性新兴产业,大力发展服务业,推进"深绿色"产业的形成,以全面提升产业技术水平和市场竞争力。

1. 推动农业由低效型向"深绿色"高效型转变

实现农业现代化,发展"深绿色"高效型农业,是加快转变农业发展方式、增加农民收入、推进城乡一体化的重要举措。德州市是农业大市,农业资源丰富,粮棉生产走在全省乃至全国前列,发展"深绿色"高效型农业,有基础、有空间、有前途,要充分发挥固有优势,按照"高产、优质、高效、生态、安全"的要求,从提高粮食综合生产能力、调整优化农业结构、优化区域布局、提高农业产业化水平、推动农业自主创新能力等方面实现传统农业向"深绿色"高效型的转变。

---

① 付修勇:《德州市耕地资源动态变化的 PETP 因素分析》,《德州学院学报》2007 年第 4 期。

提高粮食的综合生产能力。随着经济社会的迅速发展,粮食的战略地位越来越重要,粮食综合生产能力的重要作用日益提升,粮食供给保障的重要性日益彰显。德州市作为粮食主产区之一,应坚持提高农业综合生产能力作为发展现代农业的主攻方向。按照节约用地、少占或不占耕地的原则,实行严格的耕地保护制度;广泛开展农田水利基本建设;加快中低产田改造,加强高标准农田建设;积极推进农药、农膜、农机、农电、柴油等农用工业的发展;增加农业投入,提高固定资产投资、财政预算内资金、银行信贷资金用于农业的比重;①推广农业技术,达到科技入户;加大病虫害防控,降低损失率等。

调整优化农业结构。合理的农业结构,不仅可以提高农业资源配置效率和农业生产效率、促进农业发展、增进农民收入,还可以增强县域经济整体实力、加快农村小康社会的建设。农业结构调整要坚持市场导向、效益优先、农民自愿和因地制宜的原则,按照"高产、优质、高效、生态、安全"的要求,要突出地方特色,发挥比较优势,抓好总体规划,调整农业生产布局;大力实施科技兴农战略,加快农业科技创新步伐,以市场需求为导向,大力实施名牌战略,积极推进农产品生产优质化;集中力量培植支柱产业,做强龙头企业,实现生产经营产业化;引入企业经营机制,把千家万户的分散经营变成适度规模的企业化经营,形成规模经营格局;加快推广农产品全程的标准化生产技术,重点扶持从事农产品加工工业的龙头企业,促进农业结构调整向纵深发展。②

优化区域布局。调整农业生产布局,是对农业发展问题认识的深化,是农业生产力发展的必然要求。因此优化农产品区域布局,进一步发挥农业比较优势,是推进农业和农村经济结构战略性调整的重大步骤,是我国农业增长方式的重大变革。德州市在优化农业生产布局方面已经取得了很大进展,但是还存在一些不足。优化农业区域布局,应遵循自然规律和经济规律,从资源和市场这两个基点出发,坚持"按比较优势布局"、"按市场需求布局"的原则,加强对农业发展的规划引导,实现要素流动和优势互补,培育主导产业,集中力量建设一批商品农产品基地;努力打造特色产业强村强镇;壮大生产经营主

---

① 怎样提高粮食综合生产能力[EB/OL]. http://www.gdepb.gov.cn/gdepb/ztzl/zhongda/lswt/t20051118_26017.html。

② 洪磊:《优化调整农业产业结构的思考》,《北方经济》2007年第8期。

体,在农产品产区与销区之间建立起长期稳定的、契约化的区域合作机制,不断优化农业区域布局,努力向结构调整要效益。

提高农业产业化水平。农业产业化经营是新时期农业经营体制上的一大创新,是发展"深绿色"高效型农业的有效和重要的途径,是今后农业经营制度深化改革的方向。它能实现农业生产、加工和销售有机结合和相互促进,从而有利于推动农业结构调整,增加农民收入,增强农业的综合竞争力。为了更进一步推进德州市的农业产业化水平,应突出以下四个方面:一是注重集约化经营,培育壮大龙头企业;二是注重区域化布局,提升特色产业基地建设的规模和水平;三是注重标准化生产,不断提升农产品质量安全水平;四是注重市场化运作,加快培育发展农村合作经济组织;五是注重双赢化发展,健全完善龙头企业与农户的利益联结机制。[①]

2. 推动工业由粗放型向"深绿色"集约型转变

工业是德州市经济的支柱,是产业结构调整的重点、财政增收的主体,因此,德州市必须把加快新型工业化进程放在更加突出的位置,坚定不移地实施工业强市战略,走新型工业化道路,实现工业由粗放型向"深绿色"集约型转变。

优化提升传统产业。传统产业是德州市的经济存量,其升级和扩张是构建德州特色现代产业体系的根基。德州市拥有装备制造、化工、纺织服装、食品制造四大传统优势产业集群,要实现传统产业循环化和低碳化,必须紧紧树立"全循环"、"抓高端"理念,淘汰落后产能,强化科技创新,升级技术及设备。推动装备制造业扩能改造,实现装备制造的数字化、集成化、配套化转型升级;提升食品加工业的产业化水平,推动食品加工向营养、方便、绿色、安全、保健转型,依托中澳等龙头企业,打造各类加工基地和现代农业示范区;调整化工企业产品结构,推动龙头企业向大型化、集约化、精细化发展;推动纺织服装业走差别化、功能化、品牌化路子,实现集聚效应。[②]

培育壮大战略性新兴产业。在培育壮大新兴产业上,应该全力发展以生物制造、生物医药为主的生物技术产业,以太阳能、生物质能、地热能利用和风

---

① 《转变增长方式　促进农民增收》,《决策参考》2006 年第 3 期。
② 崔光宇:《提升传统产业　培植新兴产业》,《德州日报》2011 年 5 月 2 日。

电装备及新能源汽车为主的新能源产业,以特色复合材料、新型工程材料为主的新材料产业,以竞技体育器材、健身器材为主的体育用品产业;注重发挥热传导、碳材料等技术优势和风能、生物质能的资源优势,加强政策支持和规划引导,努力打造产业基地,健全产业门类;实施新兴产业自主创新工程,突破一批关键核心技术,转化一批科技创新成果,推进一批示范项目,培育一批创新型龙头企业。①

发展产业集聚。发展产业集群是加速工业化和城镇化进程的捷径,特别是对欠发达地区,抓好集群式产业布局和规划是形成后发优势、实现超常发展的重要途径。德州市要充分发挥区位、地理、资源、人文优势,以市场为导向,以优势产业为纽带,以开发产业园区为载体,积极培育出具有德州特色的主导产业和支柱产业,发展壮大产业集群。发展产业集聚:一是要做好产业集群的发展规划;二是发展龙头带动型的产业集群;三是加强上下游产品配套协作,构建完整的重点产业链,形成以大企业为核心、大中小企业有机联系、上下游配套的产业集群。

3. 推动服务业由传统型向"深绿色"现代型转变

服务业被誉为"无烟产业",具有资源消耗低、环境污染小、亲近自然、环境友好的特点,比较符合"深绿色"经济的发展要求。德州市必须高度重视现代服务业的发展,深刻把握现代服务业发展的规律和趋势,较大幅度提高服务业在全市经济中的比重,努力打造现代服务业区域高地。推动服务业由传统型向"深绿色"现代型转变。

改造提升生活性服务业。在德州市传统生活性服务业中,餐饮、商贸市场品牌优势明显,按照巩固优势,差异化发展思路,德州应着力于引导传统产业的提档升级,以创新的经营模式、手段为传统产业注入新的内涵,提升品牌影响力。首先,推动服务业专业市场集群化发展,依托骨干企业及重点区域,促进商贸聚集发展,并着力培植一批全国性、区域性商品集散中心、价格中心;其次,建立先进的经营模式和管理模式,可积极推广应用信息技术,鼓励发展连锁经营、特许经营、仓储超市等现代经营方式;再次,打造具有地区特色的服务

① 中共德州市委关于制定德州市国民经济和社会发展第十二个五年规划的建议[EB/OL]. http://www.dzdj.gov.cn/html/BenQiGuanZhu/2474/。

品牌,提高星级酒店服务档次,引进国内外知名餐饮企业,提升美食德州品牌影响力,弘扬传统餐饮文化,建成具有地方特色的"中华美食大观园",打造"美食德州、一品天下"的金字招牌;最后,发展多样化需求的服务业态,促进餐饮、商贸多元化发展。

优先发展生产性服务业。生产性服务业,主要包括金融、信息、研发、物流、商务以及教育培训等方面的服务。同传统的服务业相比,它是一种高智力、高成长、高辐射、高就业的现代服务产业,能够有效地推动经济发展模式转型。德州市具备优越的区位、交通、资源优势,可采取政府推动、政策支持、多元融资、市场运作、信息整合的方式,建成一批功能完备的物流产业园区,培育一批物流龙头企业,壮大物流产业。第一,可依托铁路、公路等交通干线,面向山东半岛、省会城市群和京津冀都市圈,形成贯通南北、连接东西的生产与流通型大物流。第二,规划建设一批产业集聚、功能集成的现代物流园区,重点抓好德州东北城、京铁物流园、庆云红云国际物流园、黄三角会展物流中心、盖世冠威国际物流园、禹城国际商贸港、临邑铁路商贸物流园等重大项目建设,高标准建设高铁片区商贸物流园区。第三,加快建设和整合中心城区物流基础设施,大力培育第三方物流,提升资源配置能力。第四,优化物流业态,促进物流升级,引进培养高素质物流人才。①

(二)健全"深绿色"发展的支撑保障机制

实现德州市"深绿色"经济发展战略,实现经济持续快速增长,除了打造高效低耗的以"深绿色"理念为指导的产业体系,还必须建立健全实现"深绿色"发展的法律法规依据、政策导向保证、科技创新体制和监督考核机制等支撑保障机制。

1.完善发展"深绿色"经济的长效政策机制

构建"深绿色"经济的相关法规体系。对国家和山东省已颁布的各项经济、人口、资源、环境法律和法规,要认真宣传、严格落实。尽快出台一些德州市发展"深绿色"经济的相关配套法规,如全面推进清洁生产实施意见、废旧家电及电子产品回收处理管理办法、生活饮用水源保护条例、固体废弃物管理

---

① 《德州发展现代物流业的思考》,《德州日报》2011年4月25日。

条例、畜禽养殖污染防治管理办法等,做到发展"深绿色"经济、建设生态市时有法可依,将生态市建设纳入法制化轨道。还应该完善政策导向机制,这种机制包括制定德州市"深绿色"经济发展规划。分析与德州市发展"深绿色"经济的有关政策现状、趋势和需要,并根据国家法律法规,结合德州市的实际情况,有计划地进行可持续发展领域内的配套政策,制订长期和中短期工作计划,统筹制定有关"深绿色"经济发展的标准。加强对发展规划的宣传力度。可制定优惠政策,引导和鼓励社会各界致力于发展德州市"深绿色"经济。建立并完善规划实施的评估修订机制。按照"谁开发谁保护、谁破坏谁恢复、谁受益谁补偿"的原则,建立并完善生态补偿机制;完善环境价格政策;逐步建立反映资源稀缺程度、环境损害成本的生产要素和资源价格机制;建立落后产能的退出机制和建立环境污染责任保险制度;建立绿色国民经济核算体系;等等。此外,还要加强对规划实施的监督检查。

2. 构建"深绿色"科技支撑机制

德州市应当把增强自主创新能力贯穿到转变经济发展方式的各个方面,着力从四个方面构建"深绿色"经济发展的科技支撑体制:一是建设以企业为主体的技术创新体系;二是完善科技资源开放共享制度;三是创新人才培养使用机制;四是促进技术研究和科技成果的转化。

建设以企业为主体的技术创新体系。建设以企业为主体、以市场为导向、产学研相结合的技术创新体系,是我国和德州市创新体系建设的一项重要任务。促进企业成为技术创新的主体,要鼓励企业建立研究开发机构,成为研究开发投入的主体;要坚持以市场为导向、产学研紧密结合的企业技术创新机制,鼓励企业与高等院校、科研机构共建技术中心,联合开展科技攻关和技术改造等[1],如支持光伏和光热发电、生物医药、高性能数控机床、汽车及零部件等领域的科技攻关,攻克一批制约产业技术升级的重大关键技术和共性技术等。除此之外,还要切实加强企业岗位技术培训,有计划的选送企业技术、管理人员到大专院校和山东省内外大中型企业学习深造。

完善科技资源开放共享制度。科技资源是决定一个国家和地区综合竞争

---

① 张晓晶:《大力推进企业为主体的技术创新体系建设 切实增强自主创新能力》,《光明日报》2006 年 5 月 15 日。

力的战略资源,科技资源共享正在成为各国政府和地区最具优先权的任务。科技资源共享有助于优化科技资源配置、提高创新效率、实现可持续发展、深化科技体制改革。① 首先,德州市应该建立科技资源共享制度体系,制定和完善《德州市科技基础条件平台建设管理办法》等一系列科技资源建设与开放共享的规章制度,向社会提供开放共享服务。其次,完善大型科学仪器设备共享服务,在市科技资源中心建立大型科学仪器、科技文献、科学数据和自然科技资源四大科技基础条件平台。再次,建立科技资源开放共享绩效评估与监督机制,对在科学研究、技术开发及其他科技活动中使用的单台或成套仪器设备开展联合评议,对科技资源定期开展绩效评估工作,实行购置前审查、评估,减少重复购置,提高科技资源的使用效率。最后,发挥好市科技资源中心的作用。作为全市科技资源集成利用和开放共享的工作平台,应紧密围绕德州市的新材料、新能源、高技术产业等优势主导产业,建立科学的管理模式和高效的运行机制,形成一套完整的能够调动各类科技资源拥有单位积极参与资源开放共享的规则。②

创新人才培养使用机制。人才是第一资源,把科技人才培养放在科技工作的首要位置,建立适应现代化建设需要的科技队伍是我国和德州市实现可持续发展的重要基础。抓紧培养、引进相应的人才,以充实专业人才队伍对德州市是非常必要的。另外,要运用政策机制引进技术人才,重点引进高新技术产业、支柱产业、重点工程等领域急需的高层次人才和实用技能型人才,同时,鼓励德州市各单位以聘请顾问、技术合作、共建研发等柔性引进方式,走人力资源共享捷径等。

促进技术研究和科技成果的转化。科技成果转化是科技与经济结合的最好形式,只有使科技成果变成现实的生产力,才能有效地提高我国的经济增长质量,实现经济增长方式的两个根本转变。德州市委、市政府要更新观念,重视科技成果的转化,建立以专利、商标、版权等为主要内容的知识产权体系,加大对企业专利申请特别是发明专利申请的扶持力度。各相关部门要完善科研

---

① 刘继云:《加快制度创新 促进科技资源共享》,《科技创业月刊》2008 年第 12 期。
② 陕西亟须建立科技资源开放共享机制[EB/OL]. http://www.lninfo.gov.cn/kjzx/show. php? itemid=21879。

项目和科技人员社会评价和激励机制,鼓励和引导科技人员从事应用基础研究和科技成果转化工作。各乡镇、各部门和各类企事业单位要积极加强与山东省内外大专院校、科研单位的联系与合作,主动走出去寻找能发挥德州市资源优势的科研成果,通过合作开发、引进成果进行自主开发,使其转化为现实生产力;鼓励各类科技人员以科技成果入股、参股办企业或直接创办、领办科技企业,逐步形成以资源引资金、以环境引人才、以成果促规模、以特色促发展、以发展强科技的"深绿色"经济发展的良性机制。①

3. 建立和完善监管能力保障机制

建立专家咨询决策管理信息系统。在制定涉及"深绿色"经济发展的重大政策和规划,确定重大生态建设和环境保护项目等方面,要重视发挥专家咨询委员会的作用。该委员会围绕德州市经济、科学技术、文化、社会发展中的全局性、长期性、综合性问题进行战略研究、对策研讨,提供科学的咨询论证意见;参与重大行政决策的可行性研究和论证;负责对重大行政决策的效果进行追踪、评估,提出修正意见等。② 德州市可以依托"信息高速公路"建设,建立"深绿色"经济发展的决策管理信息系统,全面收集分析"深绿色"经济发展的信息和国内外发展动态,实现政府各部门信息资源共享,为政府和管理部门决策提供科学依据。

建立完善生态环境监测网络。要应用遥感、地理信息系统、卫星定位系统等技术,进一步摸清生态环境基础情况,然后在主要河流市界断面、重要水源地、重要水域建成水质自动监测系统网络,在德州市建成环境空气质量自动监测系统,提高环境监测的准确性和时效性。要整合环保、农业、国土、林业、水利等行业的监测网络,建设"金环工程",实现"数字环保",从而实现信息资源共享。各级环境监察机构要全面实现标准化建设,建成市、县环境监控中心,完善核与辐射、危险废物和机动车污染监管能力。

建立完善生态环境预警系统和快速反应体系。一是建设完善灾害预报预

---

① 关于加快实施科教兴县战略的意见[EB/OL]. http://www.gstianzhu.gov.cn/tzzw/Html/kjj4/15060290134.html.

② 姜晓萍、范逢春:《地方政府建立行政决策专家咨询制度的探索与创新》,《中国行政管理》2005年第2期。

警系统,主要包括暴雨、冰雹等灾害性天气,以及生物安全、农林畜牧渔业病虫害、环境质量的预报和突发性动植物病虫害等预报,不断提高生态环境动态监测和跟踪评价水平。预报预警系统建设,可对生态安全系统进行全方位、动态监测,避免和减少各类灾害造成的损失。二是各级环境保护行政主管部门和有关类别环境事件专业主管部门要加强制定突发环境污染和生态破坏公共事件应急预案,建立环境事故应急监控和重大环境突发事件预警体系,提高应对和处置突发环境事件的能力。

(三)建设优美的"深绿色"自然环境

1.突出环境的综合治理

城乡环境综合治理是关系德州市长远发展的战略任务,也应是当前德州市一项重大而紧迫的工作。德州市委、市政府要坚持以人为本、统筹安排、因地制宜的原则,科学制定规划,大力实施城乡环境的综合整治。主要内容有:第一,大力整治城市环境卫生,规范城乡垃圾收运处理,重点治理公共场所、主要街道、沿街单位、门店等卫生死角。第二,规范城乡车辆停放,重点治理车辆乱停乱放、无序占道停车、阻碍交通危及安全等问题,对不服从管理的,要没收驾照,予以重罚。第三,通过重拳出击、堵疏结合、标本兼治、规范管理的方法,规范城乡摊位摆设,重点治理乱设乱摆、跨门槛经营、占道经商等问题。第四,规范建筑工地管理,重点治理施工现场噪音扰民、扬尘污染及建筑垃圾污染城市道路和环境问题。第五,规范城乡居民集中居住区管理,重点治理"城中村、城乡结合部"居民的生活环境。第六,对未经批准或设置不规范的牌匾,要逐街逐路进行检查,严厉打击各类非法小广告,抓好城区亮化,在现有街道路灯的基础上,搞好维修工作。第七,加快城乡污水与垃圾处理等基础设施建设,加快园林、绿化基础设施建设,加快推进城乡居民文明素质建设,加快城乡环境综合治理相关行业改革等。

2.加快水体环境的修复步伐

水资源是基础性的自然资源和战略性的经济资源。目前,缺水对德州市而言不再是单纯的资源问题,已上升为生态问题、民生问题和社会问题,成为关系城市发展甚至生存的根本性因素。德州市委、市政府应紧紧围绕服务经济社会发展这个大局,深入贯彻落实科学发展观,努力破解水资源短缺难题,加快水体环境的修复步伐,推动节水型社会建设,以保障全市经济社会发展,为提高人民群众生活质量提供有力支撑。

德州市应该落实严格的水资源管理制度,从水资源管理、水资源保护和水资源优化配置等方面都要突破传统体制,同时,要积极发展节水农业灌溉,抓好灌区节水灌溉、加大灌区渠系更新改造力度。德州市还要健全农村饮水安全保障体系,制定饮用水水源地安全保障规划和环境保护规划,科学划定和调整饮用水水源保护区,强化水污染事故的预防和应急处理,禁止有毒有害物质进入饮用水水源保护区,加快建设城市备用水源,着力解决农村饮水安全问题。同时,也要加快污水处理系统工程建设,大幅提高城市生活污水处理能力,逐步实现河涌"水清岸绿",进一步充分利用低洼地、河滩地、湖滨带建设人工湿地等增加水域面积。

3. 大力开展城乡绿化

城乡绿化是"深绿色"经济发展、生态文明建设的重要组成部分,它既有利于改善生态环境,促进经济可持续发展和生态文明建设,又有利于自然、经济、社会的和谐发展。[①] 在德州市实施"生态立市"战略的同时,做好绿化工作,治理和保护生态环境,是贯彻落实科学发展观、坚持可持续发展的迫切需要,有利于社会文明、和谐社会的构建。[②]

开展城乡绿化,首先要做好全市城乡长远绿色规划,我国正进入"十二五"时期,德州市的城乡绿色规划要高起点,考虑未来经济社会发展的要求,坚持整体性和长远性相结合;而且德州市委、市政府领导要充分重视绿化工作,制定相关的发展规定,采用科学手段,分级管理,明确责任,并建立长效政策机制。其次,推进植树造林,坚持以"深绿色"为基调,以绿化为主线,积极开展绿化工作,大力实施荒地绿化、低质低效林改造及省级重点林业生态建设工程,逐年增加林木覆盖面积。再次,完善提高农田防护林体系,大力发展园林绿化苗木花卉基地,加快重要交通干线与重要堤防、河渠的绿色通道、生态廊道建设。最后,围绕森林生态体系建设,重点实施退耕还林、生态公益林、水

---

① 黄克谦:《大力实施生态立省战略　做好青海城乡绿化工作》,《青海日报》2011 年 3 月 25 日。

② 同上。

源涵养林、水土保持林、生态能源林、名优特新经济林、速生丰产用材林等工程,加强中幼林抚育、低质低效林改造,提高林业生产力和防护效能,改善生态环境。除此之外,还要不断加大对现有林地的保护管理,加大绿化投资与宣传力度等。

4.扎实抓好"深绿色"城市构建

建设"深绿色"城市有利于德州市加快经济结构调整、产业布局优化和提高资源利用效率,有利于促进生产方式、生活方式、消费观念的转变,有利于提高人民群众的生活质量,改善人居环境,因此"深绿色"城市建设是德州市提高综合实力和竞争力的有效途径,是促进经济社会可持续发展的必然选择。

坚持用科学发展观和"深绿色"理念指导城市规划编制,合理布局城市功能和空间结构,从生态角度分析研究城市各区块的最佳利用功能,做好城市土地利用的生态规划。正如《德州市国民经济和社会发展第十二个五年规划纲要(草案)》指出的,未来几年,德州市应该明确城市区域重点和发展特色,重点规划建设高铁新区、南部生态片区和运河、岔河、减河等片区,促进城市功能的优化和提升。以城中村、棚户区改造为重点加快旧城更新,推动老城区教育、医疗文化等服务设施适当向河东新区转移,引导人口向城市东部集聚。①

坚持用"深绿色"理念指导建筑设计。"深绿色"建筑是指能够为人们的日常生活和工作提供健康、安全的居住环境和舒适空间,能够实现最高效率地利用能源、最低限度地影响环境的建筑。这种建筑坚持可持续发展原则,它不仅是"以人为本"的重要体现,还是"人—建筑—自然"三者和谐统一的重要途径,更是德州市实现"深绿色"发展的重要组成部分。它要求在建筑设计、建造和建筑材料的选择中,均考虑资源的合理使用和处置:强调与周边环境相融合、和谐一致、动静互补,做到保护自然生态环境;建筑内部不使用对人体有害的建筑材料和装修材料等。② 同时,政府应把建筑节能监管工作纳入工程基本建设管理程序,对达不到民用建筑节能设计标准的新建筑,不得办理开工和竣工备案手续,不准销售使用。

---

① 展望:三大片区打造生态宜居中心城区[EB/OL]. http://www.0534.com/article/article_30585.html。

② 绿色建筑设计理念[EB/OL]. http://www.douban.com/group/topic/6283559/。

建设城市"深绿色"交通体系。"深绿色"交通是一种可持续交通,是以一种适应人类居住环境、生态均衡及节能为目的的交通运输系统,采用的是低污染和适合环境的交通工具。德州市要大力推广"深绿色"交通方式,建设"深绿色"城市交通体系。步行、自行车、公共交通在占用交通面积、耗能和废气排放方面比私人小汽车具有明显的优势,是发展城市"深绿色"交通、建设节约型交通体系的有效方式。在当今公共交通加快发展的关键时期,德州市更要优化交通结构,积极发展公共交通,形成公交专用道网络。德州市应该优化用地布局,完善城区道路网骨架。配合德州市新区、工业园区建设,形成"两环四横五纵"的路网结构,骨架道路功能按照快速路、准快速路和主干路的功能划分;完善骨架道路网和其他城市道路与 G104、G105、京台高速、滨德高速四条公路对外交通出入口的衔接转换;改造关键路段和主要交叉路口,解决目前存在的铁路货场出入口、铁路涵洞通行能力不足等问题以及客货集散点等大型交通基础设施的交通疏解。① 还有必要采取有效措施,减少城市交通污染。要加强机动车的排气监督检测、维修保养和淘汰更新工作,继续鼓励发展清洁燃料交通系统;严格控制尾气排放超标车型进入市场;在技术上改良与开发清洁燃料车辆或电动车辆;合理规划城市功能区,让居住区远离交通干线或增强临街建筑窗户的隔声效果等。

(四)培育健康的"深绿色"文化

以人与自然的和谐为核心的"深绿色"文化是当今时代的重要价值观,是落实科学发展观和构建和谐社会极其重要的内容。因此培育和弘扬健康的"深绿色"文化,促进人与自然和谐共存是人类追求的价值取向,是实施可持续发展战略的思想保障,是孕育生态文明的力量源泉,是解决生态危机的理论指导。每一个城市发展的背后可以说都有其所特有的文化底蕴,而"深绿色"文化关系着一个城市的文化形象和文明程度。

1. 加强"深绿色"理念教育

首先,学校要开展"深绿色"理念教育。倡导创建"深绿色"学校,广泛开

---

① 德州市"十二五"交通运输发展规划 [EB/OL]. http://www.sd-dzjt.gov.cn/news/view. asp? id=1233。

展生态基础教育,学校要把有益于环境的各项措施全面纳入到日常的管理工作中去,而且要充分利用学校内外的一切资源和机会全面提高师生的环境素养,把各种"深绿色"知识纳入素质教育的必修知识;高等教育要开设生态哲学、生态伦理和生态文明等生态环境课程作为高等学校的辅修课程,并开展生态环境实践活动等。其次,社会要开展"深绿色"理念教育。充分利用公共媒体资源和各种社会组织资源,面向公众普及生态知识教育,提升全社会的生态文明程度;增强政府工作人员的发展观教育和生态知识教育,领导干部做到以身作则,增强自觉实践科学发展观、积极贯彻生态保护政策措施的意识。广泛开展生态保护的岗位和技术培训,使生态市建设相关从业人员接受良好的生态环境保护思想和技术,为企业的生态化建设和改造,提供各种层次的人才保障。最后,家庭开展"深绿色"理念教育。在家庭生活中普及生态知识,融入现代生态文化的理念,在弘扬尊老爱幼、艰苦朴素、乐于奉献的传统美德的基础上,做到更加和谐地发展。

2. 积极培育"深绿色"文化产业

生态文化产业的定位应是以精神产品为载体,视生态环保为最高意境,向消费者传递或传播生态的、环保的、健康的、文明的信息与意识。① 德州市有着非常丰厚的文化底蕴,继承和发扬这些传统文化,大力发展文化产业,有利于优化经济结构和产业结构,有利于拉动居民消费结构升级,有利于扩大就业和创业。而德州市文化产业刚刚起步,无论是产业规模还是产业层次,都有很大的开拓空间。德州市应该抓住"十二五"规划大力推动文化产业发展的有利契机,积极培育"深绿色"文化产业。

首先,要深入研究相关政策,确定德州市的文化产业战略定位。如太阳城,可以与后羿射日这样的文化资源相结合进行思考,然后与运河生态文化、董仲舒、东方朔等各类文化资源联动起来,形成强大的德州文化产业集聚效应和联动效应。其次,市各级党委、政府要切实重视加强文化产业建设,确立发展文化产业就是发展经济的理念,并在资金投入、项目审批、利税优惠、产业扶持等方面给予大力支持。市各级通过内部挖潜、招商引资等方式,加大对文化

---

① 大力发展文化产业,促进经济发展方式转变[EB/OL]. http://keming45-816. blog. sohu. com/164172624. html。

资源的整合力度,运作文化产业项目,建立文化产业项目库,培育文化产业示范基地。再次,充分发挥德州市丰厚的文化资源优势,构建文化与旅游融合发展的运行机制。根据德州市的情况,打造一批知名文化品牌,深挖文化品牌的市场价值,拉长产业链条,形成品牌效益。最后,积极倡导生态环保的文学艺术,歌颂德州的秀美河流,批评谴责破坏生态环境的行为,激发人们的爱国热情和主人翁意识,用先进的文化感召人,改变人的观念。

3. 大力倡导"深绿色"消费理念

大力倡导"深绿色"消费理念能够树立德州市民的生态价值观念,提高以健康向上、人类与自然和谐共生为目标的居民生活质量,提高城乡的生态文化程度,从而为德州市的生态市建设提供良好的思想保证、精神动力、智力支持和文化环境。

倡导"深绿色"消费理念要努力做到:第一,提倡穿着"深绿色"服装。禁止穿着受保护的野生或稀有动物皮毛制作的服装。第二,提倡使用"深绿色"食品。杜绝食用国家保护的野生动植物;严格治理"餐桌污染";反对暴饮暴食和铺张浪费;适量消费和打包服务。第三,倡导住房适度消费,广泛使用环保装修材料,避免室内环境污染,推广建设生态型住宅。第四,提倡绿色出行。少开汽车,多使用公共交通、自行车和徒步,使用以太阳能、电能或液化气为能源的交通工具;出行避开污染严重的地段,体验大自然。第五,鼓励节约资源。提倡使用清洁能源、太阳能、生物质能以及风能等新能源,提倡使用节能技术和新产品;养成日常生活垃圾分拣处理的习惯等。第六,政府加强市场管理。定期对市场环境进行整治,教育群众"识假、打假和生态消费",加强环境立法、环境咨询和环境监督的力度。通过培养"深绿色"生活方式的消费习惯,能让"深绿色"消费、生态消费成为社会的一种习惯、一种时尚,从而让环保意识融入到每个人的血液里。

参 考 文 献

一、中文部分

(一)著作类

1.［英］A.J.麦克迈克尔:《危险的地球》,罗蕾、王晓红译,江苏人民出版社 2000 年版。

2.［德］彼得·科斯洛夫斯基:《后现代文化——技术发展的社会文化后果》,毛怡红译,中央编译出版社 1999 年版。

3.［美］彼得·休伯:《硬绿——从环境主义者手中拯救环境,保守主义宣言》(第一版),戴星翼、徐立青译,上海译文出版社 2001 年版。

4.［美］巴里·康芒纳著:《与地球和平共处》,王喜六、王文江译,上海译文出版社 2002 年版。

5.［美］巴里·康芒纳:《绿色经典文库·封闭的循环》,吉林人民出版社 1997 年版。

6.［加］本·阿格尔:《西方马克思主义概论》,慎之译,中国人民大学出版社 1991 年版。

7.［美］查尔斯·哈珀:《环境与社会——环境问题中的人文视野》,肖晨阳等译,天津人民出版社 1998 年版。

8.程颢、程颐:《遗书》卷二上,《二程集》,中华书局 1981 年版。

9.《邓小平文选》第二卷,人民出版社 1994 年版。

10.《邓小平文选》第三卷,人民出版社 1993 年版。

11.《邓小平年谱》下册,中央文献出版社 2004 年版。

12.［美］戴斯·贾丁斯:《环境伦理学——环境哲学导论》,林官明、杨爱民译,北京大学出版社 2000 年版。

13.丁俊萍、王炳林等:《毛泽东思想和中国特色社会主义理论体系概论》,高等教育出版社 2009 年版。

14. 弗 ·卡普兰:《转折点》,中国人民大学出版社 1989 年版。

15. 佛里乔夫·卡普拉:《转折点》,四川科学技术出版社 1998 年版。

16. 国家环境保护总局、中共中央文献编译研究室:《新时期环境保护重要文献选编》,中央文献出版社、中国环境科学出版社 2001 年版。

17. 高中华:《环境问题抉择论——生态文明时代的理性思考》,社会科学文献出版社 2004 年版。

18. 胡锦涛:《在新进中央委员会的委员、候补委员学习贯彻党的十七大精神研讨班上的讲话》(2007 年 12 月 17 日)。

19. 胡锦涛:《在中央人口资源环境工作座谈会上的讲话》(2004 年 3 月 10 日),《十六大以来重要文献选编》(上),中央文献出版社 2005 年版。

20. 胡锦涛:《高举中国特色社会主义伟大旗帜 为争取全面建设小康社会新胜利而奋斗》,人民出版社 2007 年版。

21. 胡锦涛:《搞好宏观调控,促进科学发展》(2005 年 11 月 29 日),《十六大以来重要文献选编》(下),中央文献出版社 2005 年版。

22. 黄玉源、钟晓青:《生态经济学》,中国水利水电出版社 2009 年版。

23. 黄娟:《生态经济协调发展思想研究》,中国社会科学出版社 2008 年版。

24. [美]赫尔曼·E·戴利:《超越增长——可持续发展的经济学》(绿色前沿译丛总序),上海译文出版社 2001 年版。

25.《江泽民文选》第一卷,人民出版社 2006 年版。

26.《江泽民文选》第二卷,人民出版社 2006 年版。

27.《江泽民文选》第三卷,人民出版社 2006 年版。

28. 江泽民:《正确处理社会主义现代化建设中的若干重大关系》(1995 年 9 月 28 日),《江泽民文选》第一卷,人民出版社 2006 年版。

29. 江泽民:《保护环境,实施可持续发展战略》(1996 年 7 月 16 日),《江泽民文选》第一卷,人民出版社 2006 年版。

30. 江泽民:《论科学技术》,人民出版社 2001 年版。

31. 江泽民:《实现经济社会和人口资源环境协调发展》(在中央人口资源环境工作座谈会上的讲话),《江泽民文选》第三卷,人民出版社 2006 年版。

32.《江泽民论有中国特色社会主义》(专题摘编),中央文献出版社 2002

年版。

33.《江泽民在全球环境基金第二届成员国大会上的讲话》,2002 年。

34. 雷毅:《深层生态学思想研究》,清华大学出版社 2001 年版。

35. 刘思华:《生态马克思主义经济学原理》,人民出版社 2006 年版。

36. 刘思华:《刘思华文集》,湖北人民出版社 2003 年版。

37.［美］拉兹洛:《系统哲学讲演集》,中国社会科学出版社 1991 年版。

38.《马克思恩格斯选集》第 1 卷,人民出版社 1995 年版。

39.《马克思恩格斯全集》第 2 卷,人民出版社 1972 年版。

40.《马克思恩格斯全集》第 20 卷,人民出版社 1971 年版。

41.《马克思恩格斯全集》第 23 卷,人民出版社 1972 年版。

42.《马克思·资本论》第 2 卷,人民出版社 1975 年版。

43.《毛泽东选集》第五卷,人民出版社 1977 年版。

44.《毛泽东著作选读》下册,人民出版社 1986 年版。

45. 马世力:《世界经济史》,高等教育出版社 2001 年版。

46. 马光等编著:《环境与可持续发展导论》(第二版),科学出版社 2006 年版。

47.［美］诺曼·迈尔斯:《最终的安全——政治稳定的环境基础》,王正平、金辉译,上海译文出版社 2001 年版。

48. 卞文娟:《生态文明与绿色生产》,南京大学出版社 2009 年版。

49. 曲格平:《我们需要一场革命》,吉林人民出版社 2000 年版。

50. 曲格平:《曲格平文集》,中国环境科学出版社 2007 年版。

51.《全面落实科学发展观　建设环境友好型社会》,红旗出版社 2006 年版。

52.《十六大以来重要文献选编》(上),中央文献出版社 2005 年版。

53.《十六大以来重要文献选编》(中),中央文献出版社 2006 年版。

54.《十六大以来重要文献选编》(下),中央文献出版社 2008 年版。

55. 孙智军:《产业经济学》,武汉大学出版社 2010 年版。

56. 沈满洪:《生态经济学》,中国环境出版社 2008 年版。

57. 斯蒂格利茨:《新的发展观:战略、政策和进程》,载胡鞍钢、王绍光编:《政府与市场》,中国计划出版社 2000 年版。

58. 森:《以自由看待发展》,中国人民大学出版社 2002 年版。

59. 沈殿忠:《环境社会学》,辽宁大学出版社 2004 年版。

60. 陶长琪、陈文华:《新概念经济》,江西人民出版社 2005 年版。

61. 滕藤:《中国可持续发展研究》,经济管理出版社 2001 年版。

62. 王阳明:《大学问》,《王阳明全集》卷二六,上海古籍出版社 1992 年版。

63. 王文学:《走向未来的路》,山西经济出版社 1996 年版。

64. 王钰:《中国社会主义政治经济学四十年》第 1 卷,中国经济出版社 1991 年版。

65. 武衡、谈天民、戴永增:《徐特立文存》第 2 卷,广东教育出版社 1995 年版。

66. 肖显静:《环境与社会——人文视野中的环境问题》,高等教育出版社 2006 年版。

67.《新时期环境保护重要文献选编》,中央文献出版社、中国环境科学出版社 2001 年版。

68. 杨慧馨:《产业组织理论》,经济科学出版社 2007 年版。

69. 余谋昌:《创造美好的生态环境》,中国大百科全书出版社 1997 年版。

70. 严耕、杨志华:《生态文明的理论与系统构建》,中央编译出版社 2009 年版。

71. [英]亚当·斯密著:《国富论》,谢祖钧译,商务印书馆 1972 年版。

72. 诸大建:《生态文明与绿色发展》,上海人民出版社 2008 年版。

73. 周敦颐:《通书·顺化》,《周敦颐集》,中华书局 1990 年版。

74. 张建君:《论中国经济转型模式》,中共中央党校出版社 2008 年版。

75.《中共中央关于制定国民经济和社会发展第十一个五年规划的建议》(2005 年 10 月 11 日),《十六大以来重要文献选编》(中),中央文献出版社 2006 年版。

76. 赵晓:《超越增长》(第一版),北京大学出版社 2006 年版。

77.《自然辩证法大百科全书》,中国大百科全书出版社 1995 年版。

(二)论文类

1. 白会平、张磊:《谈经济增长理论的演化》,《经济研究导刊》2010 年第 14 期。

2. 白雅琴:《影响传统消费模式向可持续消费模式发展的因素》,《内蒙古科技与经济》2006 年第 1 期。

3. 蔡景庆:《"两型社会"是人类社会发展高级阶段的必然形态》,《江汉大学学报》(社会科学版)2011 年第 1 期。

4.陈化水:《关于"两型社会"建设中政治权力和公民权利演化的思考》，《前沿》2011 年第 3 期。

5.陈建华、张园、赵志平:《消费主义及其超越》，《广西社会科学》2009 年第 7 期。

6.陈建华、张园、赵志平:《消费主义及其超越》，《广西社会科学》2009 年第 9 期。

7.陈丽君、黄理稳:《科学发展观视野下的"两型社会"》，《企业导报》2011 年第 1 期。

8.陈启杰、楼尊:《论绿色消费模式》，《财经研究》2001 年第 27 卷第 9 期。

9.陈雯:《环境库兹涅茨曲线的再思考——兼论中国经济发展过程中的环境问题》，《中国经济问题》2005 年第 5 期。

10.程美娥:《从"增长的极限"到"可持续消费"》，《南京政治学院学报》2006 年第 1 期。

11.程秀波:《消费主义及其伦理困境》，《河南师范大学学报》(哲学社会科学版)2004 年第 5 期。

12.崔义中、李维维:《马克思主义生态文明视角下的生态权利冲突分析》，《河北学刊》2010 年第 5 期。

13.刁志平:《消费主义价值观与可持续消费方式的建构》，《北京交通大学学报》2007 年第 3 期。

14.董京泉:《关于理论创新的类型和着力点》，《中共云南省委党校学报》2002 年第 1 期。

15.董娟、黄利霞、刘晓庆:《评述李嘉图的经济增长理论》，《商情》2008 年第 36 期。

16.董彦龙:《绿色消费模式的构建与制度安排》，《商场现代化》2005 年第 11 期。

17.《德州市创建吨粮市经验》，《农业知识》2010 年第 7 期。

18.冯瑛:《以绿色消费推动我国生态城市建设》，《陕西教育学院学报》2010 年第 2 期。

19.付修勇:《德州市耕地资源动态变化的 PETP 因素分析》，《德州学院学报》2007 年第 4 期。

20. 龚绍东:《产业体系结构形态的历史演进与现代创新》,《产经评论》2010 年第 1 期。

21. 巩英洲:《国外民间环保组织发展对我们的启示》,《社科纵横》2006 年第 6 期。

22. 韩利琳:《发展环保产业中的政府责任研究》,《企业经济》2009 年第 12 期。

23. 洪磊:《优化调整农业产业结构的思考》,《北方经济》2007 年第 8 期。

24. 胡元明:《环保产业初级》,《中国投资》2007 年第 1 期。

25. 黄明健:《论作为整体公平的生态正义》,《东南学术》2006 年第 5 期。

26. 黄涛:《试析消费主义及其在中国的兴起》,《特区实践与理论》2010 年第 6 期。

27. 黄选高:《关于经济增长与经济发展的关系探讨》,《市场论坛》2004 年第 3 期。

28. 嵇欣:《建立押金返还制度述评》,《探索与争鸣》2007 年第 4 期。

29. 姜晓萍、范逢春:《地方政府建立行政决策专家咨询制度的探索与创新》,《中国行政管理》2005 年第 2 期。

30. 荆钰婷、李程程:《消费主义产生的根源分析》,《社会纵横》2010 年第 10 期。

31.《邓小平论林业与生态建设》卷首语,《内蒙古林业》2004 年第 8 期。

32. 雷安定、金平:《消费主义批判》,《西北师范大学学报》1994 年第 5 期。

33. 李宝焕、王春梅:《经济增长与经济发展》,《管理科学文摘》2006 年第 3 期。

34. 李继宏、李延海:《山东省组织机构代码的应用及其数据分析》,《世界标准化与质量管理》2005 年第 4 期。

35. 李娜:《对环保宣传的思考》,《环境科学与管理》2006 年第 2 期。

36. 李培超:《多维视角下的生态正义》,《道德与文明》2007 年第 2 期。

37. 李周:《生态经济学科的前沿动态与存在的问题》,《学术动态》(北京)2005 年第 7 期。

38. 李祖扬、邢子政:《从原始文明到生态文明——关于人与自然关系的回顾和反思》,《南开学报》(哲学社会科学版)1999 年第 3 期。

39. 梁辉煌:《两型社会背景下我国绿色消费模式的构建》,《消费导刊》 2008 年第 18 期。

40. 刘继云:《加快制度创新　促进科技资源共享》,《科技创业月刊》2008 年第 12 期。

41. 刘靠柱:《我国西部经济中的产业结构与所有制结构关系——以陕西 为例的实证分析》,《产业经济研究》2004 年第 5 期。

42. 刘文霞:《"深绿色"理念对我国经济社会可持续发展的启示》,《经济 导刊》2009 年第 12 期。

43. 刘文霞:《论"深绿色"理念下的经济发展模式》,《北京科技大学学 报》(社会科学版)2009 年第 4 期。

44. 陆川:《关于消费者"绿色消费"的几点意见》,《山东工商学院学报》 2009 年第 2 期。

45. 马海涛、程岚:《构建和完善我国绿色政府采购制度的思考》,《中国政 府采购》2007 年第 9 期。

46. 满娟:《全球地热开发热流涌动》,《中国石化》2010 年第 3 期。

47. 苗文海、王华、刘静:《德州市水资源管理问题与对策》,《山东水利》 2010 年第 8 期。

48. 潘家耕:《论绿色消费方式的形成》,《合肥工业大学学报》2003 年第 17 卷第 6 期。

49. 潘岳:《国策要论》,《和谐社会与环境友好型社会》2006 年第 7 期。

50. 齐卫华、纪光欣:《审美文化:当代企业文化新的发展趋向》,《经济经 纬》2004 年第 6 期。

51. 任建红:《浅析绿色消费模式》,《甘肃农业》2009 年第 1 期。

52. 任赟:《环保产业对国民经济的影响》,《商业文化》(学术版)2008 年 第 11 期。

53. 盛剑:《论经济增长、经济发展和可持续发展的统一性》,《贵阳学院学 报》(社会科学版)2008 年第 2 期。

54. 盛正国:《发展绿色产业是实现新型工业化的必由之路》,《企业经济》 2008 年第 1 期。

55. 斯蒂格利茨:《关于转轨问题的几个建议》,《经济社会体制比较》1997年第 2 期。

56. 斯满红:《我国消费模式的现状及其问题浅析》,《中国城市经济》2010年第 11 期。

57. 孙殿武、单伟民:《树立科学发展观推动经济与环境协调发展》,《环境保护科学》2005 年第 6 期。

58. 孙小成、夏继红:《德州市真实节水型社会建设探讨》,《吉林农业》2010 年第 7 期。

59. 陶开宇:《以节约型消费模式扩大两型社会需求》,《湖南商学院学报》2009 年第 4 期。

60. 完颜素娟:《浅述自然资本及其基本特征》,《商场现代化》2009 年第 33 期。

61. 王丙毅:《面向循环经济的产业结构调整》,《理论学刊》2005 年第 5 期。

62. 王磊、李慧明:《减物质化的研究综述与思考》,《中国地质大学学报》(社会科学版)2010 年第 1 期。

63. 王乃仙:《从人的对策看全球气候变暖》,《气象》2009 年第 2 期。

64. 王宁:《"国家让渡论":有关中国消费主义成因的新命题》,《中山大学学报》2007 年第 4 期。

65. 王月华、马海阳:《基于完善我国绿色税收制度的思考》,《河北能源职业技术学院学报》2007 年第 4 期。

66. 王志伟:《经济学视角下的科学发展观》,《内蒙古财经学院学报》2004 年第 3 期。

67. 吴建中:《经济增长与经济发展的关系论析》,《经济纵横》2007 年第 4 期。

68. 吴敬琏:《思考与回应:中国工业化道路的抉择》,《学术月刊》2005 年第 12 期。

69. 武力:《中国工业化路径转换的历史分析》,《中国经济史研究》2005 年第 4 期。

70. 武永春、许联峰:《对绿色消费模式推进路径的思考》,《生态经济学术版》2009 年第 1 期。

71. 夏德仁:《绿色产业将成经济复苏新引擎》,《IT 时代周刊》2009 年第 13 期。

72. 谢芳、李慧明:《非物质化与循环经济》,《城市环境与城市生态》2006 年第 1 期。

73. 徐佩华:《论经济增长与经济发展》,《求实经济理论与实践》2007 年第 12 期。

74. 徐向红:《消费模式的演替与绿色消费》,《长春市委党校学报》2002 年第 4 期。

75. 严子春、王晓丽:《环境保护与可持续发展》,《重庆建筑大学学报》(社会科学版)2001 年第 2 期。

76. 杨明:《深绿色理念下的城市局部地段规划设计研究》,西安建筑科技大学硕士论文 2004 年。

77. 杨明文:《德州市发展低碳经济的思考》,《德州通讯》2010 年第 12 期。

78. 叶闯:《"深绿色"思想的理论构成及其未来含义》,《自然辩证法研究》1995 年第 1 期。

79. 义成:《气候变暖——敲响人类的警钟》,《青年科学》2004 年第 7 期。

80. 尹世杰:《论绿色消费》,《江海学刊》2001 年第 3 期。

81. 于文波、王竹:《"深绿色"理念与住区建设可持续发展策略研究》,《华中建筑》2004 年第 5 期。

82. 余科杰:《"绿色政治"与苏联解体》,《当代世界社会主义问题》2005 年第 3 期。

83. 余谋昌:《建设生态文明,实现社会全面转型》,《深圳大学学报》2008 年第 9 期。

84. 岳洪竹:《关于绿色消费的分析》,《中外企业家》2010 年第 2 期。

85. 张兵权:《生态文明与生态正义》,《中南林业科技大学学报》(社会科学版)2009 年第 1 期。

86. 张锦:《论张家口利用区位优势促进地区经济发展》,《张家口社会科学》2007 年第 2 期。

87. 张连国:《从传统经济学到生态经济学》,《社会科学辑刊》2005 年第 3 期。

88. 张明哲：《现代产业体系的特征与发展趋势研究》，《当代经济管理》2010 年第 1 期。

89. 张巍、郭中强：《以绿色消费模式促进西安生态文明建设的探讨》，《商业时代》2010 年第 25 期。

90. 张晓宏：《再论中国传统消费模式的弊端》，《经济科学》2001 年第 2 期。

91. 赵普：《"快速铁路交通圈"建设对贵州经济社会发展的影响》，《现代物业》(中旬刊)2010 年第 6 期。

92. 赵云君、文启湘：《环境库兹涅茨曲线及其在我国的修正》，《经济学家》2004 年第 5 期。

93. 郑红娥：《发展主义与消费主义：发展中国家社会发展的困厄与出路》，《华中科技大学学报》(社会科学版)2004 年第 4 期。

94. 郑敏：《全球地热资源分布与开发利用》，《国土资源》2007 年第 12 期。

95. 郑忆石：《论马克思主义理论创新》，《中国人民大学学报》2001 年第 1 期。

96. 周晨：《环境库兹涅茨曲线不适》，《吉林建筑工程学院学报》2010 年第 3 期。

97. 朱建荣：《树立绿色消费观 培育新型消费需求》，《高山研究》2002 年第 10 期。

98. 朱冷燕：《浅析经济增长理论演进》，《知识经济》2010 年第 9 期。

99. 诸大建、徐萍：《福利提高的三个"门槛"及政策意义》，《社会科学》2010 年第 3 期。

100. 诸大建：《生态文明：需要深入勘探的学术疆域——深化生态文明研究的 10 个思考》，《探索与争鸣》2008 年第 6 期。

101.《转变增长方式 促进农民增收》，《决策参考》2006 年第 3 期。

二、英文部分

1. Andrew Porritt：Seeing Green，Basil Black well，1984.

2. Arne Naess："The Third World，Wilderness，and Deep Ecology"，in George Sessionsed. *Deep Ecology For The 21st Century*，*Shambhala*，1995：397－407.

3. Blackstone W T. Philosophy and Environment Crisis [M]. Athens: University of Georgia Press, 1974.

4. Brand, Karl-Werner, 1997, Environmental consciousness and behavior: the greening of lifestyles, The International Handbook of Environmental Sociology, Edited by Michael Redclift and Graham Woodgate, Edward Elgar Publishing Ltd. , Cheltenham, pp. 204–217.

5. David Icke: It Doesn't Have to Be Like This, Green Print, 1990.

6. Ehrlich P. The Population Bomb. New York: Ballantine, 1968.

7. J. Porritt and D. Winner. The Coming of the Greens, Green Political Thought. Uniwin Hyman, 1990.

8. Mike Robinson. The Greening of British Party Politics. Manchester University Press, 1992.

9. Naess A. Spinoza and Ecology. *Philosophia*, 1977(7): 45–54.

10. Naess A. Deepness of Questions and The Deep Ecology Movement. In: Sessions G, ed. *Deep Ecology For The 21st Century. Boston: Shambhala Publications Inc. 1995*: 204–212.

后　记

　　本书是我在前期研究成果的基础上进行的深化与拓展。书名之所以题为《用"深绿色"理念导引经济发展》，源于我对鸟语花香、生机勃勃的大自然的由衷热爱，源于我对可持续发展的进一步思考。我相信，天法道，道法自然，人类要永续发展必须顺应自然。在顺应自然的同时，我们更应该以积极的态度去找寻解决环境问题的方法与途径。本书也包含我参与和主持的一系列基金项目的部分研究结晶。这些项目包括：国家社科基金项目构建社会主义和谐劳动关系问题研究（07CSH003）；德州市哲学社会科学规划项目"绿色"理念视阈下的现代生态产业体系研究（09YD022）；德州市统筹城乡发展研究中心重点课题"绿色"理念视阈下的"合村并居"社区建设研究；德州学院重点课题"深绿色"理念下的经济发展模式研究（07RC045）；德州市社科规划办项目"坚持以人为本，发展生态经济，建设和谐德州"战略研究（09YD032）；德州市"十二五"规划项目加快服务业发展对策研究；德州市社科规划办项目德州市生态经济发展战略研究（10YD030）。

　　在拙作即将付梓之际，我的眼泪禁不住流了出来，这本书所包含的辛苦只有我自己才能体会到。能够坚持到今天，特别感谢我的导师陆宁教授。本书从立意、结构再到数次的修改，都是在我的导师北京科技大学文法学院陆宁教授的悉心指导下完成的。陆教授渊博的知识、严谨的治学态度、杰出的科研能力都使我受益匪浅，她的学识和风范值得我终身学习。没有她的指引与关爱，我不会走进生态文明与绿色发展这一研究领域，更不会有我今天在学业上的成绩。在此，谨向陆宁教授致以崇高的敬意和诚挚的谢意！

　　一个青年学者的成长需要方方面面的关爱与培养。感谢我的工作单位——德州学院——的领导和同事们给予的各方面的支持与帮助。尤其是德州学院社科部主任孟繁兵教授，在我疲惫劳累和处于写作困境时，孟教授的鼓励和对年轻学者的无私帮助都给我以动力，从他那里我获得了很多高屋建瓴的启示和灵感。感谢赵振华书记与孙思忠主任,他们所给予的方法论上的指导、科学精神的激励和人文精神的关怀都使我收获很多。

本书主要是本人在前期研究成果的基础上,所作的一个阶段性的总结。其大部分内容是由我本人执笔完成的。但是,在本书的写作过程中,也得到了我的好朋友王秀艳、白树军、胡欣等的帮助,在我的写作过程中她们给予了我很多思想上的启迪,她们的真诚与关爱总是深深地感染着我。

人民出版社对于本书给予了热情的支持,从商谈出版到最终出版历时一年。其中郭倩编辑在本书编辑和出版过程中,付出了许多劳动,提出了许多宝贵意见。她的耐心和细心让我感动。

家是我温馨的港湾,是我人生旅途的加油站。感谢我的家人,没有你们的精神鼓励、情感寄托和生活上的关照本书不会写得如此顺利。是你们一直在尽全力为我创造最好的无忧无虑的写作条件,我所得到的一切也都包含着你们的辛勤付出。你们对家庭的付出和辛苦经营让我感动和骄傲。你们的爱依然是我未来生活的坚实动力。

最后,我要向论文所参考和征引的文献资料的作者致以深深的谢意。

由于学识、能力与时间的关系,书中失误甚或错误在所难免。欢迎有兴趣的同行和读者提出宝贵意见,以便我在今后的研究中不断拓宽视野和加深认识。

刘文霞

2011 年 6 月于德州学院

责任编辑:郭　倩
封面设计:肖　辉

图书在版编目(CIP)数据

用"深绿色"理念导引经济发展/刘文霞 著. -北京:人民出版社,2012.2
(青年学术丛书)
ISBN 978 - 7 - 01 - 010315 - 0

Ⅰ.①用…　Ⅱ.①刘…　Ⅲ.①绿色经济-经济发展-研究-中国
　Ⅳ.①F124.5

中国版本图书馆 CIP 数据核字(2011)第 200424 号

用"深绿色"理念导引经济发展
YONG SHENLÜSE LINIAN DAOYIN JINGJI FAZHAN

刘文霞　著

人民出版社 出版发行
(100706　北京朝阳门内大街 166 号)

北京龙之冉印务有限公司印刷　新华书店经销

2012 年 2 月第 1 版　2012 年 2 月北京第 1 次印刷
开本:710 毫米×1000 毫米 1/16　印张:18.5
字数:290 千字　印数:0,001-2,200 册

ISBN 978 - 7 - 01 - 010315 - 0　定价:38.00 元

邮购地址 100706　北京朝阳门内大街 166 号
人民东方图书销售中心　电话 (010)65250042　65289539